医药高等院校规划教材

供高职高专医药卫生类各专业使用

医学遗传学

第四版

主　编　赵　斌
副主编　武红霞　杨　翔
编　者　（按姓氏汉语拼音排序）
刘凌霄　（济南护理职业学院）
武红霞　（聊城职业技术学院）
肖　宁　（贵阳护理职业学院）
谢林峰　（四川护理职业学院）
杨　翔　（红河卫生职业学院）
赵　斌　（四川护理职业学院）
左　祥　（曲靖医学高等专科学校）

U0808688

科学出版社
北　京

·版权所有，侵权必究·

举报电话：010-64030229；010-64034315；13501151303（打假办）

内 容 简 介

本教材共13章，主要内容包括遗传的细胞学基础、遗传的分子基础、遗传的基本规律、单基因遗传病、多基因遗传病、染色体病、线粒体遗传病、生化遗传学、肿瘤遗传学、免疫遗传学、药物遗传学和遗传病的诊断与防治。教材中结合正文具体内容设计了“链接”、“案例”、“考点”等模块，以提升学生学习兴趣。正文对应处列明考点，既有利于学生明确学习目标，也有利于学生自主学习。为了检测学生的学习情况，在每章（节）末提供目标检测，便于学生及时检测对知识点的掌握情况。

本教材可供高中起点三年制大专各专业使用，也可供教师作参考书使用。

图书在版编目（CIP）数据

医学遗传学 / 赵斌主编. —4版 —北京：科学出版社，2016.6

医药高等院校规划教材

ISBN 978-7-03-048524-3

Ⅰ. 医…　Ⅱ. 赵…　Ⅲ. 医学遗传学－职业教育－教材

Ⅳ. R394

中国版本图书馆CIP数据核字（2015）第123205号

责任编辑：张　茵　许贵强 / 责任校对：郑金红

责任印制：赵　博 / 封面设计：张佩战

版权所有，违者必究。未经本社许可，数字图书馆不得使用

科学出版社 出版

北京东黄城根北街16号

邮政编码：100717

http://www.sciencep.com

天津文林印务有限公司 印刷

科学出版社发行　各地新华书店经销

*

2003年8月第　一　版　开本：787×1092　1/16

2016年6月第　四　版　印张：10

2021年8月第二十一次印刷　字数：237 000

定价：25.00元

（如有印装质量问题，我社负责调换）

第四版前言

2015年4月科学出版社召开了爱医课互动教学平台建设研讨会暨全国医药高等院校规划教材主编会，出版社介绍了爱医课互动教学平台的研发理念、特点，进行了产品展示，讲解了与数字化教学平台紧密融合的教材编写模式。本教材是基于爱医课互动教学平台的理念，结合职业教育的改革思路和各位编者的多年教学经验编写而成的。

本教材供高中起点三年制大专各专业使用，也可供教师作参考书使用。教材内容分为三个模块：基础模块、技能模块和选学模块。基础模块和技能模块是必修内容，是最基本的标准和各专业的共同要求。选修模块的内容由任课教师根据学生的实际情况选择性教学或各学校依据教学任务的实际情况选择性使用，教材中加注“★”符号以示区别。

教材的主要内容包括遗传的细胞学基础、遗传的分子基础、遗传的基本规律、单基因遗传病、多基因遗传病、染色体病、线粒体遗传病、生化遗传学、肿瘤遗传学、免疫遗传学、药物遗传学和遗传病的诊断与防治。在教学过程中可依据学生的实际情况调整教学的先后秩序进行教学。为了更贴近学生，教材采用正文和非正文系统的编写方案，并结合具体内容设计了“链接”、“案例”、“考点”。对文中的非正文内容教师可根据学生和教学的总体安排合理选择使用。

本教材同本系列的其他教材一样，教师和学生在教学过程中均可利用科学出版社提供的数字化教学平台进行教学和自学，教材的出版是所有编者共同努力的劳动成果。所有编者在编写过程中力求贯彻科学性原则、适用性原则、实用性原则和创新性原则，对基础知识的要求遵循“必需”、“够用”的原则。本教材的特点：图文并茂，新颖，实用，适用，易学，易懂。

教材的每章（节）列出了考点，既有利于学生明确学习目标，也有利于学生自主学习。为了检测学生的学习情况，在每章（节）的后面列出了必要的目标检测，便于学生及时检测掌握知识的情况，亦可供教师参考。

本教材的实验列在正文后，教师可以依据实际情况，在条件具备时力争多开设实验，培养学生的动手能力。教学的基本要求及学时分配可根据各学校及不同的专业要求灵活安排，建议学时为36学时。

本教材编写过程中得到了贵阳护理职业学院、济南护理职业学院、红河卫生职业学院、聊城职业技术学院、曲靖医学高等专科学校及四川护理职业学院的大力支持，在此一并表示感谢。

由于编者的水平有限，编写时间仓促，教材中难免有不足之处，恳请广大师生批评指正。

编　者

2015年9月

目　录

第1章 绪　论

第1节 医学遗传学简介

医学遗传学（medical genetics）研究的对象是人类，研究的内容是人类疾病与遗传的关系，包括遗传病的病因、形成机制、传递方式、诊断、治疗、预后、复发风险及预防措施，研究的目的在于控制遗传病在家族中的传递和对人群的危害，从而为改善人类健康做贡献。

考点：
医学遗传学的概念

一、医学遗传学的概念及其研究范围

（一）医学遗传学的概念

医学遗传学是应用遗传学的理论和方法，研究遗传因素在人类疾病的发生、流行、诊断、预防和遗传咨询等方面的作用机制及其规律的科学，是人类遗传学的重要分支学科。俗话说，“种瓜得瓜，种豆得豆”。这种子代与亲代的相似性称为遗传。“一母生九子，连母十个样”，这种子代与亲代之间及子代不同个体之间有差异的现象称之为变异。所谓健康，乃是受人体遗传物质控制的代谢方式与其周围环境保持平衡的结果，一旦这种平衡被打破，就意味着疾病发生。在不同的疾病中，遗传与环境因素所占比例不同。医学遗传学工作的主要任务就是研究疾病遗传学方面的属性，以便能采取有效的防治措施，提高人类的健康水平。

（二）医学遗传学的研究范围

医学遗传学是基础医学与临床医学之间的桥梁课程，研究的范围随现代生物学的发展而不断扩大，其范围主要包括分子水平的研究、细胞水平的研究和临床水平的研究。

医学遗传学的主要分支学科

1. 细胞遗传学　研究人类染色体的结构、畸变类型、畸变发生的频率与疾病发生的关系。

2. 生化遗传学　研究分子水平的遗传物质改变所导致的分子疾病或先天性疾病。

3. 肿瘤遗传学　研究肿瘤发生、发展和转移的遗传规律。

4. 免疫遗传学　研究免疫反应的遗传基础，为临床输血、器官移植提供依据。

5. 分子遗传学　研究基因的结构、突变、表达、调控等在遗传病患者中遗传物质分子水平的改变。

6. 药物遗传学　研究药物反应个体差异的遗传学基础。

7. 体细胞遗传学　通过体细胞进行遗传学研究。

8. 行为遗传学　研究人类行为的遗传控制。

9. 发育遗传学　研究发育过程中，双亲基因组的作用、同源框的作用、基因的表达时序等。

链接

10. 表观遗传学 研究不涉及DNA序列改变的基因表达和调控的可遗传修饰。

11. 辐射遗传学 研究电离辐射对人类遗传的效应。

12. 群体遗传学 研究人群中的遗传结构及其变化规律。

13. 遗传毒理学 研究环境因素对遗传物质的损伤机制和毒理效应，以及对环境因素的检测方法和评价手段。

链 接

二、医学遗传学研究现状与未来发展

当今，医学遗传学研究最有代表性的成就在于基因水平的研究。早在20世纪70年代末，人们就试图运用DNA重组技术研究癌变机制，现已发现了100多种致癌基因和10多种抑癌基因，为肿瘤的病因学研究奠定了分子生物学基础。这一成就无疑向我们显现出了一束人类最终战胜癌症的曙光。在疾病的诊断方面，利用DNA探针，以核素标记，再与被检测的DNA中的同源互补序列杂交，从而可检出所要查明的DNA中遗传缺陷的部位和性质。特别是聚合酶链反应（PCR）技术的问世，以及DNA测序自动化的应用，为遗传病诊断的准确、快速、经济等提供了行之有效的新手段。在疾病的预防方面，现已能利用基因工程生产出很多能够进行疾病防治的生物制品，如干扰素、疫苗等。在疾病的治疗方面，通过载体向机体导入正常基因，以取代突变基因，矫正有缺陷的基因，降低突变基因的异常表达等，已经应用于临床。

医学遗传学在其他方面也已取得了令人瞩目的成就。20世纪60年代发展起来的体细胞融合技术，到70年代后在制备单克隆抗体和人类基因定位方面发挥了重要作用。现在应用生化手段，可以识别苯丙酮尿症、血红蛋白病等遗传性代谢缺陷病。人类白细胞抗原（HLA）系统是一个高度多态性的复合遗传系统，现已识别的HLA特异性共有158种，分别位于7个连锁的基因位点上；HLA的研究为异体器官移植供体的选择奠定了基础，并揭示了HLA系统与某些疾病的相关性。

随着工业化的进程，环境污染问题日益严峻，各种有害因子对人类遗传物质的损伤已十分严重，医学遗传学、流行病学、环境医学、遗传毒理学等学科的工作者就环境中的诱变因子对人类遗传物质的损伤类型、后果问题展开了广泛深入的研究，并建立了一系列监测标准和预防措施，可望在不久的将来，环境污染对人类的危害能得到有效的控制。

行为是人类最复杂的性状，反射活动中任何一个环节的变化都可影响到其行为。人体的结构和功能受基因控制已成为众所周知的事实。行为受先天因素影响，但主要是后天因素决定的，是遗传与环境相互作用的结果。医学遗传学对行为的研究旨在揭示健康相关行为的遗传背景，反环境因素的作用，目前在人类智力方面，已有不少研究成果，相信在不久的将来，就如何提高人类智力，医学遗传学会做出自己的贡献。

1991年启动的人类基因组计划，是人类遗传学的又一重大举措，这一计划的基本内容是在15年左右的时间内，将人类基因组中5万～10万个基因结构研究清楚，包括基因定位、DNA序列等。继之弄清楚每一个基因的表型效应。2001年2月15日英国的《自然》杂志和2月16日美国的《科学》杂志公布了人类基因组草图及对它的初步分析结果。这一计划的完成，将对人类的健康，疾病的预防、诊断和治疗，起到关键性的作用，为人类认识自我、揭开自身的奥秘打下坚实基础。

基因治疗的明天

著名遗传学家谈家桢高瞻远瞩地指出："21 世纪的医疗革命将取决于基因治疗研究的成功。"基因治疗将会给全社会的医学理念带来一次革命。人类基因组计划实现了人类在分子水平认识自我的一大飞跃，并将导致 21 世纪的医学革命。医学有可能成为"治本"医学、"预测"医学，真正能够实现预防为主的思想，治病应从基因入手。

链接

21 世纪医学遗传学研究的重点将是多基因的复杂疾病和肿瘤，它们涉及多个遗传基因和环境因素之间的相互作用。基因芯片（chip）进入临床应用，不仅可以高效进行分子诊断，而且可以鉴定每个个体基因组的表达格局，即解读基因组的生物学密码。在临床上依据每个个体的生物学密码，不仅能制定每个个体的差异化治疗方案，也可依据个体的生物学密码判断多基因复杂疾病的发病风险，从而达到从治病走向防病的效果。同时随着更多位点的致病基因和易感基因的被揭示，基于靶点的药物设计和筛选必将加快药物发现、发展的过程，而体细胞基因治疗将可能成为临床疾病的常规治疗方法。

未来，现代医学遗传学将继续人类基因组计划、基因定位、基因诊断和基因治疗等全方位的深入研究。医学遗传学将成为一个十分活跃的领域，随着科学技术的日新月异，人类遗传病将得到控制和治疗，人类健康水平会逐步提高，寿命将会延长。

三、医学遗传学在医学教育中的地位

医学遗传学是医学与遗传学结合形成的介于基础医学和临床医学之间的学科。绝大多数疾病的发生、发展和转归都是内在（遗传）和外在（环境）因素综合作用的结果。人类的健康取决于人的遗传结构及其与生活环境相互作用的平衡，平衡一旦被打破将导致疾病的发生。遗传病的种类日益增多，对遗传病的预防、诊断和治疗，不仅涉及生物化学、生理学、胚胎学、免疫学、药理学、病理学、微生物学等基础医学的多门学科，同时对预防医学、临床医学也产生了重大的影响，因此医学遗传学早已成为医学教育中重要的医学基础课之一。

（一）在临床遗传病研究中的作用

人类的遗传病，是指由于人的生殖细胞或受精卵中的遗传物质发生变异而导致胎儿机体结构和功能异常的现象。因此，遗传病具有家族聚集现象和垂直传递等特点。目前，已成为影响人口素质的重要病种。如果将染色体病、单基因病和多基因病汇总合计，人群中有 20%～25% 的人受其所累。其中单基因病约 7000 余种，染色体畸变综合征有 100 多种，多基因遗传病在人群中有 15%～20% 受其所累。据遗传流行病学调查，约 10% 的孕妇流产是由于染色体异常引起的；1 岁以内死亡的婴儿中，先天畸形居首位；儿童智力发育不全者约占 3%，其中 4/5 由遗传因素所致。因此，在临床医学研究工作中，遗传病的研究和防治任务十分艰巨。

（二）在优生研究工作中的作用

应用医学遗传学的理论知识和技术来指导人类的生育，可以减少遗传病对人类的危害，提高人口素质，达到优生的目的。

（三）在卫生保健研究工作中的作用

卫生保健工作是从人体健康的新概念出发，对个体和集体采取预防与保健相结合的综合措施，提高环境质量和生活质量，控制影响人体健康的各种因素，以达到保持健康、促进健康、预防疾病、延长寿命的目的。要做好卫生保健方面的工作，必须要掌握一定的医学遗传学基础理论知识。

第2节　遗传性疾病概述

一、遗传性疾病的特征

考点：遗传性疾病的特征

遗传性疾病（genetic disease）是遗传物质结构及表达变化导致的疾病。遗传物质的变化既可发生在生殖细胞，也可发生在体细胞。遗传性疾病有以下四个基本特征：

（一）遗传物质改变

是遗传性疾病就必然有遗传物质的改变，这是遗传性疾病最本质的特征。遗传物质的改变可以是基因突变、染色体畸变或细胞质中线粒体DNA的改变。

（二）遗传性

遗传物质的改变通过复制由母细胞传递给子细胞，改变的遗传物质既在细胞间传递，也由亲代传递给子代。在家系中常发现遗传病从上一代传给下一代，但是并不是所有遗传病都能在家系中观察到。

（三）家族聚集性

遗传病表现为家族聚集现象，在一个家系中有多个成员患病。

（四）先天性和终生性

遗传病与生俱有，出生时即表现出来，但是并不是所有遗传病出生就有症状，有的遗传病要到30～40岁才发病。

遗传性疾病的先天性和家族性

先天性疾病不一定是遗传性疾病。先天性疾病是指个体出生后就表现出的疾病。引起先天性疾病的因素可能是遗传物质的改变，也可能是非遗传因素，所以，先天性疾病有的是遗传性疾病，有的不是遗传性疾病。在先天性疾病中约10%是遗传性疾病，10%主要在子宫中或产程中获得，80%是由遗传和环境因素共同作用的结果。家族性疾病不一定是遗传性疾病。家族性疾病是指表现出家族聚集现象的疾病，在一个家系中有多个成员患病。主要是由于共同环境因素的作用、生活习惯等导致。遗传病由于是从共同的祖先继承的致病基因，而表现出家族聚集性，但有一些遗传病是由于新的突变产生的或由体细胞遗传物质改变引起的，呈散发性，不表现为聚集性。

链接

二、遗传性疾病的类型

依据遗传物质改变的结构和功能的不同，将遗传性疾病分为五类。

（一）单基因遗传病

单基因遗传病（single gene disease）是由于染色体上某一对基因发生突变而导致的疾病。已经认识的单基因遗传病达6000种以上，单基因遗传病呈明显的孟德尔式遗传。依据致病基因所在的染色体和其性质（显性或隐性），单基因遗传病包括X连锁显性遗传病、X连锁隐性遗传病、Y连锁遗传病、常染色体显性遗传病、常染色体隐性遗传病。

（二）多基因遗传病

多基因遗传病（polygenic disease）是由于多对基因与环境因素共同作用所导致的疾病，

由于病因复杂，又称为复杂疾病。多基因遗传病有家族聚集现象，但没有像单基因遗传病那样明显的家系传递规律。

（三）染色体病

染色体病（chromosomal disease）是由于染色体结构或数目异常而导致的疾病。染色体畸变涉及众多的基因，临床上患者表现为复杂的临床症状。已经明确的染色体病有 300 多种，新生儿染色体病发病率为 7%，妊娠前三个月自然流产的有 50% 是染色体畸变所引起的。

（四）线粒体遗传病

线粒体遗传病（mitochondrial genetic disease）是由于线粒体基因突变导致的疾病。线粒体是细胞质中的一种细胞器。线粒体中含有 DNA，是独立于细胞核外的遗传物质，称为线粒体基因组。

（五）体细胞遗传病

体细胞遗传病（somatic cell genetic disease）是由于体细胞内的遗传物质改变所引起的疾病。体细胞遗传病一般不存在向后代传递的现象，肿瘤、先天畸形均属体细胞遗传病。

三、遗传性疾病与环境的关系

遗传性疾病几乎是遗传和环境因素共同作用的结果，在不同的疾病表现上有所差异。单基因遗传病和染色体病完全是由遗传因素决定的，但疾病的发生也并非与环境因素毫无关系；第二类是基本由遗传因素决定的，但环境因素主要是起诱因的作用；第三类是遗传因素和环境因素对发病都起作用。在不同的遗传病中，遗传因素对发病作用的大小是不同的，由遗传率所决定，例如，先天性心脏病的遗传率小于 40%，而环境因素的作用大于 60%；高血压的遗传率为 50%～60%，环境因素的作用为 40%～50%。

四、遗传性疾病的危害

随着科学的发展，对急性传染病、流行病已能有效控制，但遗传病对人类的危害已变得越来越明显。

（一）遗传病病种增长迅速

1958 年，人群中被认识的单基因遗传病及异常性状仅有 412 种，截至 2011 年 10 月，人类单基因遗传病和异常性状已达 20 910 种，50 多年，单基因遗传病增加了 50 多倍。

（二）遗传病严重地威胁着人类健康

我国人口出生率为 20.98‰（1990 年）。以此计算，我国每年新出生人口约 2500 万人。我国先天畸形总发生率为 13.07‰（1988 年），其中最常见的是无脑畸形、脑积水、开放性脊柱裂、先天性心脏病、唇裂等，在这些先天性畸形中 80% 具有遗传基础。因此，我国每年出生由遗传因素所致的先天畸形儿将达 25 万人。

（三）遗传病是婴儿死亡的主要原因

英国在 1914 年一项儿童死亡原因调查中证实，非遗传性疾病占 83.5%，遗传性疾病仅占 16.5%。但到 20 世纪 70 年代后期，两类疾病已各占 50%。1977 年美国婴儿先天畸形死亡率已居首位，1986 年因出生缺陷死亡的婴儿占婴儿全部死亡数的 21%。

（四）遗传病是不育、流产的主要原因之一

据统计，原发性不育约占已婚夫妇的 1/10。自然流产占全部妊娠的 7%，其中 50% 是由染色体畸变所引起的。

（五）隐性有害基因对人类健康构成潜在性威胁

目前已知，在正常人群中，平均每人都携带 5～6 个隐性有害基因。这些有害的致病基因

可传给后代，一旦纯合便可发病。

（六）智力低下的主要病因是遗传病

根据我国0～14岁儿童智力低下的调查，其总发生率约为1.5%。其中轻度约占70%，中度约占20%，重度约占7%，极重度占2%～3%。调查证实，在引起智力低下的诸多原因中，遗传性疾病已占40.5%。

（七）常见病与遗传因素有关

研究表明，肿瘤、糖尿病、冠心病、高血压、精神分裂症、动脉粥样硬化等均与遗传有关。正如诺贝尔奖获得者保罗·伯克说："几乎所有的疾病都与遗传有关，遗传学的研究是治疗所有疾病的关键。"

认识遗传病

遗传病遗传的只是遗传信息，而不是疾病本身。先天性疾病不全是遗传病，例如，妊娠期病毒感染干扰胚胎分化而诱发的某些畸形。家族性疾病不全都是遗传疾病！同时遗传病的发生是遗传因素与环境因素共同作用的结果！

链接

小结

本章主要是对医学遗传学的基本介绍，其目的是让学生对医学遗传学有一个基本的了解，主要内容包括医学遗传学的概念、医学遗传学在医学教育中的地位及其未来发展方向、遗传性疾病的主要特征、遗传性疾病的类型和遗传性疾病对人类的危害。

目标检测

一、名词解释

1. 医学遗传学　2. 遗传性疾病

二、简答题

1. 遗传性疾病有哪些主要特征？
2. 遗传性疾病对人类有哪些危害？
3. 如何区分遗传性疾病与先天性疾病？

（赵　斌）

第 2 章　遗传的细胞学基础

大多数有机体都由细胞构成，细胞具有独立的、有序的自控代谢体系，是代谢与功能的基本单位。同时细胞也是遗传的基本单位，具有遗传的全能性。遗传物质的储存、复制、表达、传递等重要功能都是在细胞内实现的。

第 1 节　染色质与染色体

染色质是指间期细胞核内能被碱性染料染色的物质。染色体是细胞分裂期，由染色质聚缩折叠而成的棒状结构。染色质与染色体并无化学组成上的差别，只是生物细胞内同一物质在细胞不同时期的两种表现形态或存在形式。

一、染色质的化学组成

染色质主要由蛋白质与核酸构成，包括碱性的组蛋白、非组蛋白、DNA 和少量 RNA。组蛋白有五种，分别是 H1、H2A、H2B、H3 和 H4，H1 富含赖氨酸，H3 和 H4 富含精氨酸。

二、染色质的分子结构

人们于 20 世纪 70 年代就已经通过电子显微镜和 X 光衍射发现了染色质的构成单位，提出了染色质的基本结构单位——核小体（nucleosome）（图 2-1）。每一个核小体由两部分构成，一部分为主体，它是由等量的组蛋白分子（H2A、H2B、H3 和 H4）各两个聚合在一起形成的八聚体分子结构，八聚体外面由长度有 140 对碱基对（base pair，即 bp）的 DNA 长链缠绕 1.75 圈构成；另一部分是连接两个主体的连接部，是由一个组蛋白分子 H1 和长度 50～60bp 的 DNA 链构成。许多的核小体相互串联起来，就构成了串珠状的染色质细丝。

考点：染色质的化学组成及结构单位

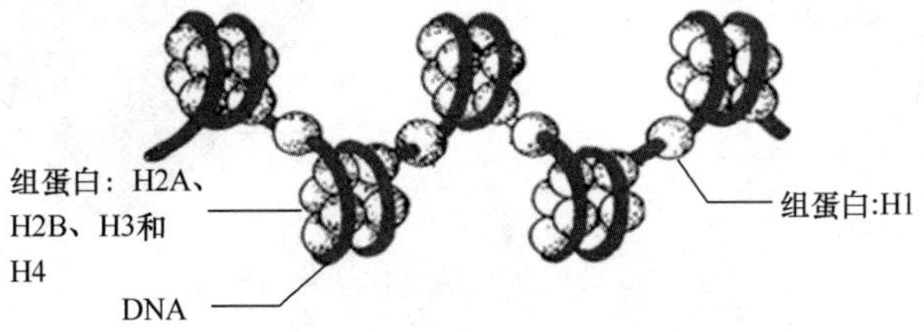

图 2-1　核小体模式图

三、染色质的类型

在细胞分裂间期，染色质在细胞核内不都是呈现均匀伸展的细丝状，而是在细胞不同的区域会呈现出不同的状态。根据细胞核内染色质呈现的螺旋化程度不同，可以将染色质分为两类：常染色质（euchromatin）和异染色质（heterochromatin）。

（一）常染色质

常染色质通常位于细胞核内中央位置，均匀分布，碱性染料着色较浅而均匀，螺旋化程度低，呈松散状，具有转录活性。

（二）异染色质

异染色质通常位于细胞核膜内缘，碱性染料着色深，螺旋化程度高，呈凝集状态，很少进行转录，不具有转录活性。异染色质有两种：第一种为结构异染色质（又称为专性异染色质），在细胞中总是呈现凝集状，不具有转录活性，是异染色质的主要类型；第二种为功能异染色质（又称为兼性异染色质），在特定细胞或者在特定发育阶段会由常染色质转变而来，在凝集时失去转录活性，当恢复松散状态后，又能够转变回常染色质，并且恢复转录活性。人类的X染色质就是一种功能异染色质。

四、染色体的包装

染色体与染色质是同一遗传物质，它们在细胞不同时期能够相互转化（图2-2）。首先，许多的核小体相互串联起来构成染色质一级结构，即直径约为11nm的串珠状染色质细丝。然后，每6个核小体环绕排列成一圈，串珠状的染色质细丝像弹簧一样盘旋，缩短变粗为直径30nm的二级结构，称为螺线管；螺线管再次盘旋，缩短变粗为直径400nm的三级结构，称为超级螺线管。最后，超级螺线管进一步反复折叠盘旋形成染色体。整个过程染色质经过包装由细丝状盘旋折叠为棒状染色体，长度缩短了8400倍。染色体包装的意义在于：高度有序的包装保证了细胞分裂中遗传物质平均分配到两个子细胞中，也保证了基因复制、表达的准确。

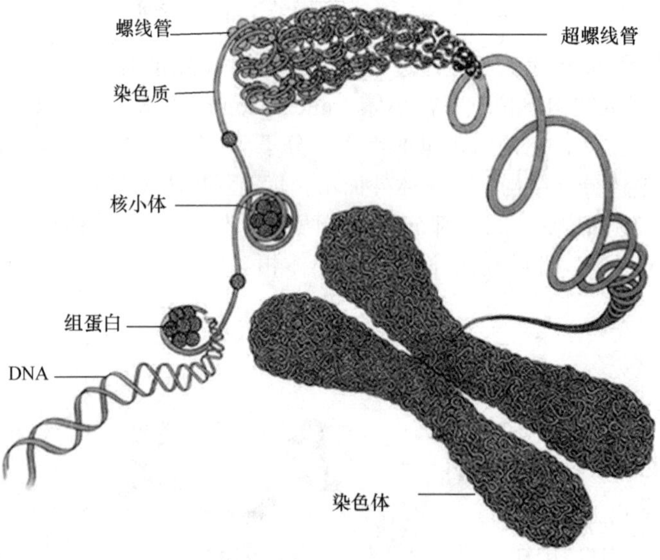

图2-2　染色质到染色体变化过程图

第2节　性染色质

考点：
性染色质
观察计数

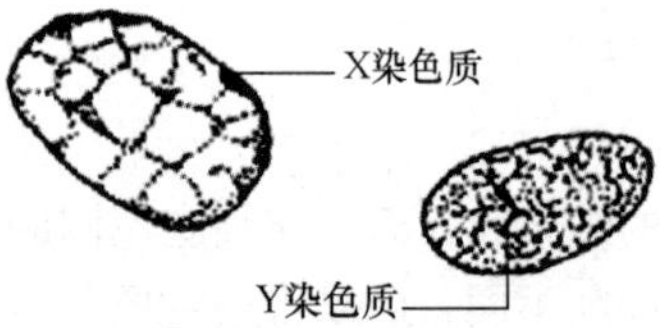

图2-3　性染色质

性染色质（sex chromatin）是性染色体（X和Y染色体）的异染色质在间期细胞核中显示出来的一种特殊结构。包括：X染色质（X chromatin）和Y染色质（Y chromatin）（图2-3）。

一、X 染色质

1949 年 Barr 等首先在雌猫的神经元细胞核中发现了 X 染色质，也称 X 小体或巴氏小体，在雄猫细胞内则没有发现这一结构。后来经过大量的研究发现，X 染色质不仅在雌猫神经元细胞中，在雌性哺乳动物和人类女性的体细胞中都广泛存在。在人类正常女性间期细胞核中，紧靠核膜内缘有一团呈卵圆形、半圆形或三角形的染色很深的小体，大小为 1～1.5μm，这就是 X 染色质，为女性所特有。当 X 染色体结构异常时，X 染色质的形态也会有相应的改变。例如，X 等臂染色体时，出现大的 X 染色质，双着丝粒 X 染色体时，出现双叶或大的 X 染色质。

正常的女性体细胞中具有两条 X 染色体，正常的男性体细胞中只有一条 X 染色体，但在间期细胞中，只有女性细胞中能观察到一个 X 染色质，X 染色质呈阳性，男性观察不到 X 染色质，X 染色质呈阴性。并且女性 X 染色体基因产物的数量并不比男性多，这是为什么？对此，1961 年英国遗传学家 Lyon 提出了“Lyon 假说”，也称为“X 染色质失活假说”，假说内容如下。

（1）正常女性的两条 X 染色体中，只有一条具有转录活性，另一条无转录活性，无活性的 X 染色质在细胞间期高度螺旋化，呈现异固缩状态，紧贴核膜内缘，形成 X 染色质。这样就使得男女 X 染色体上基因产物的量基本相等，称为计量补偿效应。在一个细胞中，无论有多少条 X 染色体，其中都只有一条具有转录活性，其余的都是无转录活性的 X 染色质。因此，一个体细胞中 X 染色质的数量＝X 染色体的数量－1。

（2）X 染色体的失活发生在胚胎发育的早期，人类大约是在胚胎发育的第 16 天左右。在一个细胞中，某一条 X 染色体（父源或母源）一旦失活，这个细胞分裂所产生的所有后代细胞中的该 X 染色体均失活，即保持上一代的失活特点。例如，一个细胞中失活的是父源的 X 染色体，那么，由这个细胞分裂形成的后代细胞中，失活的都将是父源的 X 染色体。

（3）X 染色体的失活可以来自父方，也可以来自母方，是随机的。

（4）在形成生殖细胞时，失活的 X 染色体被重新激活。

二、Y 染色质

1970 年 Pearson 等在雄性间期细胞核中观察到了 Y 染色质，也称为 Y 小体或荧光小体，为男性细胞所特有。它是细胞用荧光染料染色后，在荧光显微镜下可观察到的强荧光小体，为间期细胞 Y 染色体长臂远端的异染色质，直径为 0.25～0.3μm。正常男性体细胞具有一条 Y 染色体，能观察到一个 Y 染色质，因此一个体细胞中 Y 染色质的数量＝Y 染色体的数量。

细胞间期细胞核内染色质的这种性别差异称为核性别。进行细胞核性别的检查，可以用来进行胎儿性别的早期鉴定，还能够对性染色体数目畸变疾病进行初步诊断。

案例 2-1

某人间期体细胞 X 染色质检查阳性，细胞核内有 2 个 X 染色质，Y 染色质检查阳性，细胞核内有 1 个 Y 染色质。

问题与思考：该个体细胞中性染色体组成如何？

第 3 节　人类染色体

1888 年 Waldeyer 最先提出“染色体”一词。但由于当时实验技术方法的限制，加上人类染色体较多，直到 1956 年美籍华人蒋有兴（Tjio）等确定人类染色体的数目是 46 条后，人们才开始系统、科学地研究人类染色体。

> **物种的标志**
>
> 各种生物细胞内染色体的数目、形态、大小各具特征，而在相同种生物的细胞内染色体数目是恒定的。可以说染色体数目和形态是物种的标志。例如，金丝猴染色体数为 44 条，洋葱染色体数为 16 条，果蝇染色体数为 8 条等。
>
> 链 接

一、人类染色体的形态结构

考点：染色体的形态结构

（一）人类染色体的结构

染色体在细胞各个阶段会呈现出不同的形态，研究发现，细胞有丝分裂中期染色体形态结构特征最为典型，光学显微镜下观察最清晰，中期染色体（metaphase chromosome）的结构（图 2-4）分为以下几个部分：

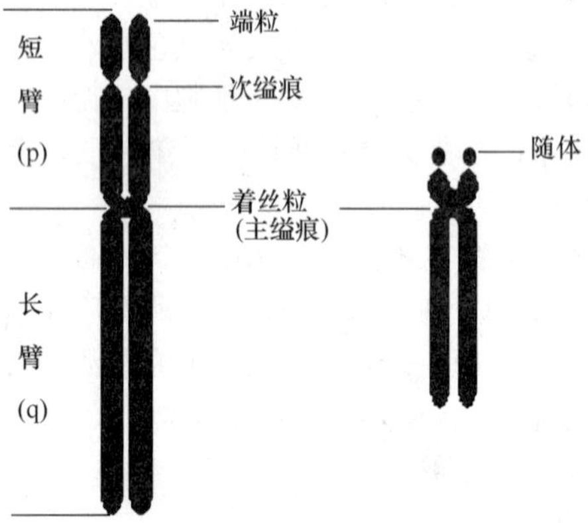

图 2-4　中期染色体形态模式图

1. 着丝粒（centromere） 每条染色体由两条染色单体构成，着丝粒是两条染色单体的连接部分，也是纺锤丝附着的地方，在细胞分裂过程中，对染色体的移动起着至关重要的作用。

2. 主缢痕（primary） 位于染色体着丝粒的位置，是染色体凹陷缩窄的区域。

3. 次缢痕或副缢痕（secondary construction） 在某类染色体的长臂或短臂上还可以见到较主缢痕浅的凹陷缩窄的区域，称为次缢痕或副缢痕。此处为 rRNA 基因所在处，与核仁形成有关，称为核仁形成区或核仁组织者区。

4. 端粒（telomere） 两臂末端各有一特化的部位称为端粒，对维持染色体的稳定性和完整性起着重要的作用。如果端粒缺失，可引起缺失端粒的染色体与其他染色体之间发生染色体的畸变。端粒的长度可以用来衡量细胞的寿命长短，细胞每分裂一次，端粒会缩短一点，端粒越短，细胞越老，端粒越长，细胞越年轻。因此，又可以把端粒称作细胞的“生物钟”。

5. 随体（satellite） 人类染色体中某些染色体短臂末端由于次缢痕而形成的一个球状结构。

（二）人类染色体的类型

染色体上着丝粒的位置是恒定的，根据着丝粒在染色体纵轴上的位置可将染色体分为中央着丝粒染色体、亚中着丝粒染色体、近端着丝粒染色体和端着丝粒染色体，人类染色体只有前三类。

1. 中央着丝粒染色体（metacentric chromosome） 染色体着丝粒的位置在纵轴的 1/2～5/8 处，短臂与长臂的长度接近，着丝粒接近染色体的中部（图 2-5A）。

2. 亚中着丝粒染色体（sub-metacentric chromosome） 染色体着丝粒的位置在纵轴的 5/8～7/8 处，短臂与长臂的长度明显不同，着丝粒位于中部偏上（图 2-5B）。

3. 近端着丝粒染色体（acrocentric chromosome） 染色体着丝粒的位置在纵轴的 7/8 至末端处，短臂与长臂的长度显著不同，短臂极短，着丝粒接近短臂末端（图 2-5C）。

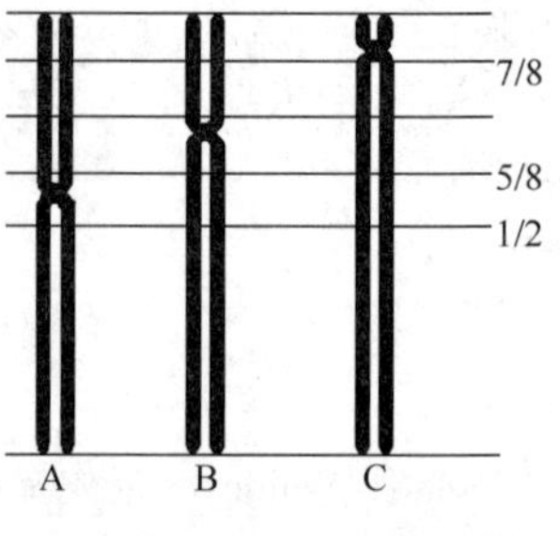

图 2-5　人类染色体的三种形态比较

4. **端着丝粒染色体（telocentric chromosome）** 染色体着丝粒的位置在染色体末端，没有短臂。

（三）人类染色体的形态

染色体在细胞分裂的不同时期会呈现出各种不同的形态特征，主要可以观察到以下几种形态（图 2-6）：

1. **单分体（monad）** 染色体的着丝粒纵裂之后，两条染色单体分开，每条染色单体称为一个单分体。

2. **二分体（dyad）** 同一着丝粒连接的两条染色单体，称为二分体。构成二分体的两条染色单体来源相同，互相称为姐妹染色单体（sister chromatid）。

3. **同源染色体（homologous chromosome）** 一条来自父方，一条来自母方，形态、大小、结构完全相同的一对染色体，称为同源染色体。

4. **四分体（tetrad）** 配对的同源染色体，每条染色体由二分体构成，由此构成的整体既可称为四分体，亦可称为二价体（bivalent）。其中同一着丝粒连接的染色单体互为姐妹染色单体，而非同一着丝粒连接的染色单体则互相称为非姐妹染色单体（non-sister chromatid）。

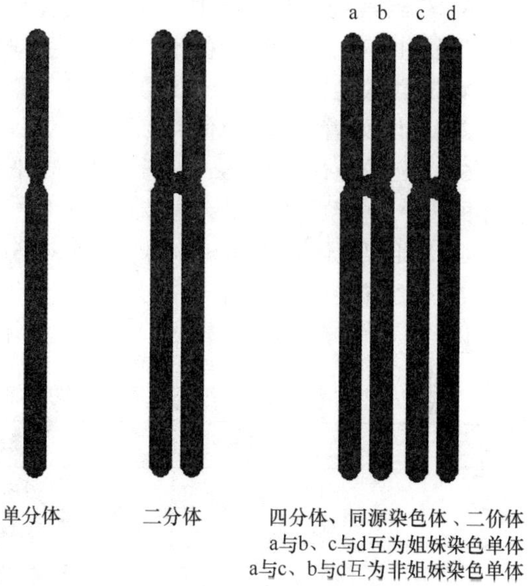

图 2-6　染色体三种形态模式图

二、人类正常核型

将一个体细胞中所有染色体按照大小、形态特征进行配对，并分组进行编号排列所构成的图形即为核型（karyotype）。对核型中染色体的数目和形态特征进行分析，将待测细胞的核型与正常细胞核型相比较，即为核型分析。进行核型分析，能够判断待测细胞的染色体是否有数目或结构上的异常情况，由此来推断病因。

考点： 染色体核型及带型描述

（一）非显带染色体核型分析

将人类染色体使用吉姆萨（Giemsa）染色处理后，染色体被均匀着色，这样的染色体称为非显带染色体（nonbanding chromosome）。为了更好、更准确地识别和分析人类每条染色体，利于国际间的交流，1960 年在美国的丹佛（Denver）召开了第一届国际细胞遗传学会议，讨论了人类正常细胞染色体核型的基本特征，确立了人类染色体的国际标准命名体制，即丹佛体制（Denver system）。丹佛体制是识别和分析人类染色体病的基础，它不仅确认了人类染色体核型的基本特点，还对染色体的分组、编号和识别标准做了详细的说明。该体制将人类 46 条染色体，根据染色体的大小及着丝粒的位置，进行了配对、分组、编号，将 23 对染色体分为 7 组，分别为 A、B、C、D、E、F、G 组，最大的是 A 组，最小的是 G 组。在丹佛体制中，还根据是否与决定性别有关将人类 46 条染色体分为两类：性染色体（sex chromosome）和常染色体（autosome）。性染色体有两条，男女不同，正常男性为一条 X 染色体和一条 Y 染色体，两条染色体形态相差很大，正常女性为两条形态相同的 X 染色体；常染色体是除了性染色体以外的 44 条染色体，为男女所共有，从大到小依次进行编号，为 1～22 号染色体。

7 组常染色体分类特征如下（表 2-1）：

1. A组染色体 为1～3号，共3对染色体，1号和3号为中央着丝粒染色体，2号为亚中着丝粒染色体。1号染色体是人类染色体中最大的，它比最小的染色体21号、22号和Y染色体大6倍。2号染色体在人类系谱中是唯一的由两条中间大小的古猿染色体融合而来的。3号染色体携有与癌症相关的高密度基因。

2. B组染色体 为4～5号，共两对染色体，均为亚中着丝粒染色体。4号染色体主要在关于亨廷顿病基因的研究中受到关注。5号染色体是基因密度最小的染色体之一。

3. C组染色体 为6～12号及X染色体，共7对染色体。6号染色体为中央着丝粒染色体，其余均为亚中着丝粒染色体。9号染色体具有最大的常染色体异染质区。

4. D组染色体 为13～15号，共3对染色体，均为近端着丝粒染色体，常有随体。13号为最大的近端着丝粒染色体。

5. E组染色体 为16～18号，共3对染色体，16号为中央着丝粒染色体，17、18号为最小的亚中着丝粒染色体。

6. F组染色体 为19～20号，共两对染色体，均为中央着丝粒染色体。

7. G组染色体 为21～22号及Y染色体，均为近端着丝粒染色体。21、22号染色体常有随体；Y染色体无随体，较21、22号染色体大。

表2-1 人类染色体特征

组号	染色体号	染色体类型	随体	鉴别程度
A	1～3号	1、3号中央着丝粒染色体 2号亚中着丝粒染色体	无	易
B	4～5号	亚中着丝粒染色体	无	较难
C	6～12号、X染色体	亚中着丝粒染色体	无	难
D	13～15号	近端着丝粒染色体	有	难
E	16～18号	16号中央着丝粒染色体 17、18号亚中着丝粒染色体	无	较难
F	19～20号	19、20号中央着丝粒染色体	无	较难
G	21～22号、Y染色体	近端着丝粒染色体	21、22号有	难

按照人类细胞遗传学的国际命名体制（ISCN）标准，人类核型描述包括："染色体总数"、"性染色体组成"和"染色体畸变情况"。正常女性核型描述为46，XX（图2-7A）；正常男性核型描述为46，XY（图2-7B）。唐氏综合征由于21号染色体比正常人类多了一条，因此其核型描述为47，XX（XY）+21。

（二）显带染色体核型分析

非显带染色体的标本不能将每一条染色体具有的特征完整地显示出来，即使是最有经验的细胞学遗传学研究者也只能根据染色体表现出的大体特征，如染色体的大小和着丝粒的位置进行识别，仅仅能准确识别出A组和16号及Y染色体，其余染色体均不能准确识别，更不能进行染色体上的一些节段变化的识别。染色体研究因此受到了极大限制。20世纪70年代产生了染色体显带技术，此后又出现了一些新技术，为染色体的研究提供了有利的技术手段。

1. 染色体显带技术 1968年瑞典细胞化学家Caspersson等将染色体用荧光染料氮芥喹吖因处理后，使用荧光显微镜观察处理后的染色体，他发现每条染色体上沿纵轴显示出了明暗、宽窄不同的横纹，这样的横纹称为带（band）。被显现为这样明暗交替带的染色体称为显带染

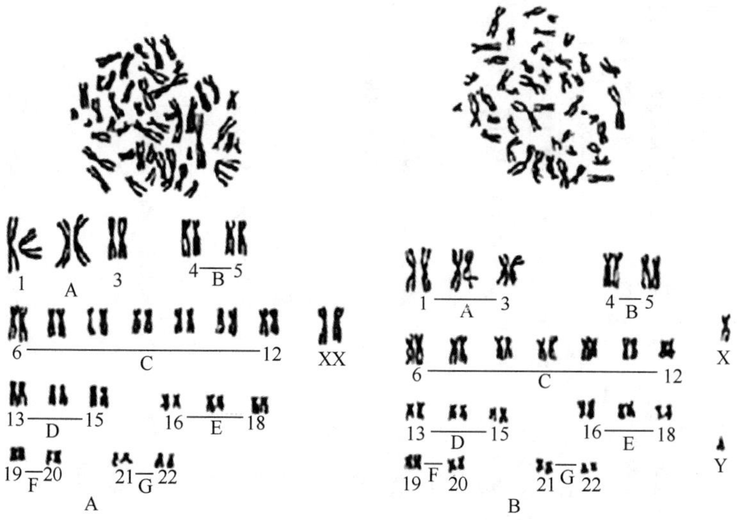

图 2-7　正常人类非显带染色体核型示意图

色体（banding chromosome）。每条染色体显示出的不同形态的带，称为带型（banding pattern）（图 2-8）。将染色体进行显带处理的技术即为显带技术。染色体的带型研究主要是用于染色体形态的识别研究，主要有 Q 带、G 带、R 带、C 带、T 带、N 带等。

（1）Q 带（quinacrine band）：使用氮芥喹吖因等荧光染料处理后染色体显示出的带即为 Q 带。需要使用荧光显微镜进行观察，带型特征明显，显带效果稳定，但是由于荧光保持的时间短，因而 Q 带染色体的标本必须立即观察，不能长期保存，使用受到限制。

（2）G 带（Giemsa band）：使用胰蛋白酶、枸橼酸盐、氢氧化钠或尿素等处理后染色体显示出的带即为 G 带。使用光学显微镜即可观察，带型清晰，与 Q 带显现的带型基本相似，明暗带相反，效果稳定，可长期保存，是使用最为广泛的一种带型。

（3）R 带（reverse band）：使用热磷酸缓冲液或高温处理后，再用吉姆萨染色，显示出的带即为 R 带。Q 带和 G 带的染色体末端都为明带，染色体末端异常现象不容易观察到，而 R 带末端是暗带，容易被发现进行研究。

（4）C 带（centromeric band）：使用碱性溶液氢氧化钠或氢氧化钡等处理后，再使用枸橼酸钠和氯化钠溶液处理，经吉姆萨染色后显示出的带即为 C 带。仅显示着丝粒及其附近区域及 1 号、9 号、16 号和 Y 染色体的异染质区域，还有双着丝粒染色体。

（5）T 带（terminal band）：经过一定加热预处理后，用吉姆萨染色，在染色体末端显现出的深染带即为 T 带。主要用来分析染色体的末端结构是否异常。

（6）N 带（NOR band）：使用硝酸银染色，在染色体的随体及核仁形成区显现出特异性的黑色银染物，即为 N 带。主要用于肿瘤细胞和减数分裂等的研究。

（7）高分辨 G 带（high resolution band）：使用甲氨蝶呤等处理染色体，得到细胞分裂前期或早中期的染色体带型即为高分辨 G 带。普通 G 带染色技术在单倍体组中仅能显示 320 ～ 400 条带，而采用高分辨 G 带比原来增加 50%，能显示 550 ～ 850 条带。这一技术的出现为遗传病及细胞遗传学的研究提供了更有利的支持。

2. 显带染色体的命名　1971 年第四届巴黎国际人类细胞遗传学会议及 1972 年爱丁堡会议提出了识别和描述显带染色体的符号和术语。

（1）界标（land mark）：是指每条染色体上具有重要意义的有显著形态学特征的指标，如染色体的着丝粒、长短臂的末端及某些稳定明显的带。

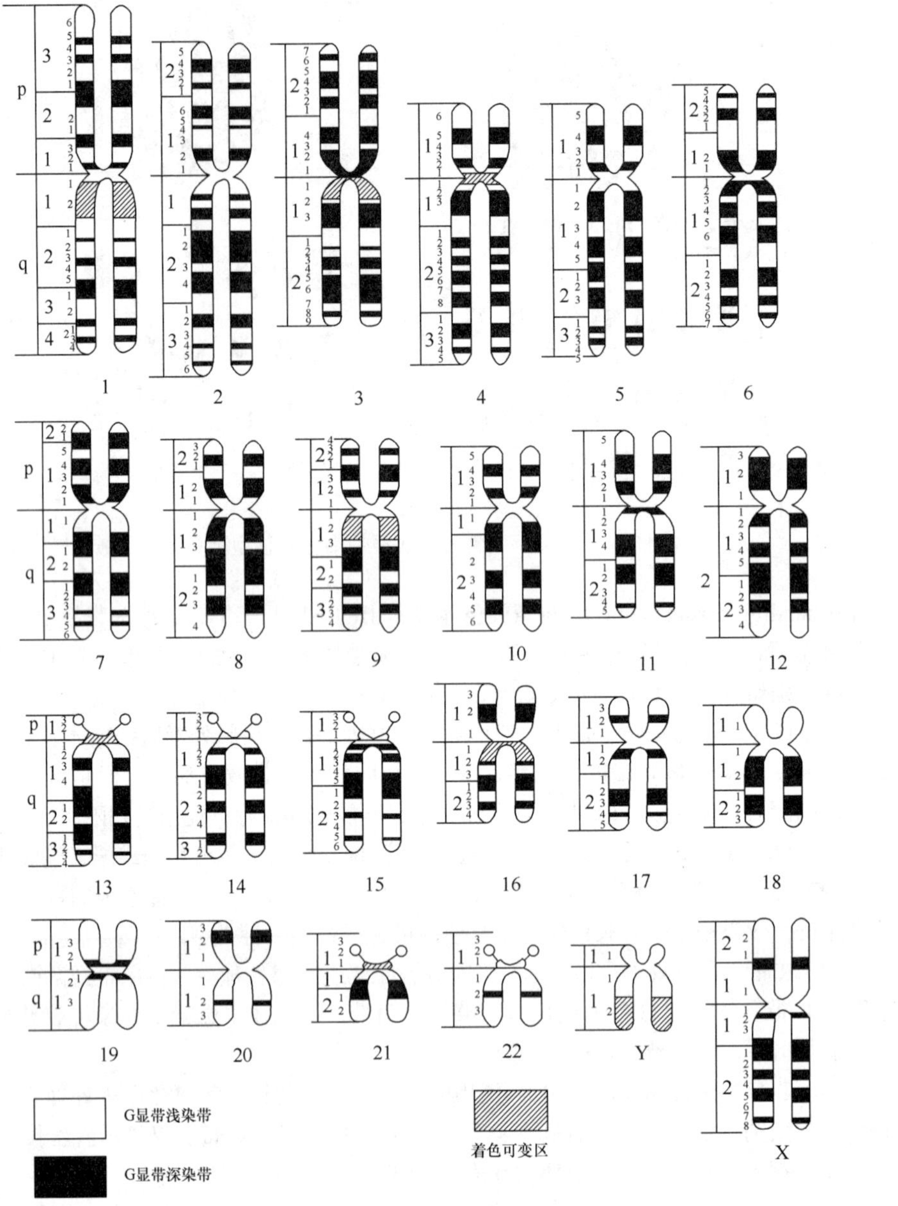

图 2-8　人类显带染色体模式图

（2）区（region）：是指两个界标之间的染色体区域。

（3）带（band）：是指染色体上由于着色深浅而连贯出现的明暗交替的带，没有非带区。相邻带之间能很清晰地区分。

（4）亚带（subband）：是指在带的基础上再分出来的细小的条带。

染色体以着丝粒为中心，向短臂与长臂的末端分别顺序标记区带，最靠近着丝粒的区为 1 区，向末端依次为 2 区、3 区……每个区内靠近着丝粒的带为某区的 1 带，向末端依次为某区 2 带、3 带……这样按照染色体上的显著特征作为界标，划分出区，每个区内包含明暗交替的许多带、亚带，构成染色体的带型（banding pattern）。人类的 24 条染色体都有独特的带型。

描述某条染色体某一特定的带即带型描述，需要将四个组成部分依次写出：①染色体序号；②臂号；③区号；④带号。例如，1 号染色体短臂 3 区 6 带描述为 1p36（图 2-9）。如果要标记亚带，那么就在带的后面加上“.”，如 1 号染色体短臂 2 区 2 带 2 亚带则描述为 1p22.2。带型描述使得染色体的研究能够定位更精确。

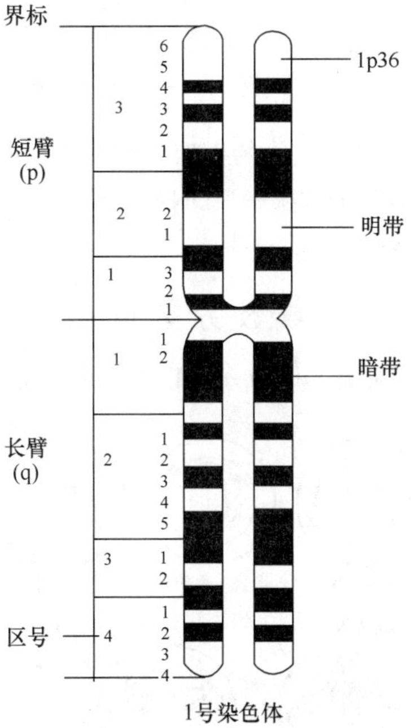

图 2-9　显带染色体命名图

染色体带型描述与人类疾病

血友病是遗传性出血性病，表现为全身各部位的自发性或损伤后过度出血。根据患者所缺乏的凝血因子的种类分为血友病 A（HA）和血友病 B（HB）。血友病 A（HA）基因位于 Xq28；血友病 B（HB）基因位于 Xq27.1—Xq27.2。

帕金森病（Parkinson disease，PD）又称震颤麻痹，是一种影响患者活动能力的中枢神经系统慢性疾病。其多发生于中老年人群，表现为静止性震颤、肌肉僵直、运动迟缓等。该病由英国一位叫詹姆士帕金森（James Parkinson）的医生于 1817 年首先描述，后来学者沿用帕金森病这一病名。目前，已知的帕金森病的致病基因相关位点包括：18p11.31—18p11.2，17q21.1，11p15.5。

链接

第 4 节　减数分裂与配子发生

生物细胞的增殖方式有三类：无丝分裂、有丝分裂和减数分裂。无丝分裂是最早发现的一类细胞分裂方式，不仅存在于原核生物中，在高等动植物中也有无丝分裂现象。无丝分裂是细胞核先延长，然后在中间缢缩、变细，最后分裂为两个子细胞。有丝分裂是生物体细胞的增殖方式，使生物个体能够生长、分化和组织再生。有丝分裂的过程即一个细胞的增殖周期，是指细胞从分裂结束开始到下一次细胞分裂结束为止的整个过程，包括间期（DNA 合成前期、合成期和合成后期）和分裂期（前期、中期、后期、末期）。

整个过程中DNA复制一次，细胞分裂一次，一个母细胞变成两个子细胞，染色体数目不变。有丝分裂使人类从一个受精卵发育成为约1×10^{14}个细胞的个体，每个细胞内染色体相同，保持了生物遗传性状的稳定性。减数分裂是一种特殊的有丝分裂，是本节将要介绍的内容。

一、减数分裂的概念

减数分裂（meiosis）是有性繁殖生物的生殖细胞在成熟期进行的一种特殊的有丝分裂，因此也称为成熟分裂。减数分裂整个过程中，DNA复制一次，细胞连续分裂两次，一个母细胞变为四个子细胞，细胞染色体数目减少一半。

二、减数分裂的过程

减数分裂可分为两个时期，分裂Ⅰ期与分裂Ⅱ期（图2-10）。

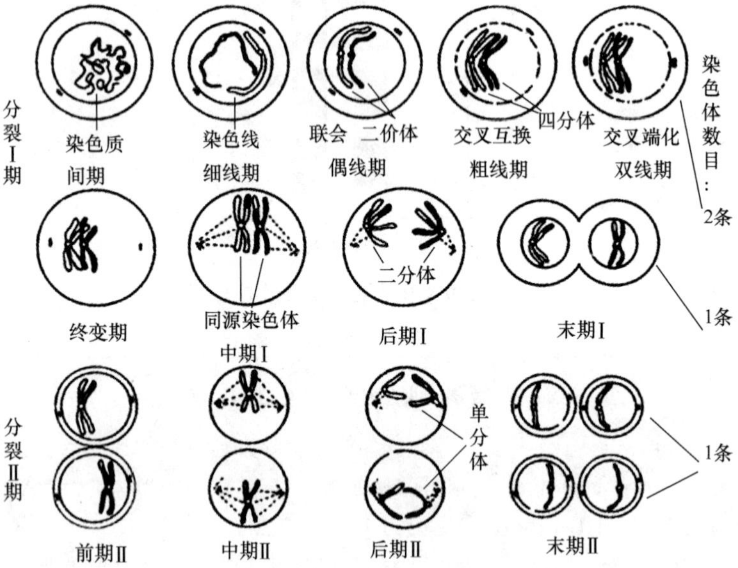

图2-10　减数分裂各期模式图

1．减数分裂Ⅰ期

（1）间期Ⅰ：减数分裂的间期Ⅰ和有丝分裂的间期类似，主要是完成了遗传物质DNA的复制工作。

考点： 减数分裂各期染色体形态及数目特点

（2）前期Ⅰ：减数分裂的前期Ⅰ与有丝分裂相比较为特殊，且时间长。此时期染色体的形态变化多样，是非常复杂、重要的时期，可划分为5个连续出现的时期。

1）细线期（leptotene stage）：染色体呈现细线状，开始螺旋化，交织成网，可见念珠状的染色粒，光镜下分辨不出姐妹染色单体结构，也可称为染色线。细胞核体积增大，核仁也较大。

2）偶线期（zygotene stage）：细胞核内交织的染色体之间会出现同源染色体两两配对的现象，称为联会（synapsis）。联会现象的出现，使细胞核内染色体形态表现为许多紧密结合的二价体。例如，人类细胞在此时就有23对二价体。

3）粗线期（pachytene stage）：染色体继续不断地螺旋化，缩短变粗，光镜下可见每条染色体其实都包含了姐妹染色单体，为二分体结构。此时同源染色体形态可见四分体结构。非姐妹染色单体间可发生节段的相互交换，此现象称为交叉互换，是生物类型多样化的原因之一。

4）双线期（diplotene stage）：同源染色体之间相互排斥发生染色体分离现象，只有交叉的部位仍然连接在一起，称为交叉点。随着同源染色体彼此分离，交叉点会逐渐向染色体两端移动，这一现象称为交叉端化。这一现象会一直持续到减数分裂中期Ⅰ。人类女性生殖细胞在胎儿期 5 个月时就达到了这个时期，直到排卵之前，可维持长达 50 余年。

5）终变期（diakinesis）：染色体、纺锤体出现，核膜、核仁消失。前期Ⅰ结束，染色体均匀分散在细胞核中。

（3）中期Ⅰ：纺锤丝附着在染色体的着丝粒上，将同源染色体移动到细胞中央，整齐排列在细胞中央赤道板上。

（4）后期Ⅰ：由于细胞两极纺锤丝的牵拉作用，同源染色体相互分离，分别移动到细胞的两极。细胞两极各具有一套染色体组。人类 46 条染色体有 2^{23} 种组合方式分向细胞两极，其实加上交叉互换的类型，父母传递给子女染色体的组合类型远远大于这个数字。

（5）末期Ⅰ：细胞膜向内凹陷，染色体在细胞两极解螺旋，细胞质分裂，核膜、核仁重新出现，一个细胞分裂为两个子细胞，每个细胞内染色体数目减少了一半，染色体数由 $2n$ 变为 n。

2．减数分裂Ⅱ期　与有丝分裂非常相似，只是没有了同源染色体。

（1）间期Ⅱ：非常短暂，没有 DNA 的复制，有的细胞直接由末期Ⅰ进入前期Ⅱ。

（2）前期Ⅱ：染色体、纺锤体出现，核膜、核仁消失。

（3）中期Ⅱ：染色体在纺锤丝的牵拉下，移动到细胞中央赤道板上。

（4）后期Ⅱ：由于两极的纺锤丝附着在染色体的同一着丝粒上，纺锤丝向两极牵拉的作用使染色体着丝粒断裂，姐妹染色单体分离，染色体数目暂时加倍。染色体由二分体形态变为单分体形态，随纺锤丝移向细胞两极。

（5）末期Ⅱ：细胞膜向内凹陷，一个细胞变为两个子细胞，染色体数目又恢复至与末期Ⅰ相同的数量。

三、减数分裂的意义

减数分裂保证了生物的各种性状在世代中的相对稳定性，保持了染色体数目的恒定性，因而保证了各种性状的相对稳定性。

减数分裂为各种变异提供了细胞学基础。同源染色体分离，进入不同的子细胞中，而非同源染色体则随机组合进入子细胞中，生物多样性由此而来。

减数分裂为遗传规律（详见第 4 章遗传的基本规律）提供了细胞学基础。

四、配子的发生

生殖细胞（germ cell）包括精子与卵子，它们统称为配子。配子的发生是指产生精子与卵子的过程。配子的发生是胚胎发生的前提条件。

考点：
配子的发生

（一）精子的发生

精子（spermatozoon）发生于男性的睾丸曲细精管中的精原细胞（spermatogonium）。男性胚胎 6～7 周就出现了胚胎睾丸，直到青春期之前，睾丸中的精原细胞都只进行有丝分裂，不会产生精子。只有进入青春期后，在雄性激素的刺激下，部分精原细胞才开始陆续地经历一系列变化，形成精子。精子的发生要经历四个阶段（图 2-11）：

1．增殖期　精原细胞呈圆形或卵圆形，直径约 12μm。在增殖期精原细胞通过有丝分裂产生大量的细胞，染色体数目没有变化。男性精原细胞染色体数为 46 条。二倍体生物染色体数为 $2n$。

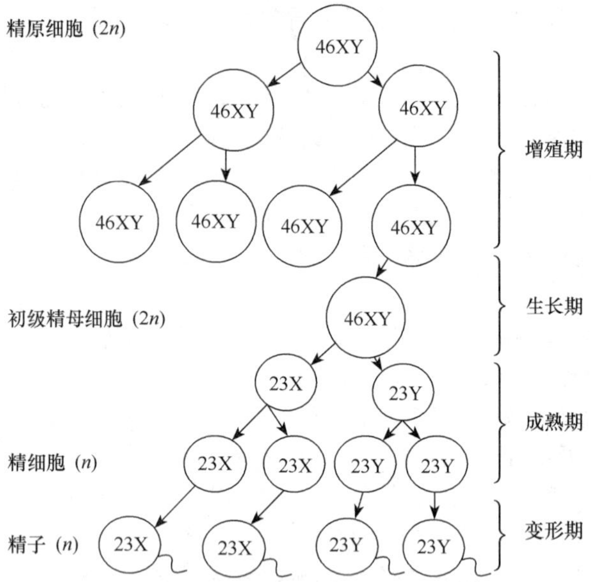

图 2-11 精子发生示意图

2. 生长期 部分精原细胞体积增大变为初级精母细胞（primary spermatocyte），初级精母细胞呈圆形，直径约 18μm。细胞数量和染色体数量都没有变化。

3. 成熟期 初级精母细胞进入成熟期即进入了减数分裂的阶段，经过减数第一次分裂，一个初级精母细胞发生均等分裂，变为两个体积相同的次级精母细胞（secondary spermatocyte），直径约 12μm, 圆形，染色体数目减少一半；接着两个次级精母细胞进入减数第二次分裂，两个次级精母细胞变为四个体积相同的精细胞，染色体数目不变。

4. 变形期 精细胞经过变形成为形似蝌蚪的精子，精子长约 60μm。

案例 2-2

某男性在精子形成过程中，发生下列情况：①成熟期，第一次减数分裂同源染色体不分离；②成熟期，第二次减数分裂姐妹染色单体不分离。

问题与思考：精子内染色体数目如何？他的后代细胞内染色体数目会受影响吗？

（二）卵子的发生

卵子发生于女性卵巢中的卵原细胞。女性胚胎期 1 个月就有原始生殖细胞，2 个月就有卵原细胞形成。卵子的发生与精子的发生有许多相似的地方，也有不同之处。卵子发生只经历三个阶段，没有变形期（图 2-12）。

1. 增殖期 女性胚胎卵原细胞通过有丝分裂进行增殖，约 600 万个左右，染色体为 46 条。

2. 生长期 部分卵原细胞体积增大形成初级卵母细胞，约 500 万个左右。

3. 成熟期 进入成熟期，初级卵母细胞进行减数分裂。减数第一次分裂：细胞不均等分裂，形成一个体积较大的次级卵母细胞和一个体积较小的第一极体，染色体数目减半，为 23 条；减数第二次分裂：次级卵母细胞进行不均等分裂后形成一个较大的卵细胞即卵子，还有一个较小的第二极体，第一极体则进行了均等分裂形成了两个体积相同的第二极体。因此，实际一个初级卵母细胞经过减数分裂形成了一个卵子和三个第二极体，第二极体在细胞发育过程中消失。

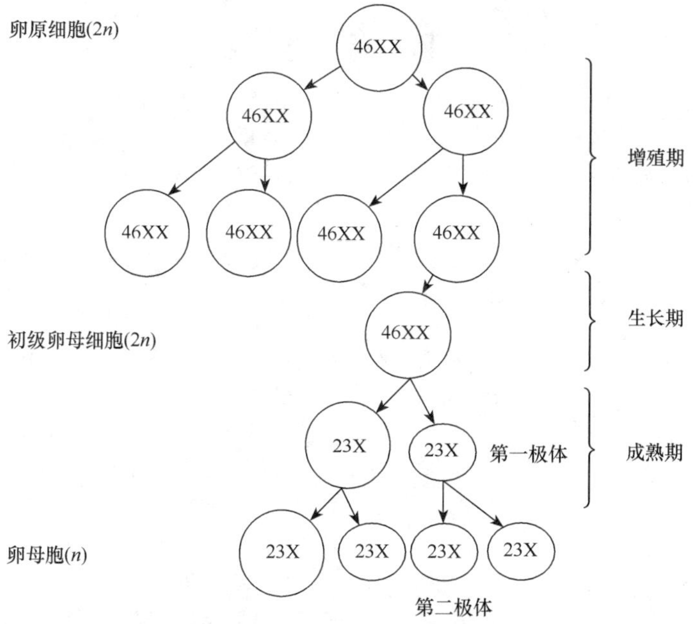

图 2-12　卵子发生示意图

配子发生的性别差异

1. 女性卵原细胞增殖在胚胎发育早期形成初级卵母细胞，男性精原细胞一直以干细胞形式存在，保持分裂增生能力。

2. 女性只有约 400 个初级卵母细胞能进入成熟期；男性一直能产生精母细胞，一生中大约有 1×10^{12} 个，每次射精约 6000 万个精子。年老精子产生数量减少。

3. 女性胚胎期产生初级卵母细胞停留在减数分裂前期Ⅰ的双线期，在排卵后完成第一次减数分裂，停在减数分裂中期Ⅱ，到受精时才完成减数分裂整个过程，完成一次成熟分裂需要从胚胎到青春期性成熟或 50 年左右；男性进入青春期就不断地由精原细胞产生大量精子，精子的发生仅需要 60 ～ 70 天。

链接

小结

染色体与染色质是同一遗传物质在细胞不同时期的两种表现形式。人类染色体有 46 条，分为 7 组，根据着丝粒位置不同分为中央、亚中和近端着丝粒染色体三类。染色体核型是将一个体细胞的全部染色体，按照其大小、形态特征分组编号排列所构成的图形。减数分裂是生殖细胞的增殖方式，染色体复制一次，细胞连续分裂两次，所形成的四个子细胞染色体数目比母细胞减半。精子、卵子由减数分裂产生，染色体数量减半，但精卵结合后体细胞染色体恢复原来的数量，从而保证了亲子代之间染色体数目的相对恒定。减数分裂中同源染色体非姐妹染色单体间的交叉互换、非同源染色体之间的随机组合，使亲子代之间遗传性状既相似又有差异。

目标检测

一、名词解释

1. 染色质 2. 同源染色体 3. 核型
4. 联会 5. 配子发生

二、填空题

1. 染色质分为 ________ 和 ________ 两类。
2. 性染色质有 ________ 和 ________。
3. 人类体细胞的染色体有 ________ 条，为 ________ 倍体，以 ________表示。
4. 染色体的结构由 __________、__________、________、________、________、________ 等构成，近端着丝粒染色体通常还具有 ________。
5. 根据着丝粒的位置可以将人类染色体分为 3 类，分别是 ________、________和 ________。
6. 正常女性核型为 ________，正常男性核型为 ________。
7. Xq28 表示 ________________ 。
8. 减数分裂过程中前期Ⅰ可为 ________、________、________、________ 和________期。其中二价体出现在 ________期，交叉互换出现在 ______ 期。

三、选择题

1. 真核细胞染色质与染色体的化学组成是（ ）
   A. RNA 和组蛋白
   B. DNA 和组蛋白
   C. RNA 和非组蛋白
   D. DNA 和非组蛋白
   E. DNA、组蛋白、非组蛋白和 RNA
2. 染色质与染色体是（ ）
   A. 同一物质在细胞周期中同一时期的不同表现形式
   B. 不同物质在细胞周期中同一时期的表现形式
   C. 同一物质在细胞周期中不同时期的两种表现形式
   D. 不同物质在细胞周期中的不同时期的表现形式
   E. 以上都不是
3. 染色质的基本组成单位为（ ）
   A. 核酸 B. 核苷酸
   C. 染色体 D. 核小体
   E. DNA
4. 根据 ISCN，人类性染色体属于（ ）
   A. C 组和 D 组 B. B 组和 G 组
   C. C 组和 E 组 D. C 组和 G 组
   E. A 组和 G 组
5. 染色体上作为界标的带（ ）
   A. 一定是暗带 B. 一定是明带
   C. 一定是主缢痕区 D. 一定是次缢痕区
   E. 可以是暗带，也可以是明带
6. 减数分裂中同源染色体的联会发生在( )
   A. 细线期 B. 偶线期
   C. 粗线期 D. 双线期
   E. 终变期
7. 在减数分裂过程中单分体出现在（ ）
   A. 前期Ⅰ B. 后期Ⅰ
   C. 末期Ⅰ D. 后期Ⅱ
   E. 中期Ⅱ
8. 配子发生中，染色体数目减半发生在( )
   A. 增殖期
   B. 生长期
   C. 第一次减数分裂期
   D. 第二次减数分裂期
   E. 变形期
9. 人类次级卵母细胞中有 23 个（ ）
   A. 单分体 B. 二分体
   C. 四分体 D. 二价体
   E. 染色单体
10. 人类染色体为 46 条，如果不考虑交叉互换，可以形成的生殖细胞染色体组合方式有（ ）
   A. 2^{23} 种 B. 23^2 种
   C. 46^2 种 D. 2^{46} 种
   E. 23 种

四、简答题

1. 试述染色体的包装过程，说明 DNA、染色质与染色体的关系。
2. 简述减数分裂的过程和各期特点，说明减数分裂的意义。
3. 比较配子发生过程中精子与卵子发生的异同。

（肖 宁）

第 3 章　遗传的分子基础

第 1 节　核酸的组成与结构

1868 年瑞士医学博士 F. Miescher 在处理外科旧绷带时，分离脓细胞进行化学分析，发现细胞核内充满了含有磷和氮的一种复合物，称为核素。后来研究发现这种物质有很强的酸性，改名为核酸。

一、核酸的组成

核酸主要由五种元素 C、H、O、N、P 组成。核酸分为两种：脱氧核糖核酸（DNA）和核糖核酸（RNA）。

（一）脱氧核糖核酸（DNA）的组成

DNA 的基本组成单位是脱氧核糖核苷酸，每一个脱氧核糖核苷酸由一分子的磷酸和一分子的脱氧核苷构成，每一个脱氧核苷又由一分子脱氧核糖(属于五碳糖，也称为戊糖)(图 3-1)和一分子含氮碱基(简称碱基)构成。含氮碱基有两类：一类是嘌呤，有腺嘌呤(adenine，A)、鸟嘌呤（guanine，G）；另一类是嘧啶，有胞嘧啶（cytosine，C）和胸腺嘧啶（thymine，T）。由这四种含氮碱基与磷酸和脱氧核糖构成的四种不同的脱氧核糖核苷酸分别为：腺嘌呤脱氧核糖核苷酸（dAMP）、鸟嘌呤脱氧核糖核苷酸（dGMP）、胞嘧啶脱氧核糖核苷酸（dCMP）和胸腺嘧啶脱氧核糖核苷酸（dTMP）。

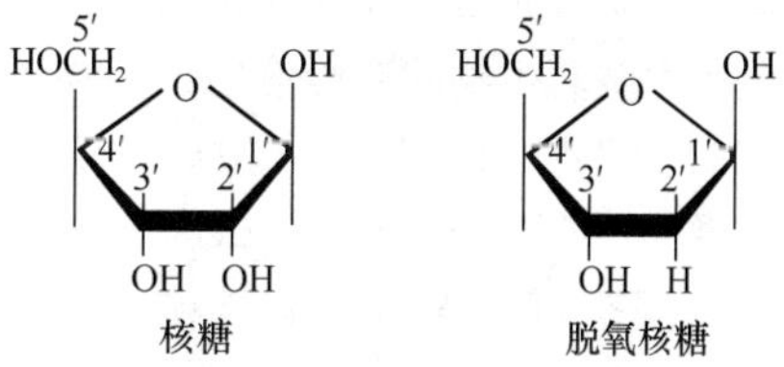

图 3-1　戊糖的结构式

（二）核糖核酸（RNA）的组成

RNA 的基本组成单位为核糖核苷酸，每一个核糖核苷酸由一分子磷酸与一分子核苷所构成。核苷又由一分子核糖与一分子含氮碱基构成。核糖核苷酸与脱氧核糖核苷酸相比有两处不同：一是五碳糖的不同，核糖核苷酸以核糖（图 3-1）取代了脱氧核糖；另一个是含氮碱基的不同，核糖核苷酸中没有胸腺嘧啶（T），而由尿嘧啶（uridine，U）取而代之。所以核糖核苷酸中的碱基分别为：腺嘌呤（A）、鸟嘌呤（G）、胞嘧啶（C）和尿嘧啶（U）（图 3-2）。

考点：
DNA 的化学组成及分子结构

二、DNA 的结构

1953 年 Watson 和 Crick 提出 DNA 链是由两条反向平行的脱氧核糖核苷酸单链通过碱基互补配对原则连接起来的右手双螺旋结构。可以将 DNA 的结构分步解读如下：

（一）DNA 单链结构

由四种脱氧核糖核苷酸（dAMP、dGMP、dCMP、dTMP）按特有的顺序连接而形成的 DNA 单链状结构，每两个相邻的脱氧核糖核苷酸之间以脱氧核糖的 3′ 碳位的羧基和 5′ 碳位的磷酸形成的磷酸二酯键相互连接在一起（图 3-3A）。

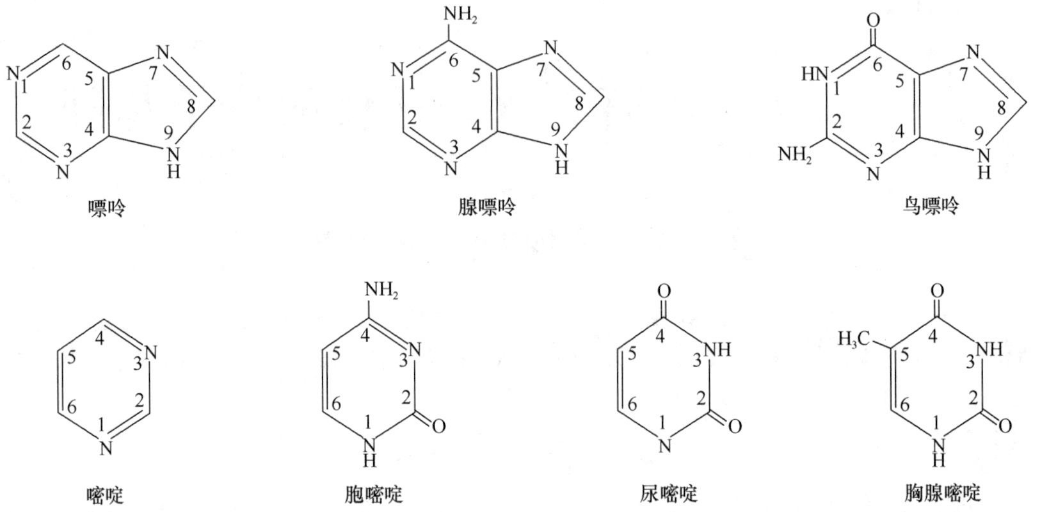

图 3-2　碱基结构式

（二）DNA 双链结构

由两条反向且平行的 DNA 单链连接形成 DNA 双链状结构，双链中一条链为 3′ → 5′ 方向，另一条为 5′ → 3′ 方向。外侧由脱氧核糖与磷酸交替排列构成，双链的内侧则是由四种含氮碱基（A、G、T、C），根据碱基互补配对原则（A=T，G≡C），即 A 与 T 之间形成两个稳定的氢键，G 与 C 之间形成三个稳定的氢键，相互连接起来（图 3-3B）。双链的外侧构成基本骨架，而内侧则存载着生物的遗传信息，即碱基序列。碱基排列方式多种多样，从而才有形形色色变化多样的生物界。例如，有 1000bp 长度的 DNA，其碱基的排列方式就有 4^{1000} 种。人类 1 号染色体长度为 247 249 719bp，那么这条染色体就有 $4^{247\,249\,719}$ 种碱基排列方式。

（三）DNA 双螺旋结构

DNA 双链以纵轴为中心，向右旋转形成双螺旋结构。每旋转 360° 为一个螺距，直径约为 2nm，长度为 3.4nm，每个螺距包含 10 个碱基对（bp），每个碱基对之间相距 0.34nm（图 3-3C）。

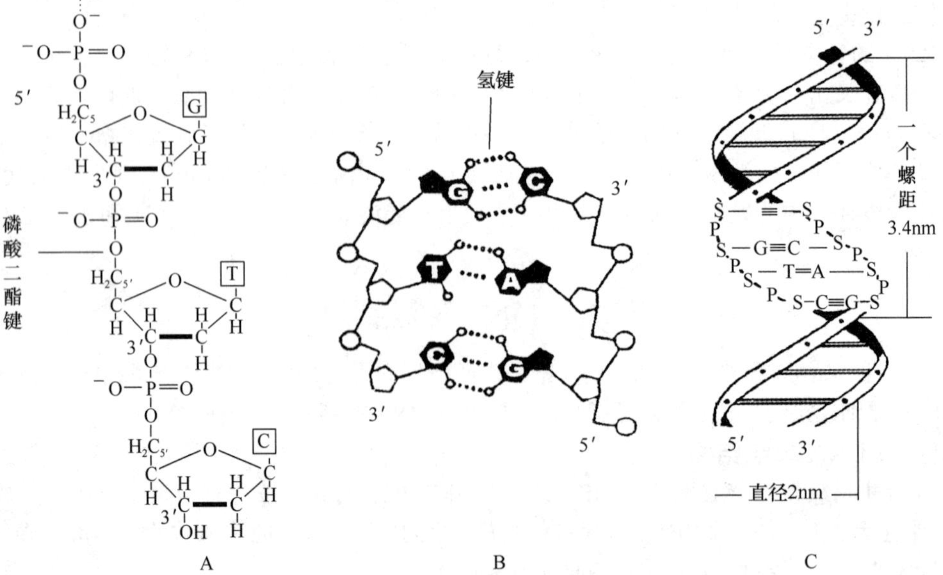

图 3-3　DNA 结构图

A. DNA 单链结构图；B. DNA 双链结构图；C. DNA 双螺旋结构图

双螺旋结构的表面形成大小两个凹槽，分别为大沟和小沟，能够识别出特定的蛋白质。

人体细胞中发现四螺旋 DNA 结构

英国剑桥大学科学家在《自然—化学》杂志上发表的论文显示，四螺旋 DNA 结构，即 G- 四联体同样存在于人类基因组中。它们形成的区域具有丰富的鸟嘌呤基础构件，因此通常缩写为“G”。巴拉萨布拉曼尼恩强调称，四螺旋 DNA 结构或许是开发选择性抑制癌细胞增殖新方法的关键，而在人体细胞中确认它们的存在更是真正的里程碑事件。下一步他们将弄清如何在肿瘤细胞中“瞄准”它们。

链接

三、DNA 的功能

DNA 的功能首先是储存遗传信息。DNA 双链结构中碱基的排列顺序构成了生物体的遗传信息，碱基排列序列决定了不同种生物之间或同种生物不同个体间遗传性状的表现差异。其次，DNA 能传递遗传信息，通过 DNA 自我复制将遗传信息传递给后代。最后，DNA 能将遗传信息通过基因表达表现为生物体的各种生命现象（此过程详见本章基因表达）。

四、RNA 的结构与功能

RNA 与 DNA 双链结构不同，呈单链状。主要有三种类型，它们共同参与基因表达，执行各自的功能。

（一）信使 RNA

信使 RNA（mRNA）呈单链线形，以 DNA 为模板在细胞核中合成，携带 DNA 的遗传信息通过核孔进入细胞质，并存在于细胞质中。mRNA 上的遗传信息称为密码子（详见本章转录过程）。

（二）转运 RNA

转运 RNA（tRNA）呈“三叶草”状，存在于细胞质中，柄部有三个碱基，可以与 mRNA 上的密码子通过碱基互补配对原则进行识别，另一端有氨基酸的连接部位，可以活化连接特异的氨基酸，将其运送到 mRNA 与核糖体上参与蛋白质合成。因此，可以形象地称它为一辆货车，起着运送氨基酸的作用。

考点：DNA 与 RNA 的异同

（三）核糖体 RNA

核糖体 RNA（rRNA）呈线形，与核蛋白共同构成核糖体，参与蛋白质的合成，存在于细胞质中。

DNA 与 RNA 的异同见表 3-1。

表 3-1　DNA 与 RNA 的比较

类别	化学组成		结构	功能	分布
DNA	磷酸 脱氧核糖 含氮碱基	鸟嘌呤（A） 腺嘌呤（G） 胞嘧啶（C） 胸腺嘧啶（T）	双螺旋	储存遗传信息	细胞核
RNA	磷酸 核糖 含氮碱基	鸟嘌呤（A） 腺嘌呤（G） 胞嘧啶（C） 尿嘧啶（U）	单链	参与基因表达	细胞质

第2节 基因的概念

一、基因的概念

考点：基因的概念

基因是具有特定遗传效应的DNA分子片段，是遗传信息的表达单位。这一概念的形成是随着历史与科学的不断发展而来的。早在19世纪60年代，奥地利遗传学家孟德尔（Mendel）用豌豆各类相对性状作为实验研究对象，总结提出能控制生物性状的物质为“遗传因子”。1909年丹麦生物学家将“遗传因子”改名，称为“基因”。直到现在“基因”一词一直在使用。1953年Watson和Crick通过DNA图像分析提出了DNA的结构为右手双螺旋结构。1957年Benzer从分子水平上提出基因实际上是一个DNA片段。直到20世纪70年代后，人们对基因的认识更加深入，才把“基因”的概念明确为具有特定遗传效应的DNA分子片段。

二、基因的分类和功能

基因根据其所在细胞内的位置，可以分为两大类：核基因与核外基因。核基因位于细胞核内，存在于染色体上；核外基因位于细胞核外，存在于细胞质中，又称为胞质基因，如存在于细胞器——线粒体上的基因。基因根据其功能也可以分为两大类：结构基因和调控基因（详见本章人类基因）。结构基因是指导合成生物功能分子（蛋白质或酶）的基因，调控基因则是起着调节控制作用的基因，包括调节、操纵和启动基因。基因有控制遗传性状和活性调节的功能。基因通过复制把遗传信息传递给下一代，并通过控制酶的合成来控制代谢过程，从而控制生物的个体性状表现。基因还可以通过控制结构蛋白的成分，直接控制生物性状。

第3节 人类基因组和人类基因★

一、人类基因组

自然界绝大多数生物体的遗传信息储存在DNA的核苷酸排列顺序中。DNA是巨大的生物高分子，一般将细胞内遗传信息的携带者——染色体所包含的DNA总体称为基因组（genome）。同一物种的基因组DNA含量总是恒定的，不同物种间基因组大小和复杂程度则差异极大，一般讲，进化程度越高的生物体其基因组越大、越复杂。

（一）人类基因组的概念及构成

人体细胞内所有遗传信息的总和即为人类基因组（genome）。人类基因组包括两类：存在于细胞核内的核基因组和存在于细胞质内的线粒体基因组（图3-4）。

（二）人类基因组的特征

人类基因组通常是指位于细胞核内的核基因组，包含细胞核内一套染色体（单倍体）上所有的遗传信息。人类基因组的数目多，结构复杂，并且存在大量的重复序列；人类基因组上编码序列少；其结构基因多数是割裂基因；人类基因组存在奢侈基因及多基因家族。

人类线粒体基因组是位于细胞质内的基因组，独立存在，包含16 569个碱基对，37个基因（蛋白质基因13个、rRNA基因2个、tRNA基因22个），人类线粒体DNA结构为双链环状，遗传方式为母系遗传。

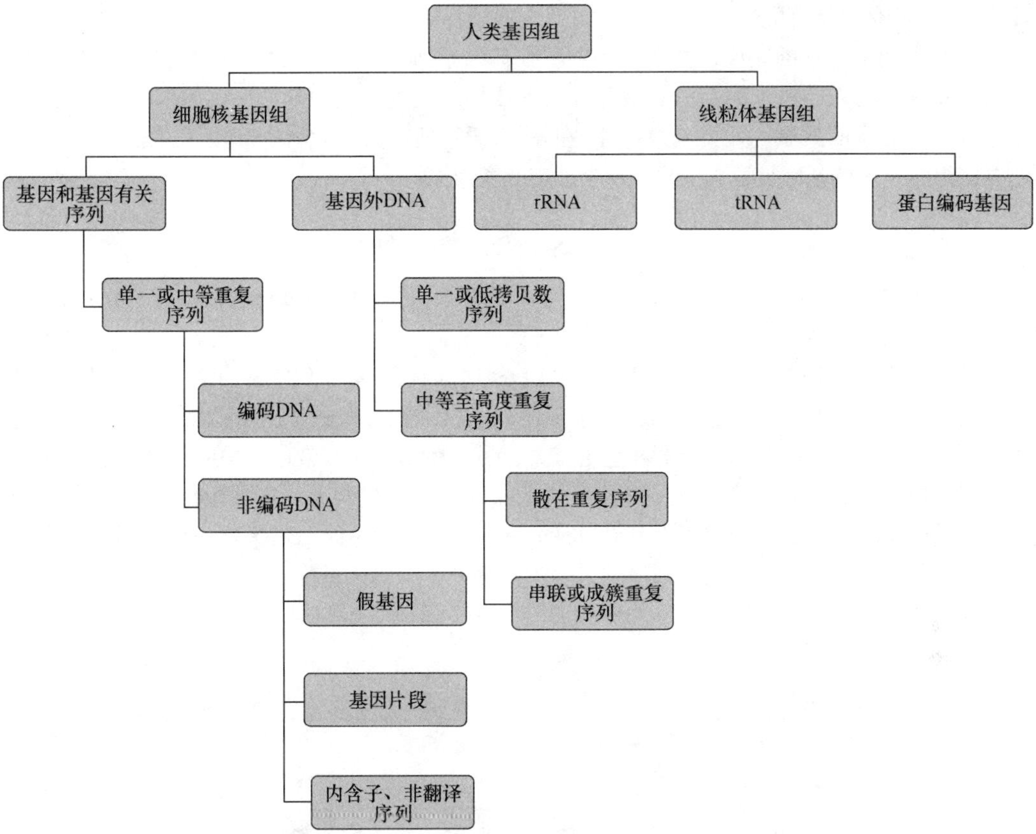

图 3-4　人类基因组构成图

（三）人类基因组计划

20 世纪 80 年代初，随着分子生物学技术的发展，科学家已经对人类染色体有了较为系统的认识。1985 年美国能源部提出测定人类基因组全序列。1988 年美国国会批准提议，成立国家人类基因组研究中心，由国立卫生院与能源署负责执行。1990 年美国国会批准的“人类基因组计划”（human genome project，HGP）正式启动，历时 15 年。日本、俄罗斯、法国、意大利、加拿大、澳大利亚和中国随后也启动了 HGP。中国的 HGP 于 1993 年开始，第一阶段是国家自然科学基金委员会资助的重大项目。1994 启动了“中华民族基因组中若干位点基因结构的研究”和“重大疾病相关基因的定位、克隆、结构和功能研究”。1998 年在上海成立了国家人类基因组南方研究中心。1999 年在北京成立了国家人类基因组北方研究中心。1999 年在伦敦举行的第五次人类基因组测序战略会议上，北京中心与已为人类基因组做出卓越贡献的 15 个中心一起讨论战略，中国负责“人类基因组计划”中 1% 的项目，即人类 3 号染色体短臂上的一个约 30Mb 区域的测序任务。

HGP 分为三个阶段，计划先绘图后测序。人类基因组的结构图谱包括：遗传图、物理图、转录图和序列图。①遗传图（genetic map）又称为连锁图或染色体图，是将遗传多态性的遗传标记作为“位标”，将遗传学距离作为“图距”的基因组图。遗传学距离用厘摩（centi-Morgan,cM）表示，1cM＝1Mb（106bp）。②物理图（physical map）是将序列标签位点（即一段已知 DNA 碱基序列）作为“位点”，将人类基因经过敲碎再拼接来研究染色体。基因组图距为 bp、kb、Mb。③转录图（transcription map）又称为表达序列图，是最初的基因图，能鉴别出人类基因组中占 2% 长度的全部蛋白质编码基因的位置、结构和功能。④序列图（sequence map）即人类基因组的核苷酸序列图，是分子水平的最高层次，是最详尽的物理图。测定总长度为 1m，30 亿对核苷酸。

人类基因组计划的完成，鉴定了人类所有基因序列，推动了人类发育生物学、遗传学等学科的发展，为人类种族的起源和演化寻找到依据。人类基因的定位，疾病基因的定位，推动了临床医药学的发展。人类基因组计划的深入研究使许多新学科、新领域应运而生，如药物基因组学、比较基因组学、生物信息学、工业基因组学等。

二、人 类 基 因

原核生物的基因是 DNA 分子的一个连续编码片段，但大多数真核生物包括人类的基因则不同。所谓基因的结构就是结构基因的结构（图 3-5）。

结构基因常常是单一序列或低度重复序列，其余的核苷酸序列常常为基因间的间隔序列、基因内的内含子、高度重复序列、倒位重复序列以及散在分布的中度和低度重复序列。一些重复顺序可能与同源染色体的配对和重组有关，另一些则可能在染色体构成及 DNA 超螺旋的进一步折叠方面起作用，还有一些可能参与基因调节。现在知道大多数真核生物的结构基因是割裂基因（split gene）或断裂基因（interrupted gene），即基因编码序列在 DNA 分子上不是连续排列的，而是被不编码的序列隔开，分为两部分：编码区基因序列和非编码区基因序列，编码区与非编码区相间排列。

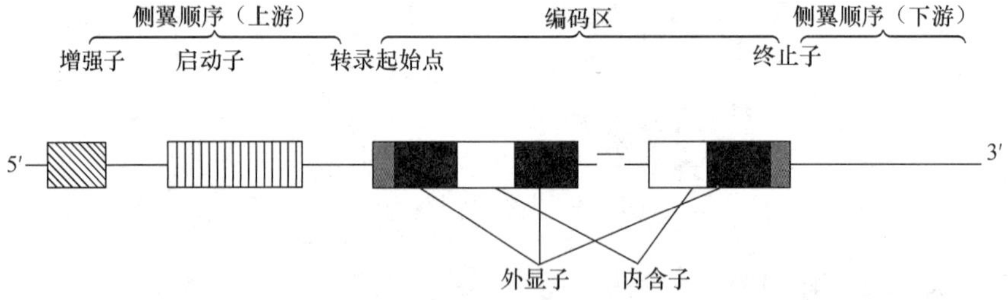

图 3-5　真核细胞的基因结构图

1. 外显子与内含子　编码区基因序列是基因表达为蛋白质的片段，称为外显子（exon），外显子是基因中对应于 mRNA 序列的区域。不编码的间隔基因序列（非编码区）称为内含子（intron）或插入顺序（intervening sequence），是从 mRNA 中消失的区域。在一个结构基因中，编码某一蛋白质不同区域的各个外显子并不是连续排列在一起的，而是被许多长度不等的内含子分割开来，形成镶嵌排列的断裂形式，基因两端起始和终止于外显子。如果一个基因有 n 个内含子，就会有 n+1 个外显子。基因不同，所含外显子与内含子的大小和数量也不同。并且两者关系并非固定不变的，同一条 DNA 链上的某一段 DNA 序列，当它编码某多肽链时是外显子，而作为另一条多肽链基因时，则可能是内含子，即一个基因的内含子可能是另外一个基因的外显子。每个基因中的内含子会被切除，而外显子则会连接起来，在细胞质中产生出一定的基因产物。

2. 外显子与内含子接头　外显子和内含子的接头区是高度保守一致的，在内含子与外显子接头区是剪接位点，序列很简单，每个内含子的 5′ 端是剪接供体点，开始的两个碱基为 GT，3′ 端是剪接受体点，结束的两个碱基为 AG，是 RNA 剪接的识别信号，这种接头方式称为 GT-AG 法或 Breathnach-Chambon 规则。

3. 侧翼序列　在结构基因的第一个外显子的前端和最后一个外显子的末端，都有一段不会被转录的非编码区序列，称为侧翼序列（flanking sequence），对基因的表达起调控的作用（图 3-5）（详见本章人类基因的调控元件）。

三、人类基因的调控元件

基因的调控元件是指位于基因上下游的调控基因表达时间、强度、位置等的 DNA 序列，含有启动子、增强子和终止子等，能对基因起到调节控制的作用，也可以称为调控基因。

1. 启动子（promoter） 是一段特异的转录调控核苷酸序列，位于转录起始点上游的 100bp 非编码区内，是 DNA 分子上能特异性识别 RNA 聚合酶并与之结合的部位，与基因的转录启动有关，可以准确识别出转录起始点，促进转录过程的进行。启动子决定了双链 DNA 中的转录链。

2. 增强子（enhancer） 位于转录起始点上游或下游前后 3kb 或更远，可以在基因的任何位置，无明显的方向性，可以是 3′→5′ 方向，也可以是 5′→3′ 方向，对转录的进行起着增强作用，是重要而不可缺少的调控基因。

3. 终止子（terminator） 位于基因的最下游，能在 RNA 转录到一定长度时终止 RNA 的转录。终止子是给予 RNA 聚合酶转录终止信号的 DNA 序列，由一段反向重复序列和特定序列 5′-AATAAA-3′ 组成，反向重复序列为转录终止信号，特定序列 5′-AATAAA-3′ 是多聚腺苷酸（polyA）附加信号。

四、基因的复制

基因的复制即 DNA 的复制过程，是以 DNA 的双链为模板，在酶的作用下，合成新的 DNA 链的过程。

（一）基因复制的条件

基因复制需要模板 DNA 链、游离的脱氧核糖核苷酸、各种酶（解旋酶、聚合酶、连接酶等）的参与。

（二）基因复制的步骤

1. 基因复制的开始 基因复制时首先在 RNA 聚合酶作用下，以 DNA 为模板合成一段 RNA 引物，随后模板 DNA 链的复制起始点（可以有数个复制点），在解螺旋酶的作用下，从复制点处开始，双链 DNA 含氮碱基之间的氢键断裂，双链解螺旋变为单链结构。

2. 基因复制的延续 从复制点开始，在聚合酶和连接酶的作用下，游离在细胞核中的脱氧核糖核苷酸沿着单链 DNA3′→5′ 或 5′→3′ 的方向，逐个以碱基互补配对的方式形成新的氢键，结合到单链 DNA 上，脱氧核糖核苷酸上的磷酸与脱氧核糖则形成新的磷酸二酯键。

3. 基因复制的结束 新合成的 DNA 链与原来的 DNA 链携带着完全相同的遗传信息，旋转释放产生两条一模一样的新链，基因复制结束。

（三）基因复制的特性

1. 半保留性 基因在复制过程中，是在解旋酶的作用下，将母链氢键断开，分别形成两条单链，这两条单链均作为新链的模板，新合成的两条 DNA 链中，每条 DNA 双链中都有一条单链是由游离脱氧核糖核苷酸新合成的，称为子链；另一条是保留的模板链（母链），因此这种复制方式称为半保留复制（图 3-6）。

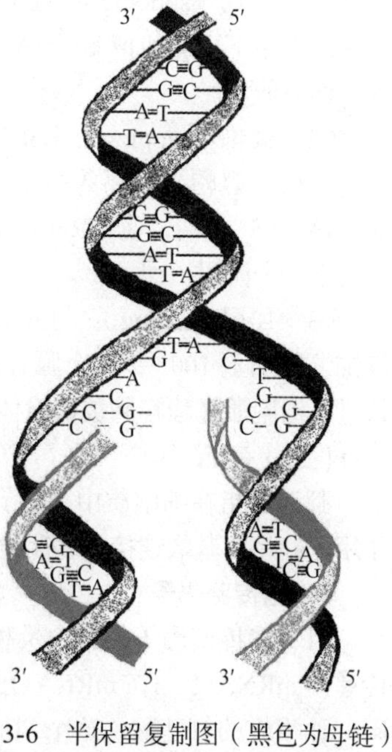

图 3-6　半保留复制图（黑色为母链）

2. 双向性 DNA 的两条链是反向平行的，基因在复制时是沿着两个方向即 3′→5′ 和 5′→3′ 方向进行复制的，称为双向复制。

3. 半不连续性 由于DNA聚合酶只能以5′→3′方向聚合子代DNA链，因此以两条亲代DNA单链为模板合成子代DNA链的方式是不同的。以3′→5′方向的亲代DNA链作模板的子代链在聚合时基本上是连续进行的，这一条链被称为领头链（leading strand）。而以5′→3′方向的亲代DNA链为模板的子代链在聚合时则是不连续的，这条链被称为随从链（lagging strand）。DNA复制时，以随从链为模板的复制过程为，首先合成一些子代DNA短链，这些短链被称为冈崎片段（Okazaki fragment），最后在连接酶的作用下将这些冈崎片段连接成完整的DNA链。

五、基因表达

基因表达（gene expression）是将所储存的遗传信息转变为由特定氨基酸种类和数目构成的蛋白质，从而决定生物性状表现的过程。基因表达主要包括了转录和翻译两个过程。

考点： 基因表达（复制、转录与翻译）

（一）转录

1. 转录的过程 转录（transcription）是在细胞核内以DNA的一条有意义链即编码链3′→5′方向链为模板，以游离的核糖核苷酸为原材料，通过碱基互补配对，合成互补的5′→3′方向的RNA链的过程。整个过程可分为起始、延长和终止三个连续的阶段。

（1）起始阶段：在解旋酶的作用下，DNA解螺旋，RNA聚合酶与启动子结合，转录过程开始。

（2）延长阶段：以DNA的一条3′→5′链为模板链，按照碱基互补配对原则，将核糖核苷酸逐个连接为5′→3′的RNA单链。

（3）终止阶段：延长沿着DNA 3′→5′方向移动，当移动至终止信号的时候，转录过程停止，RNA合成结束。

2. 转录的产物 通过转录，在RNA聚合酶的作用下合成的产物有核内异质、tRNA、rRNA。

3. 转录产物的加工 mRNA的前体包括外显子、内含子与侧翼序列，称为核内异质（hnRNA）。hnRNA需要经过加工才能成为模板mRNA，加工过程包括三个程序：

（1）剪切（splicing）：在外显子与内含子的连接处GU和AG的部位。hnRNA合成后，在酶的作用下，剪切掉hnRNA的内含子，之后将剩余的外显子按照特定的顺序连接起来的过程，称为剪切。

（2）戴帽（capping）：hnRNA合成结束时，在hnRNA的5′端会被连接上一个甲基化鸟嘌呤，称为戴帽。相邻的两个核苷酸也可以甲基化，称为cap_1、cap_2。戴帽能够有效地保护hnRNA的5′末端，使mRNA进入细胞质时可以被核糖体的小亚基识别，并结合进入基因表达的下一个阶段。

（3）加尾（tailing）：与hnRNA 5′端戴帽的同时，3′端在腺苷酸聚合酶的作用下，正在被修饰，被加上100～200个腺苷酸，称为加尾。加尾可以稳定mRNA分子，使mRNA从细胞核进入细胞质过程容易被核糖体识别。

（二）翻译

翻译是指在细胞质中，以mRNA 5′→3′方向碱基序列为模板，在tRNA和rRNA的共同作用下，将氨基酸连接为多肽链，合成蛋白质的过程。

1. 遗传密码子

（1）遗传密码子的概念及种类：DNA上储存着生物遗传信息，通过转录作用将遗传信息传递到mRNA上。在mRNA上从5′端开始，每三个相邻的碱基构成一个“三联体”，能够编码一种相应的氨基酸，这个“三联体”被称为遗传密码子（genetic codon）。四种碱基的排列

组合方式有 4^3 种，为 64 种组合。其中有 61 种密码子可以编码 20 种氨基酸，3 种不能编码氨基酸。密码子可以分为三个类型：①起始密码子，是蛋白质合成的起始信号，也是编码甲硫氨酸的密码子，有 1 个密码子，为 AUG；②终止密码子，是蛋白质合成的终止信号，有 3 个密码子，为 UAA、UGA 和 UAG；③编码氨基酸的密码子，总共 61 个。1967 年遗传密码表编制完成（表 3-2）。

表 3-2　遗传密码表

mRNA 5′ 第 1 个碱基	第 2 个碱基 U	C	A	G	3′ 第 3 个碱基
U	UUU 苯丙氨酸	UCU 丝氨酸	UAU 酪氨酸	UGU 半胱氨酸	U
	UUC 苯丙氨酸	UCC 丝氨酸	UAC 酪氨酸	UGC 半胱氨酸	C
	UUA 亮氨酸	UCA 丝氨酸	UAA 终止	UGA 终止	A
	UUG 亮氨酸	UCG 丝氨酸	UAG 终止	UGG 色氨酸	G
C	CUU 亮氨酸	CCU 脯氨酸	CAU 组氨酸	CGU 精氨酸	U
	CUC 亮氨酸	CCC 脯氨酸	CAC 组氨酸	CGC 精氨酸	C
	CUA 亮氨酸	CCA 脯氨酸	CAA 谷氨酰氨	CGA 精氨酸	A
	CUG 亮氨酸	CCG 脯氨酸	CAG 谷氨酰氨	CGG 精氨酸	G
A	AUU 异亮氨酸	ACU 苏氨酸	AAU 门冬酰氨	AGU 丝氨酸	U
	AUC 异亮氨酸	ACC 苏氨酸	AAC 门冬酰氨	AGC 丝氨酸	C
	AUA 异亮氨酸	ACA 苏氨酸	AAA 赖氨酸	AGA 精氨酸	A
	AUG 甲硫氨酸 *	ACG 苏氨酸	AAG 赖氨酸	AGG 精氨酸	G
G	GUU 缬氨酸	GCU 丙氨酸	GAU 门冬酰氨	GGU 甘氨酸	U
	GUC 缬氨酸	GCC 丙氨酸	GAC 门冬酰氨	GGC 甘氨酸	C
	GUA 缬氨酸	GCA 丙氨酸	GAA 谷氨酸	GGA 甘氨酸	A
	GUG 缬氨酸	GCG 丙氨酸	GAG 谷氨酸	GGG 甘氨酸	G

* 为起始密码。

（2）遗传密码子的特点

1）通用性：遗传密码适用于整个生物界，包括原核生物、真核生物、病毒、细菌等，仅存在极个别的例外。

2）兼并性：在遗传密码表中，只有甲硫氨酸与色氨酸是由一种密码子编码的，其余的氨基酸都由两种以上的密码子编码，这种同一氨基酸由不同种密码子编码的现象，称为遗传密码子的兼并性。因此，可以理解 61 种密码子为何编码的是 20 种氨基酸。

3）方向性：在阅读遗传密码子的时候，一定是从 mRNA 的 5′ 端开始，向 3′ 端进行的，否则编码的氨基酸将会出现错误。

4）连续不重叠性：在阅读遗传密码子的时候，要注意一定是连续不间断、不重叠地逐一进行阅读。

5）起始与终止性：有 4 个密码子，其中一个是起始密码，作为蛋白质合成的起始信号；另 3 个是终止密码，作为蛋白质合成的终止信号。

2．翻译的过程　包括三个阶段：

（1）肽链的活化与起始：在肽链合成前，氨基酸需要进行活化获得能量，从而与相应的

tRNA 结合形成氨基酰 -tRNA；核糖体小亚基识别 mRNA 上的帽子，两者相结合，核糖体沿 5′→3′ 方向移动，活化后的甲硫氨基酰 -tRNA 通过柄端的反密码子与 mRNA 上的起始密码碱基互补配对结合。此时，甲硫氨基酰 -tRNA 进入核糖体的氨基酰结合位置，肽基结合位置空缺。

（2）肽链的延长：接着第二个氨基酰 -tRNA 上的反密码子识别 mRNA 上的密码子，进入核糖体大亚基的肽基结合位置，与甲硫氨基酰 -tRNA 结合形成二肽。核糖体继续向 3′ 端移动，甲硫氨酸脱离 tRNA，离开核糖体，第三个氨基酰 -tRNA 依次进入核糖体，形成三肽，这样继续形成四肽……使得肽链依次延长。

（3）肽链合成终止与释放：当核糖体移动到 mRNA 上的终止密码时，肽链的合成终止。此时，形成的多肽链与 tRNA 分离，t-RNA、mRNA 与核糖体分离，翻译过程结束。

（三）中心法则

1958 年 Crick 提出了遗传信息的流动方向是由 DNA 到 RNA 再到蛋白质，并把这种信息流动的原则称为中心法则。20 世纪 70 年代，对病毒中 RNA 的进一步研究发现，RNA 也能够复制并表达，还能够在反转录酶的作用下，合成 DNA，中心法则得到了完善。中心法则的内容概括为：① DNA 能进行自我复制；②以 DNA 链为模板指导合成 RNA；③以 mRNA 为模板指导合成蛋白质；④由 RNA 反转录为 DNA（图 3-7）。

考点： 中心法则的内容

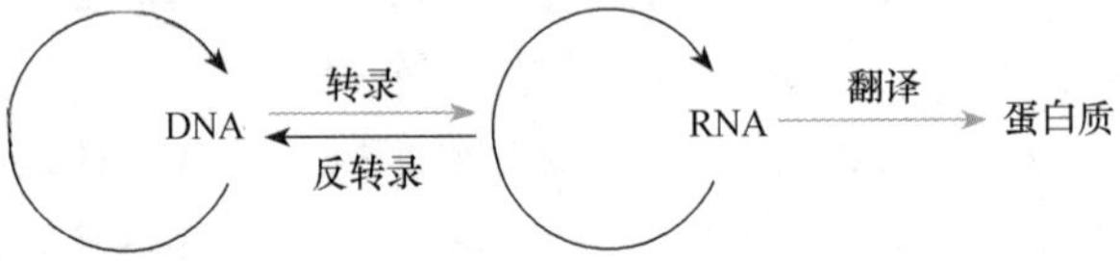

图 3-7 中心法则

原核生物与真核生物基因表达方式的差异

原核生物基因的转录与 mRNA 的翻译偶联，转录与翻译同步进行，因此原核生物不存在 mRNA 的加工问题。真核生物基因的转录与 mRNA 的翻译在空间上是分开的，转录在细胞核中进行。转录的产物加工后输出到细胞质中，由游离在胞质中或内质网上的核糖体将 mRNA 翻译成蛋白质。真核生物的转录初级产物要经过许多加工与修饰才能成为成熟的 mRNA，未成熟的 mRNA 不能输出细胞核。

链接

六、基因表达的调控

基因表达的调控是指生物机体对其基因表达的速率、程序等所进行的调节和控制。基因表达调控能够在染色体水平、DNA 水平、转录水平、翻译水平等各个层次进行，过程复杂。在染色体水平上，使染色体松弛的因素都能够调节控制基因的表达，如组蛋白和非组蛋白的修饰，核小体相位的改变；DNA 水平上，对基因进行修饰排列、改变基因数目如基因丢失或扩增、基因重组等都能对基因进行有效的调控；在转录水平上，与转录有关的部分如启动子、增强子、终止子等在序列上的差异是基因调控的手段；在翻译水平上，重点是调节 mRNA 的起始因子的活性，mRNA 末端非翻译区等也对基因表达有调控作用。

第4节 人类基因的突变

一、基因突变的概念

一切生物细胞中的遗传物质通常都能保持稳定性，但在一些特定环境条件作用下，这种稳定性会被破坏，遗传物质会发生变化，这种变化称为突变（mutation）。广义的突变包括了细胞基础上的染色体数目和结构的畸变，以及分子基础上的DNA碱基对组成和序列上的改变。狭义的基因突变仅包括碱基对的组成和序列的改变。

基因突变是生物界普遍存在的。基因突变可以发生在生物的体细胞中，也可以发生在生殖细胞中。发生在体细胞中的基因突变，不会传递给后代，但是会在体细胞分裂产生的所有细胞中传递，形成突变细胞群，成为肿瘤或癌细胞病变的基础。发生在生殖细胞中的基因突变，则会通过有性生殖，随着生殖细胞将突变的基因传递给后代，代代相传，存在于后代的所有细胞中，影响生物性状的表达。基因突变有以下特点：

（一）有害性

多数的基因突变对生物来说是有害的，会对生物体产生不利的影响。例如，体细胞中的基因突变通常是肿瘤或癌症发生的病理学基础，生殖细胞中的基因突变则是大多数人类遗传性疾病发生的根本原因。

（二）稀有性

生物界基因突变是一种普遍现象，但基因突变的自然发生频率还是很低的。人类生殖细胞突变率为 1×10^{-6}~1×10^{-4}，其他高等生物生殖细胞的突变率仅为 1×10^{-8}~1×10^{-5}。

（三）随机性

生物界每种生物的基因突变都是随机发生的。

（四）多向性

任何基因都有向多个不同方向发生突变的可能，形成多个突变的等位基因，即为复等位基因。在群体中，复等位基因由位于某对同源染色体同一基因位置上的两个以上的基因组成，决定同一类性状表达。典型的基因多向性突变，如人类ABO血型的复等位基因，是由i、I^A和I^B构成，每个人的血型由其中两个基因构成等位基因，决定其血型。现研究证明I^A与I^B基因都是由i基因突变而来的。

（五）重复性

基因突变在自然界总是以一定的频率重复发生的，同种生物间，相同的基因突变可以在不同的个体间重复发生。例如，人类镰刀形红细胞贫血症的基因突变。

（六）可逆性

基因突变是可逆的，可以由原有基因突变为突变基因，也可以由突变基因转变为原有基因，前者称为正向突变，后者称为回复突变。通常正向突变的频率要高于回复突变的频率。

二、基因突变的诱因

基因突变可以是自发的，也可以是诱发的。自发突变（spontaneous mutation）是指在自然条件下，没有经过人工处理的突变；诱发突变（induce mutation）是指在外界因素的干预下，经过人工处理的突变。自发突变和诱发突变都是由于各种内外环境因素的影响而产生的。这些能够引起生物细胞基因突变的内外环境因素称为诱变剂。诱变剂的种类繁多，可以归纳为生物因素、物理因素和化学因素等类型。

（一）生物因素

一些病毒如麻疹、风疹等是导致基因突变的因素，可以通过插入生物的DNA序列而引起生物基因突变。一些细菌和真菌也可以引起基因突变，如黄曲霉就能引起基因突变。

（二）物理因素

自然界中的紫外线照射会造成细胞内遗传物质损伤，产生基因突变。电离和电磁辐射（X线等）达到一定的照射强度和剂量也会导致遗传物质损伤，产生基因突变。

（三）化学因素

生活、工作环境中各类化学物质，如食品添加剂、药品、废气、废水等，大量的羟胺类、亚硝酸类、碱基类、芳香族类、烷化剂类化学物质，能够造成原有基因中碱基分子结构或序列发生变化，导致基因突变。

三、基因突变的类型

基因突变中，根据DNA碱基序列中碱基的组成和序列的变化，可以分为碱基置换和移码突变。

（一）碱基置换

考点： 基因突变的类型

DNA碱基序列中，碱基组成发生改变，一个碱基或碱基对被另一个碱基或碱基对取代，称为碱基置换（base substitution）或点突变（point mutation）。DNA中四个碱基之间的碱基置换方式分为两种：同类碱基之间发生的碱基置换，即嘌呤取代嘌呤或是嘧啶取代嘧啶，称为转换（transition）；不同类碱基之间发生的碱基置换，即嘌呤被嘧啶取代或是嘧啶被嘌呤取代，称为颠换（transversion）。

碱基置换导致DNA碱基序列发生改变，按照其对决定的氨基酸产生的影响可以分为以下四种：

1. 同义突变 碱基置换后，碱基序列的改变使遗传密码虽然发生了改变，但由于遗传密码的兼并性特点，使得改变后的碱基序列和原碱基序列编码一样的氨基酸，称为同义突变（same mutation）（图3-8）。同义突变不会产生遗传突变效应。

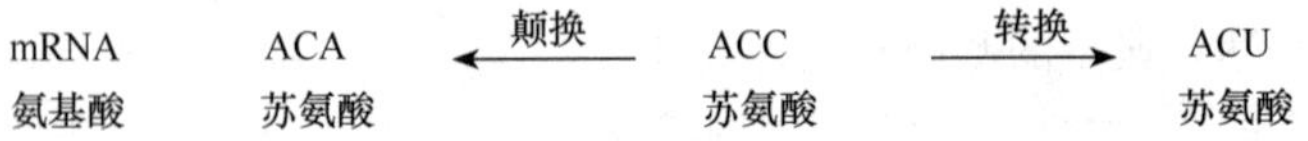

图3-8 同义突变

2. 错义突变 碱基置换后，碱基序列发生改变，使得改变后碱基序列编码的氨基酸种类与原碱基序列编码的氨基酸种类不同，称为错义突变（missense mutation）（图3-9）。错义突变将导致细胞内蛋白质或酶的功能发生异常。

图3-9 错义突变

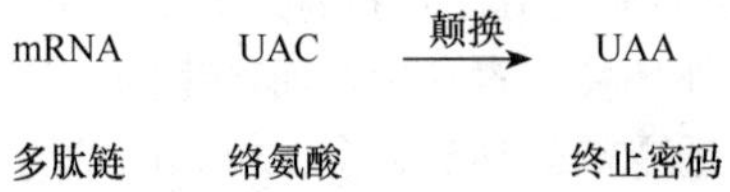

图3-10 无义突变

3. 无义突变 碱基替换后，碱基序列中由于某一碱基发生了改变，导致终止密码提前出现，使得肽链缩短，失去活性，称为无义突变（nonsense mutation）。无义突变使得蛋白质多肽链结构不完整，导致蛋白质功能异常（图3-10）。

4. 延长突变　碱基替换后，原有的终止密码的碱基序列发生了改变，成为新的氨基酸碱基序列，基因表达中翻译过程继续进行，使得肽链延长，直到下一个终止密码出现，肽链合成才能结束，称为延长突变（elongation mutation）或终止密码突变（terminator mutation）（图 3-11）。延长突变使蛋白质多肽链延长，导致蛋白质功能异常。

mRNA	UAA	颠换 →	UAC
多肽链	终止密码		络氨酸

图 3-11　延长突变

（二）移码突变

在原有 DNA 碱基序列中，插入或者丢失一个或多个碱基或碱基对的基因突变类型，称为移码突变（frame-shift mutation）（图 3-12）。插入或丢失的碱基或碱基对数目不同，对所编码的蛋白质氨基酸的影响是不同的。

正常mRNA	5′GAA	ACG	UCC	CGC	GCU	3′
氨基酸组合	谷氨酸	苏氨酸	丝氨酸	精氨酸	丙氨酸	
插入一个碱基	5′GAA	AUC	GUC	CCG	CGC　U	3′
氨基酸组合	谷氨酸	异亮氨酸	缬氨酸	脯氨酸	精氨酸	
丢失一个碱基	5′GAA	A|GU C	CCC	GCG	CU	3′
氨基酸组合	谷氨酸	丝氨酸	脯氨酸	丙氨酸		
整码突变	5′GAA	ACG	UCC	CGG	GCU	3′
氨基酸组合	谷氨酸	苏氨酸	丝氨酸	精氨酸	丙氨酸	

图 3-12　移码突变

1. 插入或丢失一个或多个碱基或碱基对时，将会使从插入或丢失点之后的碱基序列发生改变，三联体密码子组成发生改变，编码的氨基酸种类发生改变，影响蛋白质多肽链的功能。

2. 在两个密码子的碱基序列之间，插入完整的一个或多个密码子的碱基序列，或者丢失一个或多个完整密码子的碱基序列时，结果突变后的蛋白质多肽链只会增加或丢失某一个或多个密码子编码的氨基酸，其前后的氨基酸种类不会改变，也可以称为整码突变。

移码突变能够导致蛋白质多肽链的功能异常甚至丧失，使生物体细胞生命活动受到严重影响，产生较为严重的遗传学效应。

美国科学家用新测序法发现数万基因变异

2014 年，美国华盛顿大学埃文·艾克勒团队利用单分子实时 DNA 测序技术（SMRT）对葡萄胎基因组进行了研究，识别并测定了与基因组研究中常用人类参考基因组不同的 26 079 个片段，其中大多数变异（约 2.2 万个）以往从未被发现。研究结果表明人类基因组中还有很多没有发现的遗传变异。目前科学家仅能确定大约一半遗传性疾病的遗传致病因素。这个谜题被称为“遗传性缺失问题”。导致此问题的一个原因可能是普通的基因组测序技术无法精确绘制基因组许多部分的图谱。研究团队采用 SMRT 能够绘制出分辨率高得多的基因组结构变异图谱。

链接

第5节　DNA损伤与修复★

生物体在漫长的生命演化进程中，为了适应外界各种各样的生存环境，建立了维持自身生命活动的一套完整的自我防御和调节机制。DNA损伤的修复就是自我防御和调节机制的体现。以下为DNA的几种主要损伤修复方式：

一、光　修　复

DNA的修复需要光的参与。生物体细胞内存在一种光复活酶，在可见光下能被激活，并能识别结合嘧啶二聚体，产生酶-DNA复合体。细胞利用光供给的能量，在酶的作用下使二聚体解离，这种修复方式称为光修复（photoreactivation repair）。

二、切 除 修 复

DNA的修复不需要光的参与，通过将损伤的DNA片段切除后，用正确、完整的片段进行修复，此方式称为切除修复（excision repair），也可以称为暗修复。切除修复过程中需要一系列酶的参与，其过程大体分为切除、修复和连接。首先，由核酸内切酶识别损伤部位，并将损伤部位的DNA碱基序列切除；然后，以互补的正常DNA碱基序列为模板，在聚合酶的作用下，合成一段正确的DNA碱基序列；最后，在连接酶的作用下，将合成的片段连接到切口处，修复完成。

三、复制后修复

DNA的修复发生在DNA复制之后，因此，称为复制后修复或重组修复（recombination repair）。DNA复制完成后，带有缺口的DNA子链与完整的DNA母链发生DNA片段交换，将缺口转移到母链上，母链在DNA聚合酶和连接酶的作用下进行修复，使复制后的DNA链恢复正常。

小　结

核苷酸分为：脱氧核糖核苷酸（DNA）与核糖核苷酸（RNA）。DNA的结构为右手双螺旋结构，RNA呈单链状。基因是具有特定遗传效应的DNA分子片段，是遗传信息的表达单位。基因根据其所在细胞内的位置，可以分为核基因与核外基因，根据其功能又可以分为结构基因和调控基因。人体细胞内所有遗传信息的总和即为人类基因组。人类基因组包括细胞核基因组和线粒体基因组。真核生物的结构基因主要表现为割裂基因或断裂基因，其功能为：储存遗传信息、基因复制与基因表达。基因突变类型有：碱基置换和移码突变。

目 标 检 测

一、名词解释

1. 基因　2. 半保留复制　3. 基因表达　4. 遗传密码　5. 基因突变

二、填空题

1. 核酸主要是由________种元素：________组成。核酸分为两种：________和________。
2. DNA由三部分构成，即________、________和含氮碱基，含氮碱基为________、________、________和胸腺嘧啶。RNA的含氮碱基中没有胸腺嘧啶，但具有________嘧啶。
3. DNA的功能为________、________和________。

4. 人类基因根据功能不同分为________和________。

5. 基因表达包括________和________两个过程。

三、选择题

1. DNA 分子中连接脱氧核糖核苷酸的化学键为（　　）

A. 氢键　　B. 肽键
C. 磷酸二酯键　　D. 糖苷键
E. 离子键

2. 真核生物结构基因中的外显子和内含子的接头处高度保守，内含子两端的结构特征为（　　）

A. 5′ AG……GT3′
B. 5′ AG……CT3′
C. 5′ GT……AC3′
D. 5′ GT……AG3′
E. 5′ AC……GT3′

3. 基因表达时，遗传信息的流动方向是(　　)

A. DNA → tRNA →蛋白质
B. DNA → rRNA →蛋白质
C. RNA → DNA →蛋白质
D. DNA → mRNA →蛋白质
E. hnRNA → mRNA →蛋白质

4. 真核生物 DNA 复制的主要方式为（　　）

A. 半保留复制　　B. 全保留复制
C. 不均一复制　　D. D 环复制
E. 滚环式复制

5. 下列碱基置换中属于转换的是（　　）

A. A ←→ C　　B. T ←→ A
C. G ←→ T　　D. C ←→ G
E. T ←→ C

6. 下列碱基置换中属于颠换的是（　　）

A. G ←→ T　　B. A ←→ G
C. T ←→ C　　D. C ←→ U
E. T ←→ U

7. DNA 编码序列中插入或丢失 1～2 个碱基可能导致（　　）

A. 一个基因的全部密码子改变
B. 改变点以前的密码子改变
C. 改变点及以后的密码子改变
D. 改变点的密码子改变
E. 改变点前后相邻的几个密码子改变

8. 碱基置换后，产生的密码子与原来的密码编码的氨基酸不同，属于（　　）

A. 同义突变　　B. 错意突变
C. 无义突变　　D. 延长突变
E. 终止密码突变

9. 不影响蛋白质功能的基因突变类型是(　　)

A. 同义突变　　B. 错意突变
C. 无义突变　　D. 延长突变
E. 终止密码突变

10. 将 mRNA 链中 GAA 置换为 UAA 的基因突变类型为（　　）

A. 同义突变　　B. 错意突变
C. 无义突变　　D. 延长突变
E. 终止密码突变

四、简答题

1. 简述 DNA 双螺旋结构的特点。
2. 比较 DNA 与 RNA 的结构及功能。
3. 简述基因的概念及基因复制的特点。

（肖　宁）

第4章　遗传的基本规律

人的眼睑有单双之别，肤色有黑白之分；猫的毛发有颜色上的不同，也有长短上的差异。因此每一个生物体都有自己的特征，人们通常把这些特征称为性状。通过对性状的观察，人们认识了遗传与变异的基本规律，并总结出控制性状的遗传因子在亲代与子代之间传递的三大规律，即分离规律、自由组合规律和连锁与互换规律。分离规律与自由组合规律由孟德尔（G.J.Mendel，1822～1884）（图4-1）提出，所以这两大规律又称为孟德尔规律。连锁与互换规律是由美国遗传学家摩尔根（T.H.Morgan，1866～1945）在孟德尔规律的基础上进一步研究发现的新规律。此三大规律构成了遗传学的基本规律，它适用于人类与动植物。

现代遗传学之父——孟德尔

孟德尔为奥地利遗传学家，从小喜爱植物，于1843年进入布尔诺修道院从事教学工作。

1856年夏天，孟德尔开始从事豌豆杂交实验，经过8年潜心研究，于1866年发表著名论著《植物的杂交实验》。论著中提出遗传因子的概念，以及其在生物体上下代之间的传递规律：分离规律、自由组合规律。

然而，孟德尔的理论在当时太过于超前，并不被主流科学界所重视。直到孟德尔逝世16年，豌豆实验论文出版34年后的1900年，孟德尔所揭示的生物遗传规律才被“重新发现”。从此，孟德尔遗传规律才终于得到了学术界的公认。

图4-1　孟德尔

链接

第1节　分离规律

孟德尔进行豌豆杂交实验后，通过对实验结果的数理统计与分析，得出了分离规律。豌豆作为实验材料具有以下优点：有稳定、容易区分的性状，如种子的形状、种皮的颜色等；为严格自花授粉、闭花受精的植物，自然条件下每个植株都为纯种。

在学习分离规律之前，先了解一下遗传学中常用的术语及符号，以便于更好地学习和掌握遗传的基本规律。

一、遗传学常用术语及符号

（一）遗传学常用术语

考点：遗传学常用术语及符号

1. 性状　指生物体所具有的形态结构特点与生理生化特征的总称，如豌豆种子的形状、花的颜色；人的肤色、头发的形状等。

2. 相对性状　指同一性状在同种生物不同个体间的相对差异，如豌豆种子的形状有圆滑、皱缩之分，圆滑与皱缩是一对相对性状；人的眼皮有双眼皮、单眼皮之分，双眼皮与单眼皮是一对相对性状等。一些常见的人类相对性状有：有耳垂与无耳垂、直发与卷发、有酒窝和无酒窝、秃顶和非秃顶、长睫毛与短睫毛、蓝眼与褐眼、左撇子与右撇子、能卷舌与不能卷舌等。

3. **亲本**　指参与杂交过程的雄性与雌性个体。

4. **基因座**　指基因在染色体上所占的位置，又称座位。

5. **显性性状**　指在杂合状态下能表现出来的亲本性状，如豌豆种子的圆滑。

6. **隐性性状**　指在杂合状态下不能表现出来的亲本性状，如豌豆种子的皱缩。

7. **性状分离**　指亲代的一对相对性状在子二代的不同个体中可分别表现出来的现象。

8. **显性基因**　指控制显性性状的基因，通常用大写英文字母表示，如 A、B、C 等。

9. **隐性基因**　指控制隐性性状的基因，通常用小写英文字母表示，如 a、b、c 等。

10. **等位基因**　指位于同源染色体的相同基因座位上，控制相对性状的一对基因，如 A 与 a 是一对等位基因，R 与 r 是一对等位基因。

11. **复等位基因**　指一对特定的基因座位上在群体中有三种或三种以上的基因形式，但每个个体只有其中任意两个。

12. **表现型**　指生物个体表现出来的性状，简称表型，通常用文字说明，如豌豆种子的圆滑、皱缩。

13. **基因型**　指控制生物表现型的基因组成，通常用英文字母表示。例如，表现型为圆滑的纯种亲本豌豆，基因型为 RR；表现型为皱缩的纯种亲本豌豆，基因型为 rr；表现型为圆滑的子一代（为杂交个体）豌豆，基因型为 Rr。

14. **纯合体**　指控制某一表型的一对基因彼此相同的个体，如基因型为 RR、rr 的个体。

15. **杂合体**　指控制某一表型的一对基因彼此不相同的个体，如基因型为 Rr 的个体。

16. **测交**　指用杂合体与纯合隐性亲本进行杂交以检测杂合体基因型的方法。

（二）遗传学常用符号

遗传学中常用的符号见图 4-2。

P —— 亲本	×—— 杂交
F_1 —— 子一代	F_2 —— 子二代
⊗—— 自交	G—— 生殖细胞（配子）
♂ —— 雄性个体	♀—— 雌性个体

图 4-2　遗传学常用符号

案例 4-1

> 人类有酒窝为显性性状，假设由 A 基因控制，无酒窝为隐性性状，假设由 a 基因控制，在一个家庭中父母均有酒窝，而他们却生出了一个无酒窝的孩子。
>
> 问题与思考：
>
> 1. 三人的基因型是什么？
>
> 2. 如果父母再生育，能否生出有酒窝的孩子，概率有多大？

二、性状分离现象

（一）一对相对性状的豌豆杂交实验

孟德尔首先选用纯种的圆滑豌豆和纯种的皱缩豌豆作为亲本（P），去掉雄蕊或雌蕊，以人工授粉的方式进行杂交。结果发现无论谁做母本或父本，子一代（F_1）都是圆滑豌豆；子一

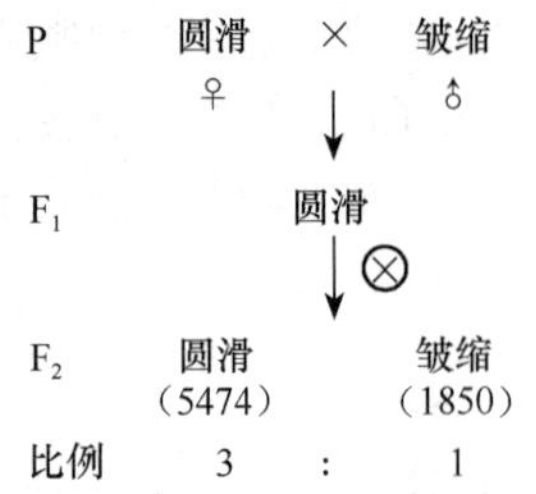

图 4-3 圆滑豌豆与皱缩豌豆杂交图解

代自花授粉所得的种子为子二代（F_2），共有 7324 粒，其中圆滑种子 5474 粒，皱缩种子 1850 粒，它们的比值接近于 3∶1（图 4-3）。同时，孟德尔又对豌豆的 7 对相对性状进行了杂交实验，均发现了相同的规律：F_1 只出现某一个亲本性状，即显性性状；F_2 出现性状分离，分离后显性性状与隐性性状的数量比值约为 3∶1（表 4-1）。

表 4-1 豌豆 7 对相对性状的杂交结果

性状类别	亲代相对性状		子一代性状表现	子二代性状表现及数目		子二代性状分离的比率
	显性	隐性				
种皮颜色	灰色	白色	灰色	灰 705	白 224	3.15∶1
子叶颜色	黄色	绿色	黄色	黄 6022	绿 2001	3.01∶1
豆荚形状	膨大	皱缩	膨大	膨大 882	皱缩 299	2.95∶1
未成熟豆荚颜色	绿色	黄色	绿色	绿 428	黄 152	2.82∶1
种子的形状	圆滑	皱缩	圆滑	圆 5474	皱 1850	2.96∶1
茎的高度	高茎	矮茎	高茎	高 787	矮 277	2.84∶1
花的位置	腋生	顶生	腋生	腋生 651	顶生 207	3.14∶1

（二）孟德尔对分离现象的解释

根据实验结果，孟德尔对分离现象提出了以下假设：①性状是由遗传因子控制的。②每种生物有许多性状，且生物的每一性状受一对分别来自父本和母本的遗传因子控制。③遗传因子在形成配子时相互分离，使配子只得到成对因子中的一个。配子随机结合成合子，遗传因子又恢复到成对状态，且遗传因子各自独立、互不混杂，但对性状发育却相互影响，表现出显、隐性关系。④控制显性性状和隐性性状的遗传因子，分别称为显性遗传因子和隐性遗传因子。丹麦遗传学家约翰逊于 1909 年把孟德尔的遗传因子改称为基因（gene）。后面的描述中以基因代替遗传因子。在豌豆种子圆滑与皱缩这一对相对性状的杂交实验中，圆滑为显性性状，控制它的基因用 R 表示，皱缩为隐性性状，控制它的基因用 r 表示。R 和 r 是一对等位基因，由此可构成基因型为 RR、rr 或 Rr 的个体。前两者因其一对基因彼此相同，称为纯合体（homozygote）；后一者因其一对基因彼此不同，称为杂合体（heterozygote）。实验中的亲本为纯合体，所以圆滑亲本的基因型为 RR，皱缩亲本的基因型 rr。子一代（F_1）的基因型为 Rr，因为 r 对 R 是隐性的，所以皱缩不被表现，子一代全部为圆滑杂合体。在子一代自交形成配子时，分别含有 R 或 r 的两种配子数量相等（1∶1）。自交后子二代（F_2）的基因型有三种，其中 1/4 为 RR，表现型为圆滑；1/2 为 Rr，表现型也为圆滑；1/4 为 rr，表现型为皱缩。因此子二代圆滑个体数与皱缩个体数便出现了 3∶1 的比例（图 4-4）。

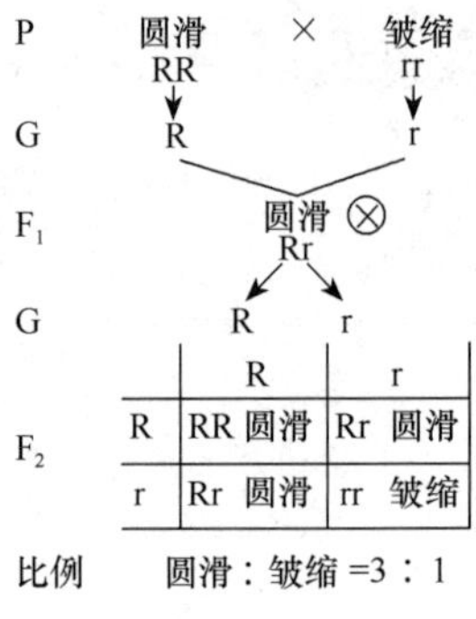

图 4-4 圆滑豌豆与皱缩豌豆遗传分析图解

三、测 交 实 验

为了验证假设的正确性，孟德尔设计了一个测交实验，用子一代（F_1）杂合体与隐性纯合亲本进行杂交。如果其假设正确，那么子二代（F_2）中圆滑与皱缩个体的比值应约为 1∶1（图 4-5）。实验结果完全符合预期，证实了孟德尔假设的正确性。

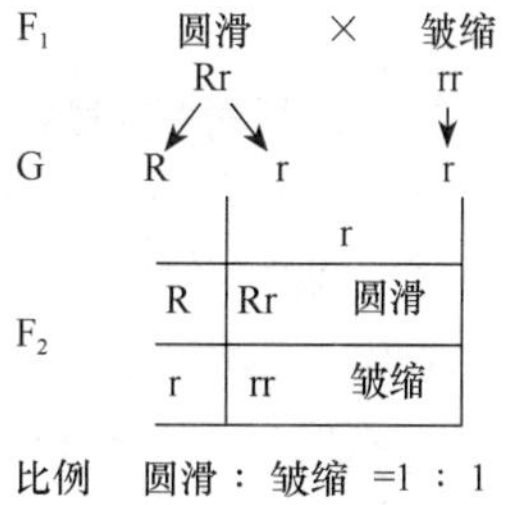

图 4-5　豌豆的测交实验图解

四、分离规律的实质

分离规律为遗传学中最基本的规律，其实质为在杂合状态下，等位基因保持相对独立性，互不影响。在配子形成时，等位基因彼此分离，分别进入到不同配子中。

考点：分离规律的实质与应用条件

分离规律在优生中的应用

人类的某些遗传病是受隐性基因控制的，当两个致病的隐性基因出现在同一个体时，即个体为隐性纯合体时致病。凡亲缘关系近的男女，由于多数基因来自同一祖先，如果婚配生育，很容易使原本处于杂合状态的相同的隐性致病基因都传给后代，使后代纯合致病。所以我国婚姻法规定亲 5 代内不能结婚。

链 接

五、分离规律的细胞学基础及应用条件

（一）分离规律的细胞学基础

染色体是基因的载体，等位基因位于同源染色体上，在配子形成过程中，同源染色体彼此分离，分别进入不同的配子中是分离规律的细胞学基础。

（二）分离规律的应用条件

分离规律适用于解释生物界一对等位基因控制的一对相对性状的遗传现象，例如，人类某些受一对等位基因控制的正常性状及遗传病的遗传方式都符合分离规律。

案例 4-2

人类并指症受显性基因 A 控制，白化病受隐性基因 b 控制，在一个家庭中，父亲正常，母亲为并指症，他们生出了一个白化病的患儿。

问题与思考：

1．三人的基因型是什么？

2．他们想要再生一个小孩，请问他们生出正常孩子的概率有多大？

第 2 节　自由组合规律

孟德尔在研究了一对相对性状遗传特征的基础上，又进一步完成了两对及两对以上相对

性状遗传特征的研究，对其进行分析总结，提出了自由组合规律。

一、性状的自由组合现象

（一）两对相对性状的豌豆杂交实验

子叶的颜色与种子的形状是豌豆的两种性状，子叶的颜色可分为黄色与绿色，种子的形状可分为圆滑与皱缩。

孟德尔选用了具有两对相对性状的纯种黄色圆滑豌豆（简称黄圆）与纯种绿色皱缩豌豆（简称绿皱）作为亲本进行杂交。结果发现无论谁做母本或父本，F_1 都为黄色圆滑豌豆。这说明，黄色对绿色是显性、圆滑对皱缩是显性。F_1 自交后获得的 556 粒种子便是 F_2，有四种表型：黄圆（315 粒）、黄皱（101 粒）、绿圆（108 粒）、绿皱（32 粒），它们的比值约为 9∶3∶3∶1（图 4-6）。在 F_2 的四种表型中，黄圆与绿皱和亲本的性状相同，称为亲组合或亲本类型，黄皱与绿圆是亲本性状的重新组合，称为新组合或重组类型。此现象表明 F_2 中不仅有亲本类型，并且出现了亲本没有的重组类型。如果独立的分析每对相对性状，发现其遗传现象仍符合分离规律：

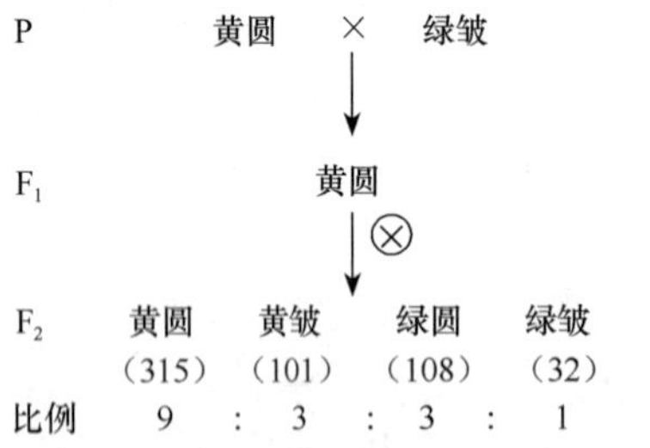

图 4-6 黄圆豌豆与绿皱豌豆杂交示意图

黄色∶绿色＝(315+101)∶(108+32)＝416∶140＝2.97∶1≈3∶1

圆滑∶皱缩＝(315+108)∶(101+32)＝423∶133＝3.18∶1≈3∶1

如果将两对相对性状同时进行分析时则出现了性状的自由组合现象，且各表型间的比值约为 9∶3∶3∶1，那么应该如何解释这一现象呢？

（二）对自由组合现象的解释

上述两对相对性状的遗传分别受两对等位基因控制，用 Y、y 表示一对分别控制子叶颜色黄色与绿色的等位基因，用 R、r 表示另一对分别控制种子形状圆滑与皱缩的等位基因。因此，纯合黄圆亲本的基因型为 YYRR，纯合绿皱亲本的基因型为 yyrr。根据分离规律，在形成配子时，黄圆亲本（YYRR）与绿皱亲本（yyrr）分别产生含 YR 与含 yr 的配子。两种配子结合形成 F_1，基因型为 YyRr，表现型为黄圆。F_1 自交产生配子时，等位基因 Y 与 y、R 与 r 彼此分离，同时非等位基因自由组合，分别进入到不同的配子中，即 Y 与 R、Y 与 r、y 与 R、y 与 r 有相同的概率组合在一起，形成数量相等的四种配子：YR、Yr、yR、yr。受精时，这四种类型的雌雄配子随机结合出现 16 种组合方式，形成 9 种基因型、4 种表现型的 F_2，4 种表现型的数量呈 9∶3∶3∶1 的比例。这样就完美地诠释了前面的实验现象（图 4-7）。

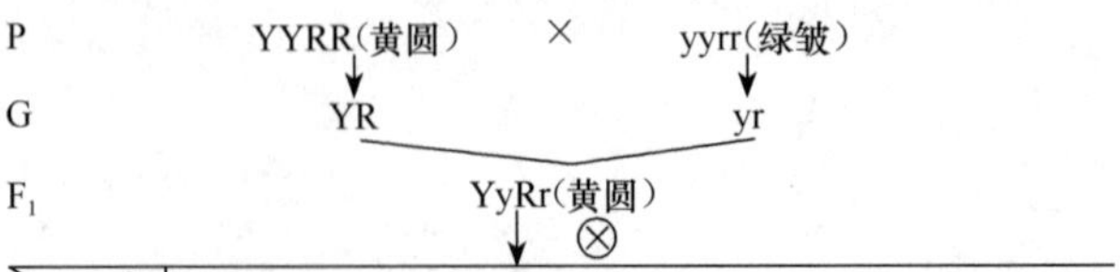

G ♂ \ ♀	YR	Yr	yR	yr
F_2 YR	YYRR(黄圆)	YYRr(黄圆)	YyRR(黄圆)	YyRr(黄圆)
Yr	YYRr(黄圆)	YYrr(黄皱)	YyRr(黄圆)	Yyrr(黄皱)
yR	YyRR(黄圆)	YyRr(黄圆)	yyRR(绿圆)	yyRr(绿圆)
yr	YyRr(黄圆)	Yyrr(黄皱)	yyRr(绿皱)	yyrr(绿皱)

比例 黄圆 ∶ 黄皱 ∶ 绿圆 ∶ 绿皱 ＝ 9 ∶ 3 ∶ 3 ∶ 1

图 4-7 黄圆豌豆与绿皱豌豆遗传分析图解

（三）测交验证

为证实自由组合假设的正确性，孟德尔依然用测交实验加以验证。他用 F_1 黄色圆滑豌豆（YyRr）与双隐性绿色皱缩豌豆（yyrr）进行杂交。根据孟德尔等位基因相互分离，非等位基因自由组合的假设，F_1 将产生 4 种数量相等的配子：YR、Yr、yR、yr。而绿皱豌豆只产生一种配子：yr。雌雄配子随机结合后，后代将出现四种表现型，即黄圆（YyRr）、黄皱（Yyrr）、绿圆（yyRr）、绿皱（yyrr），而且其比值为 1∶1∶1∶1。测交实验结果与预期完全一致，从而证实了自由组合假设的正确性（图 4-8）。

F_1　YyRr（黄圆）　×　yyrr（绿皱）

G　YR　Yr　yR　yr　　　yr

F_2

	yr	
YR	YyRr	黄圆
Yr	Yyrr	黄皱
yR	yyRr	绿圆
yr	yyrr	绿皱

比例　黄圆 ∶ 黄皱 ∶ 绿圆 ∶ 绿皱

1 ∶ 1 ∶ 1 ∶ 1

图 4-8　豌豆的测交实验图解

二、自由组合规律的实质

孟德尔根据上述实验结果总结出自由组合规律的实质：位于非同源染色体上的两对或两对以上的基因，在形成配子时，等位基因彼此分离，非等位基因自由组合，进入到不同的配子中。其实质就是在形成配子时等位基因彼此分离，非等位基因自由组合。

考点： 自由组合规律的实质

三、自由组合规律的细胞学基础及应用条件

（一）自由组合规律的细胞学基础

等位基因位于同源染色体上，而非等位基因位于非同源染色体上，在减数分裂形成配子的过程中，同源染色体相互分离，非同源染色体随机自由组合进入不同配子中，这是自由组合规律的细胞学基础。

考点： 自由组合规律的细胞学基础及应用条件

（二）自由组合规律的应用条件

自由组合规律适用于解释生物体两对或两对以上相对性状的遗传，且控制这两对或两对以上相对性状的基因分别位于不同的同源染色体上。

第 3 节　连锁及互换规律

图 4-9　摩尔根

美国遗传学家摩尔根（T. H.Morgan）（图 4-9）和他的学生们于 1900 年以果蝇作为实验材料进行杂交实验，结果不仅证实了孟德尔遗传规律的正确性，也使得摩尔根发现并总结出了遗传学的第三大规律：连锁与互换规律。随后他于 1928 年出版了《基因论》专著，对基因这一遗传学基本概念进行了具体而明确的描述。摩尔根的发现解释了孟德尔规律无法解释的现象，进一步推动了遗传学的发展。为了表彰摩尔根对遗传学的贡献，1933 年，正值诺贝尔诞辰 100 周年之际，他被授予诺贝尔生理学或医学奖。

摩尔根与孟德尔的巧合

1865 年的秋天，在奥地利自然科学协会的年会上，一位名叫孟德尔的修道士宣读了题为“植物的杂交实验”的论文。同年的冬天，远在美国的巴尔的摩举行了一场盛大的婚

链 接

礼，婚后不久，新娘怀孕，并于1866年生出一名男孩，起名叫托马斯·亨特·摩尔根。

成名后的摩尔根常对好友说自己诞生于1865年：一是因为他的母亲是在这一年的年底怀孕的；二是因为这一年孟德尔提出了遗传的基本规律，而摩尔根正是继承了孟德尔所开创的遗传学说，并将其发展成为现代经典遗传学理论的人。他好像就是为了接孟德尔的班而来到了这个世界。

链接

一、连锁及互换现象

（一）完全连锁遗传现象及分析

野生型果蝇呈灰身长翅，摩尔根等在实验饲养过程中发现了黑身残翅的突变类型。随后摩尔根将黑身残翅的突变型果蝇与灰身长翅的野生型果蝇进行杂交，结果子一代F_1全部为灰身长翅，这表明灰身对黑身为显性，长翅对残翅为显性。如果将灰身长翅纯合体的基因型定为BBVV，那么黑身残翅纯合体的基因型则为bbvv。接着摩尔根选用F_1雄性果蝇（BbVv）与黑身残翅（bbvv）雌性果蝇进行测交，如果按自由组合规律预测，F_2应出现灰身长翅、灰身残翅、黑身长翅与黑身残翅四种表现型，且在数量上约为1∶1∶1∶1的比例。然而事实并非如此，摩尔根发现测交后F_2只出现灰身长翅与黑身残翅两种亲本类型，并呈1∶1的比例，这样的结果违背了自由组合规律。

为了解释这一矛盾现象，摩尔根认为控制果蝇这两对相对性状的基因位于同一对同源染色体上。且控制灰身的B与控制长翅的V基因位于这对同源染色体的某一条染色体上，而控制黑身的b与残翅的v基因位于这对同源染色体的另一条染色体上。在配子形成时，BV和bv只能伴随各自所在的染色体一起遗传而不能自由组合。因此，F_1雄性果蝇只能产生数量相等的两类精子，分别含BV与bv。当它们各自与隐性亲本产生的含bv的卵子结合后，便只形成灰身长翅（BbVv）与黑身残翅（bbvv）两种后代，且数量上呈1∶1的比例（图4-10）。摩尔

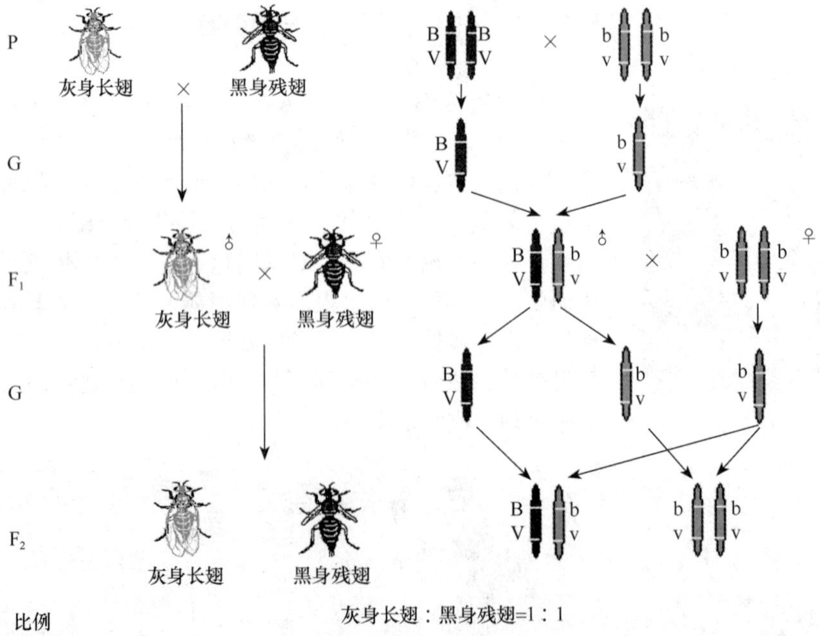

图4-10 果蝇基因的完全连锁遗传图

根把位于同一条染色体上的不同基因伴随染色体共同传递的现象称为连锁。如果连锁的基因在减数分裂时没有发生互换，都随该染色体作为一个整体遗传，这种遗传方式就称为完全连锁遗传。在生物界中，完全连锁遗传的现象很罕见，目前只在雄果蝇和雌家蚕中发现此种现象，其他生物中大多存在的是不完全连锁遗传。

（二）不完全连锁遗传现象及分析

摩尔根又做了另外一组实验，他将 F_1 灰身长翅（BbVv）的雌性果蝇与黑身残翅（bbvv）的雄性果蝇进行杂交，结果 F_2 中却出现了灰身长翅、灰身残翅、黑身长翅与黑身残翅 4 种表现型的果蝇。其中灰身长翅与黑身残翅这两种亲本型性状分别占 41.5%，而灰身残翅与黑身长翅这两种重组型性状分别占 8.5%。这样的实验结果既不遵循完全连锁规律，也不同于自由组合规律。因为按照自由组合规律，F_2 中各个性状的比例应为 1：1：1：1，而上述实验得到的结果却是 F_2 中大部分为亲本型，小部分为重组型。

为了解释这一现象，摩尔根认为基因的连锁关系不是绝对的，有时也会发生改变。在 F_1 雌果蝇产生卵子时，多数情况下 BV 与 bv 基因仍保持原来的连锁关系，只有少数情况下同源染色体在减数分裂时非姐妹染色单体之间发生了片段的交换，导致基因的重组，从而产生了 Bv 与 bV 两种新的连锁关系，结果形成了分别含 BV、bv、Bv 与 bV 的 4 种卵子。其中 BV 与 bv 为亲本型，各占 41.5%，Bv 与 bV 为重组型，各占 8.5%。当它们分别与含 bv 的精子结合后，F_2 出现 BbVv、bbvv、Bbvv 与 bbVv 四种基因型，以及相应的灰身长翅、黑身残翅、灰身残翅与黑身长翅四种表现型。其中亲本类型多，占 83%，重组类型相对较少，占 17%（图 4-11）。

综上所述，由于连锁基因位于同一条染色体上，在减数分裂过程中绝大多数会联合传递，也有少数发生基因的重组，形成新的连锁关系，所以这样的遗传方式称为不完全连锁遗传。同时，此遗传规律的发生是因等位基因所在的同源染色体在减数分裂时发生片段交换而引起

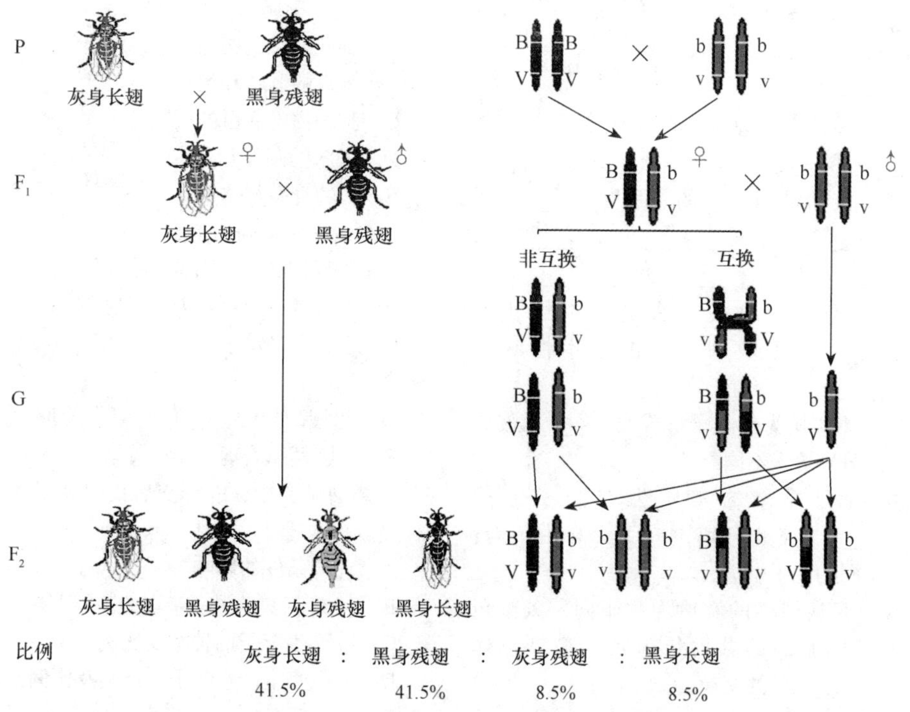

图 4-11 果蝇基因的不完全连锁遗传图

考点：连锁及互换规律的实质与细胞学基础

的，所以也称为互换规律。

二、连锁及互换规律的应用条件

连锁及互换规律适用于解释生物体两对或两对以上相对性状的遗传，且控制这两对或两对以上相对性状的基因位于同一对同源染色体上。

三、连锁及互换规律的细胞学基础

在减数分裂形成配子的过程中，同源染色体联会、同源非姐妹染色单体之间发生染色体片段交换是连锁与互换规律的细胞学基础。

位于同一条染色体上不同基因的共同传递是连锁的实质，同源染色体上等位基因之间的交换是互换的实质。

小 结

分离规律、自由组合规律、连锁及互换规律被称为遗传学的三大规律。其中分离规律的实质为在配子形成时，等位基因彼此分离，分别进入不同配子中；自由组合规律的实质为在形成配子时，等位基因彼此分离，非等位基因自由组合，进入不同的配子中；连锁及互换规律的实质为位于同一条染色体上的不同基因共同传递及同源染色体上等位基因之间的交换。这三大规律不仅适用于动植物，同样适用于人类的正常性状及遗传病的遗传特征。

目 标 检 测

一、名词解释

1. 性状 2. 相对性状 3. 等位基因 4. 基因型 5. 连锁

二、填空题

1. 遗传学的三大基本规律包括________、________和________。
2. 下列遗传学常用符号的意思是P________、♂________、♀________、G________、×________、F_1________、⊗________。
3. 杂合状态下能表现出来的亲本性状称为________，不表现出来的亲本性状称为________。
4. 分离规律实质为在配子形成时________彼此分离，分别进入不同配子中。
5. 自由组合规律的实质为在配子形成时，________彼此分离，________自由组合，进入不同的配子中。
6. 连锁及互换规律的实质为位于同一条染色体上不同基因的共同传递及同源染色体上________之间的交换。

三、选择题

1. 下列各组中属于相对性状的是（　　）
   A. 棉花纤维的粗与长
   B. 豌豆的紫花和红花
   C. 狗的白毛和鼠的褐毛
   D. 玉米的圆粒和黄粒
   E. 人的身高与体重
2. 下列说法中正确的是（　　）
   A. 表现型相同基因型一定相同
   B. 表现型完全由基因型所决定
   C. 在相同环境下，基因型相同表现型不一定相同
   D. 表现型是基因型与环境共同作用的结果
   E. 基因型与表现型没有关系
3. 在杂交试验中，F_1测交后代的表现型及比值主要取决于（　　）
   A. 环境条件的影响
   B. 与F_1相交的另一亲本的基因型
   C. F_1产生配子的种类及比例
   D. 另一亲本产生配子的种类及比例
   E. 以上都有

4. 下列关于纯合体的描述正确的是（　　）
   A. 纯合体减数分裂后只产生一个配子
   B. 杂合体自交后代会有纯合体出现
   C. 纯合体自交后代会出现性状分离
   D. 纯合体与纯合体杂交，后代全是纯合体
   E. 以上都不正确
5. 正常人的褐眼（A）对蓝眼（a）呈显性，一个蓝眼男子和一个其母是蓝眼的褐眼女子结婚。从理论上分析，他们生蓝眼孩子的概率是（　　）
   A. 50%　　B. 25%
   C. 75%　　D. 12.5%
   E. 100%
6. 假定某一个体的基因型为 AaBbCCDdEeff；成对基因均不在同一对同源染色体上，此个体可产生的配子类型为（　　）
   A. 64 种　　B. 32 种
   C. 16 种　　D. 8 种
   E. 4 种
7. 父本基因型为 AABb，母本基因型为 AaBb，其 F_1 不可能出现的基因型是（　　）
   A. AABb　　B. Aabb
   C. AaBb　　D. aabb
   E. 以上都不可能
8. 下列生物基因型属于纯合体的是（　　）
   A. Bb 与 Cc　　B. Bb 与 cc
   C. bb 与 Cc　　D. bb 与 cc
   E. 以上都不是
9. 某种哺乳动物的直毛（B）对卷毛（b）为显性，黑色（C）对白色（c）为显性（这两对基因分别位于不同对的同源染色体上）。基因型为 BbCc 的个体与“个体 X”交配，子代的表现型有：直毛黑色、卷毛黑色、直毛白色和卷毛白色，它们之间的比例为 3∶3∶1∶1。“个体 X”的基因型为（　　）
   A. BbCc　　B. Bbcc
   C. bbCc　　D. bbcc
   E. 以上都不是
10. 人类多指基因（T）对正常指基因（t）为显性；白化基因（a）对正常基因（A）为隐性，都在常染色体上且独立遗传。一个家庭中，父亲是多指，母亲表现正常，他们有一个白化病手指正常的孩子，则再生一个孩子的性状表现下列叙述不正确的是（　　）
   A. 3/8 的概率表现正常
   B. 1/8 的概率同时患两种病
   C. 1/4 的概率患白化病
   D. 1/2 的概率只患多指
   E. 以上都不是

四、简答题

1. 已知牛的有角和无角为一对相对性状，由常染色体上的等位基因 A 和 a 控制。在自由放养多年的牛群中，无角的基因频率与有角的基因频率相等，随机选 1 头无角公牛和 6 头有角母牛，分别交配，每头母牛只产了 1 头小牛，在 6 头小牛中，3 头有角，3 头无角。
   （1）根据上述结果能否确定这对相对性状中的显性性状？请简要说明推理过程。
   （2）为了确定有角无角这对相对性状的显隐性关系，用上述自由放养的牛群（假设无突变发生）为实验材料，再进行新的杂交实验，应该怎样进行（简要写出杂交组合，预期结果并得出结论）？
2. 人类直发受显性基因 A 控制，卷发受隐性基因 a 控制，双眼皮受显性基因 B 控制，单眼皮受隐性基因 b 控制，基因型为 AaBb 和 Aabb 的两个体杂交（无连锁、无交换），求：
   （1）后代基因型种类及其比例。
   （2）后代表现型种类及其比例。
   （3）后代基因型为 AaBb 的概率为多少?

（谢林峰）

第 5 章　单基因遗传病

单基因遗传病（monogenic disease）简称单基因病，是指由一对等位基因（主基因）所控制的遗传病。其遗传方式遵循孟德尔遗传规律，所以又称为孟德尔遗传病。根据该遗传病致病基因的显隐性质及所在染色体的种类（常染色体或性染色体），可将单基因遗传病的遗传方式分为 5 种主要类型：常染色体显性遗传、常染色体隐性遗传、X 连锁显性遗传、X 连锁隐性遗传及 Y 连锁遗传。另外线粒体遗传病也多属于单基因遗传，但因其属于细胞质遗传的范畴，故将在第 8 章单独予以介绍。

第 1 节　系谱与系谱分析

一、系谱的概念

系谱（pedigree）是指从先证者（proband）入手，追溯调查某家族成员数量、亲缘关系以及某种遗传病或性状在家族成员中的分布情况，并将调查的结果按一定格式绘制成的图解。系谱中不仅包括患有某种遗传病或具有某种性状的家族成员，同时包含其他正常或不具有此种性状的成员。

二、系谱分析法的概念

通过系谱对家族某遗传病或性状的遗传方式进行分析称为系谱分析（pedigree analysis）。研究人类遗传病或性状的遗传方式不可能像研究动植物一样采用杂交实验进行，故系谱分析法是研究人类遗传方式的主要方法。通过系谱分析可以对某家族进行回顾性解析，以确定某一疾病或性状在该家族中是否受到遗传因素的影响及可能的遗传方式。同时，通过系谱分析也能为某一遗传病所在的家族提供诊断与预防的相关资讯，降低遗传病的再发风险。

三、先　证　者

先证者（proband）是指家族中第一个被明确诊断患有某种遗传病或具有某种性状的成员。

四、系谱分析的注意事项

系谱分析以家族成员的表型展开，且一个系谱图往往记录的家系世代少、个体不多，因此为了明确判定某一种遗传病或性状的遗传方式，往往需要对多个具有该遗传病或性状的家系系谱图进行综合分析。

五、系谱的常用符号

考点：
常用的系谱符号

绘制系谱时，需要有一些特定的符号来代替复杂的文字描述，以提高分析效率（图 5-1）。

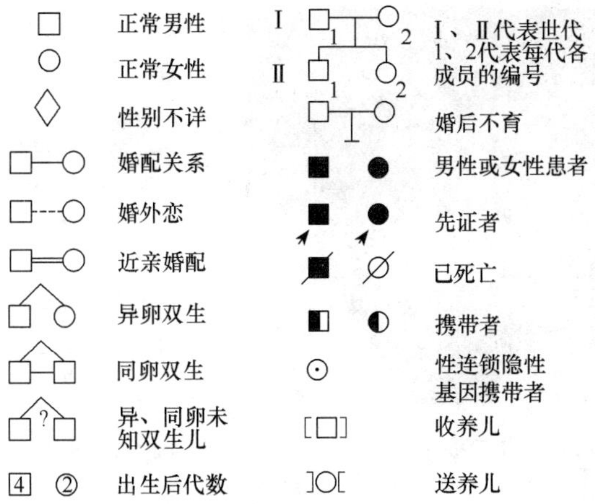

图 5-1　遗传系谱常用符号

第 2 节　常染色体显性遗传病

考点：AD、AR、XD、XR 及 AD 几种不同遗传方式的判断分析与系谱特点

如果某种遗传病的致病基因位于常染色体上，且性质为显性，个体为杂合体时即可发病，这样的遗传病就称为常染色体显性（autosomal dominant，AD）遗传病。临床上常见的常染色体显性遗传病有短指（趾）症、软骨发育不全、多指（趾）症、多发性家族性结肠息肉、强直性肌营养不良等。假设用 A 代表显性致病基因，a 代表隐性正常基因，那么根据孟德尔遗传规律，基因型 AA、Aa 的个体为患者，基因型 aa 的个体为正常人。但由于各种复杂因素的影响，杂合体(Aa)也有可能出现不同的表现形式，由此又可将常染色体显性遗传分为完全显性、不完全显性、共显性、不规则显性、延迟显性等 5 种遗传方式。

一、完全显性遗传

完全显性（complete dominance）遗传是指在杂合体（Aa）中，显性基因的作用完全表达，而隐性基因的作用被完全掩盖，从而使杂合体（Aa）的表现型与显性纯合体（AA）的表现型完全相同的遗传方式。

并指症 I 型（syndactyly type I）可作为完全显性遗传的实例。本病表现为患者指间或足间有蹼，其末节指骨愈合（图 5-2）。假设致病基因为 B，正常基因为 b，临床上常见的婚配关系为杂合体患者（Bb）与正常人（bb）之间的婚配，其后代约有 1/2 的概率为患者（图 5-3）。

通过对并指症系谱（图 5-4）的分析，可以归纳出常染色体完全显性遗传病的系谱特点：①患者双亲往往有一方是患者，且大多数为杂合体。②患者同胞中约有 1/2 的人也是患者，且男女发病概率均等。③系谱中连续几代都可出现此病的患者，即本病可以连续传递。④双亲无病时，子女一般不发病，除非发生了基因突变。

二、不完全显性遗传

不完全显性（incomplete dominance）遗传是指在一些常染色体显性遗传病中，杂合体（Aa）的表现型介于显性纯合体（AA）与隐性纯合体（aa）之间的遗传方式，也称为半显性遗传（semi-dominant inheritance）。之所以出现这种现象，是因为在杂合体（Aa）中，显性基因 A 与隐性基因 a 的作用都得到一定程度的表达。所以在不完全显性遗传病中，杂合体（Aa）常为轻型患者，显性纯合体（AA）常为重型患者。

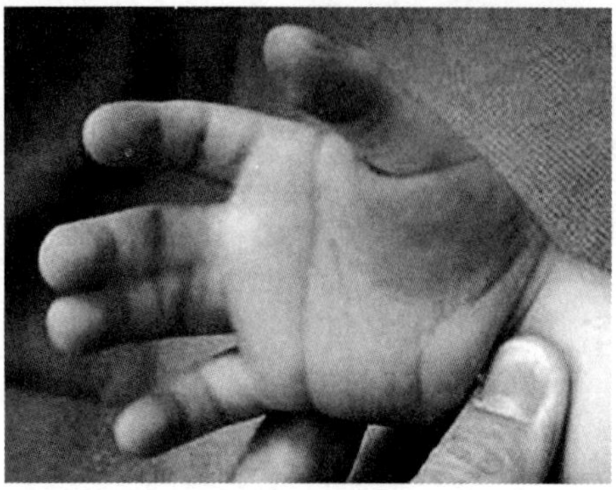

图 5-2　并指症Ⅰ型

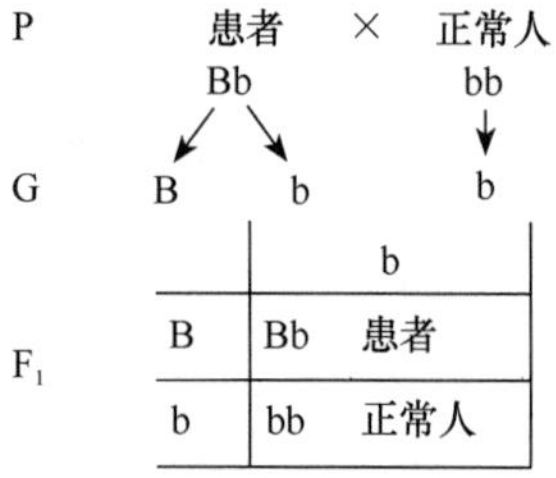

图 5-3　并指症Ⅰ型婚配图解

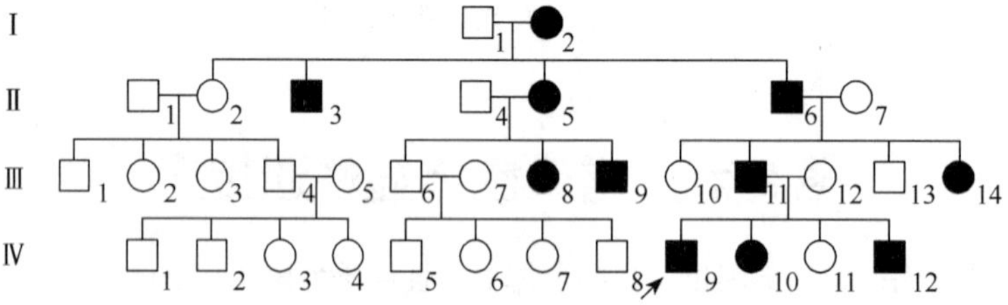

图 5-4　并指症Ⅰ型典型系谱

软骨发育不全（achondroplasia, ACH）可作为不完全显性遗传的实例。隐性纯合体（aa）表型正常，显性纯合体（AA）病情严重，多在胚胎期或婴儿期死亡，杂合体（Aa）由于长骨骨骺端软骨细胞骨化障碍，影响骨的生长，导致其出现躯体矮小、躯干相对较长、头大、额突出、面中部发育不良，并伴有腰椎明显后突、膝内翻、手指呈车轮状张开等症状（图 5-5）。当两个软骨发育不全的杂合体（Aa）患者婚配后，其后代有 1/4 的概率表现正常，2/4 的概率为轻型患者，1/4 的概率为重型患者（图 5-6）。β- 珠蛋白生成障碍性贫血也属于不完全显性遗传，本病是指因血红蛋白中 β 链合成障碍而发生的溶血性贫血。设 β^{TH} 为显性致病基因，β^{th} 为隐性正常基因，则显性纯合体 $\beta^{TH}\beta^{TH}$ 为重型患者，出生后几个月便表现出严重的进行性贫血。杂合体 $\beta^{TH}\beta^{th}$ 为轻型患者，轻度贫血或因代偿而无贫血。隐性纯合体 $\beta^{th}\beta^{th}$ 为正常人。

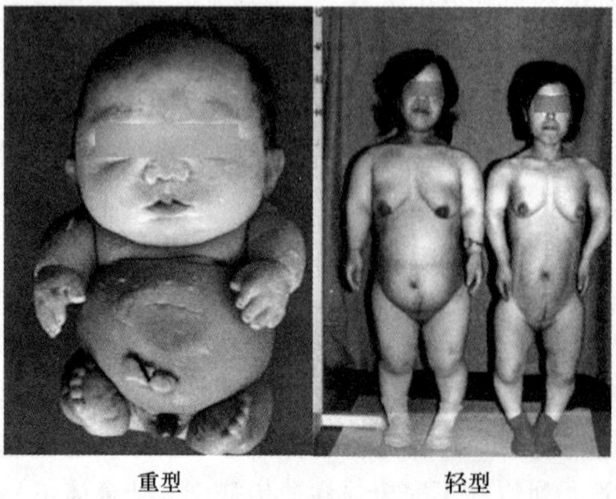

图 5-5　软骨发育不全患者

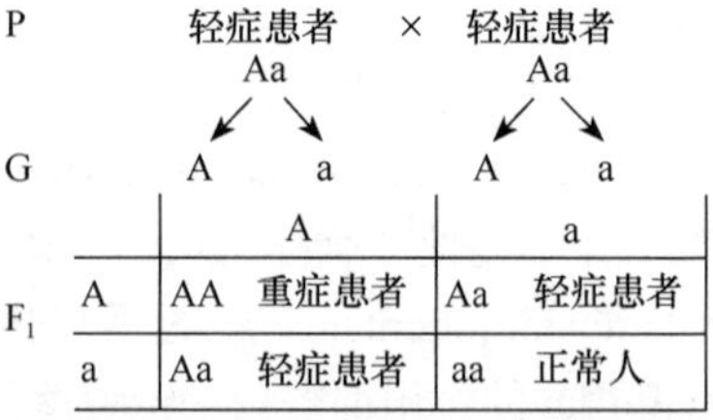

图 5-6　软骨发育不全婚配图解

因为不完全显性遗传的显性纯合体（AA）与杂合体（Aa）都为患者，故其遗传系谱特点与完全显性遗传相同。

三、不规则显性遗传

不规则显性（irregular dominance）遗传是指在一些常染色体显性遗传病中，杂合体（Aa）在不同条件下，既可以表现为显性性状，也可以表现为隐性性状，又称为外显不全。

按照遗传规律，常染色体显性遗传病的杂合体（Aa）应该为患者，但事实上有些杂合体并不发病。这可能是由于显性致病基因受到修饰基因或环境等因素的影响而出现表达差异所造成的。所谓修饰基因（modifier）是指某些对遗传性状无直接作用，但可以影响该遗传性状主基因表现程度的基因。

在不规则显性遗传病中，某些杂合体（Aa）虽然不发病，但其显性基因可以传给后代，使后代患病，所以常常可以看到隔代遗传的现象。

多指症（polydactyly postaxial）可作为不规则显性遗传的实例。患者在其小指外侧有一额外指（图 5-7）。图 5-8 为一多指症家系系谱，其反映了不规则显性遗传的典型特点。系谱中，先证者$Ⅲ_2$的 3 个子女中有 1 个也是多指症患者。他的父母$Ⅱ_2$和$Ⅱ_3$表现正常，但他的姑妈$Ⅱ_1$与爷爷I_1是患者，说明先证者$Ⅲ_2$的致病基因来自于他的父亲$Ⅱ_2$。父亲$Ⅱ_2$是杂合体，但由于遗传与环境因素的影响，显性基因（A）的作用未能表现，所以手指正常。

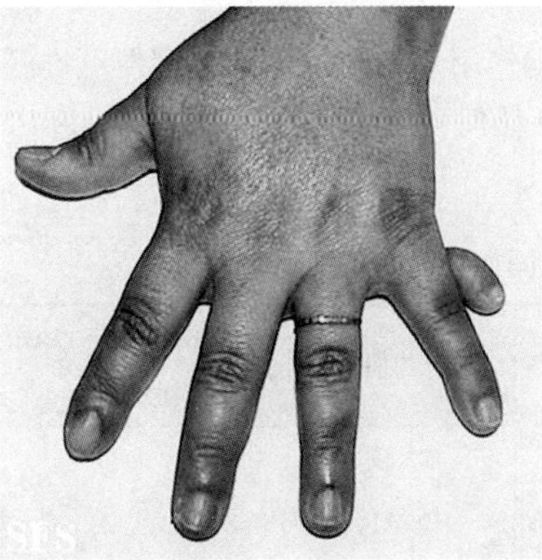

图 5-7　多指症

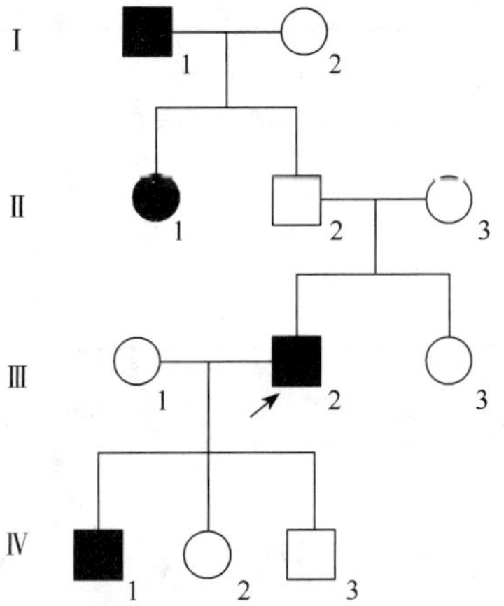

图 5-8　多指症典型系谱

显性基因在杂合状态时的显性情况常用外显率（penetrance）衡量。它是指显性基因在特定环境中能形成相应表型的百分比。例如，在 5 名杂合体（Aa）中，只有 4 名形成了与显性基因相应的显性性状，那么基因 A 的外显率则为 80%。

案例 5-1

某医院妇产科因故停电，护士小姐忙中出错，将新生儿与其父母弄混，经过检测，已知新生儿血型分别为：① O 型，② AB 型；父母血型分别是：① A 型 -B 型，② AB 型 -AB 型。

问题与思考：能否根据孩子及父母的血型将孩子归还其父母？

四、共显性遗传

考点：ABO 血型的遗传规律

共显性遗传（codominance）是指一对等位基因彼此之间没有显隐性关系，在杂合状态时，两种基因分别表达其基因产物，形成相应表型的遗传方式。人类 ABO 血型可作为共显性遗传的实例。人类 ABO 血型由 9q34 上的一组复等位基因 I^A、I^B、i 决定。复等位基因（multiple alleles）是指一对特定的基因座位上在群体中有三种或三种以上的基因形式，但每个个体只有其中任意两个。

I^A 基因决定红细胞表面存在抗原 A，I^B 基因决定红细胞表面存在抗原 B，i 基因决定红细胞表面没有 A、B 抗原。I^A 与 I^B 对 i 表现为显性，故基因型是 I^Ai、I^AI^A 的人为 A 型血，基因型是 I^Bi、I^BI^B 的人为 B 型血，基因型是 ii 的人为 O 型血；I^A 与 I^B 为共显性关系，所以基因型是 I^AI^B 的人为 AB 型血（表 5-1）。

表 5-1 ABO 血型特点

血型	红细胞抗原	血清中的天然抗体	基因型
A	A	α	I^AI^A；I^Ai
B	B	β	I^BI^B；I^Bi
AB	AB	—	I^AI^B
O	—	α，β	ii

ABO 血型检测在法医学的亲子鉴定上有一定作用。已知双亲的血型便可推测子女有可能和没有可能出现的血型。同时，已知子女与双亲任何一方的血型，也可以推断出双亲另一方有可能和没有可能出现的血型（表 5-2）。

表 5-2 双亲与子女之间血型遗传的关系

双亲的血型	子女中可能出现的血型	子女中不可能出现的血型	双亲的血型	子女中可能出现的血型	子女中不可能出现的血型
A×A	A，O	B，AB	B×O	B，O	A，AB
A×O	A，O	B，AB	B×AB	A，B，AB	O
A×B	A，B，AB，O	—	AB×O	A，B	AB，O
A×AB	A，B，AB	O	AB×AB	A，B，AB	O
B×B	B，O	A，AB	O×O	O	A，B，AB

此外，属于共显性遗传的还有人类 MN 血型、人类白细胞抗原（human leukocyte antigen，HLA）等。

五、延迟显性遗传

延迟显性遗传（delayed dominance）是指有些染色体显性遗传病，在生命的早期，杂合体（Aa）携带的致病基因不表达或虽表达但尚不足以引起明显的临床表现，只有在达到一定年龄后致病基因才表达或才充分表达并引起疾病的遗传方式。

慢性进行性舞蹈病（Huntington chorea）可作为延迟显性遗传的实例。该病患者因大脑基底神经节变性而导致进行性不自主的舞蹈样运动，随着病情的加重，可出现智力衰退甚至痴呆等症状（图 5-9）。图 5-10 为慢性进行性舞蹈病的家系系谱，从系谱中可以看出，如果致病基因由父亲传来，患者的发病年龄低，可在 20～30 岁前后发病且一般病情严重；而如果致病基因由母亲传来，则患者的发病年龄较高，多在 40 岁以后发病且一般病情较轻。这种由于来自父亲或母亲的相同基因却产生不同表型效应的现象称为遗传印迹（genetic imprinting）。这可能是因为基因在某一性别中受到修饰（如甲基化）的结果。

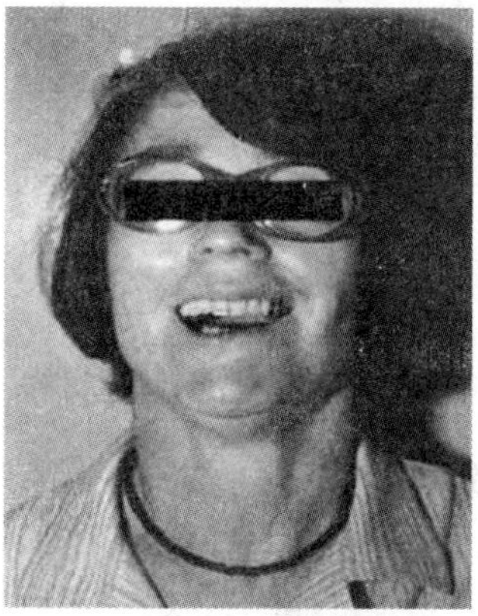

图 5-9　慢性进行性舞蹈病患者

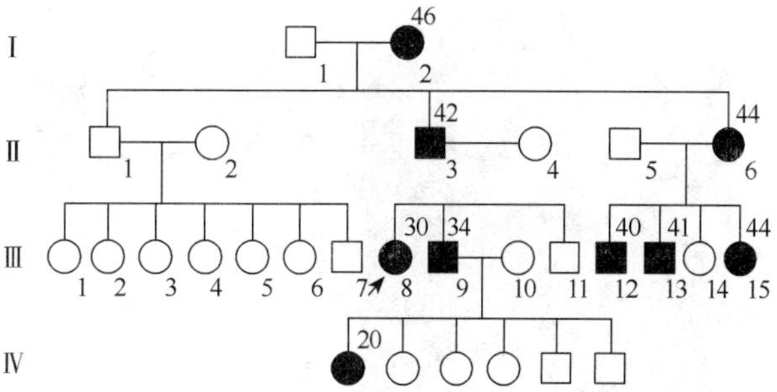

图 5-10　慢性进行性舞蹈病典型系谱

六、从性遗传

从性遗传（sex-influenced dominance）是指受常染色体上的基因所控制的性状，在表型上受性别影响而具有男女性别分布比例或表现程度差异的遗传方式。

秃顶为从性遗传，其致病基因位于常染色体上，男性杂合体（Aa）便表现为秃顶，而女性杂合体（Aa）仅表现为头发稀疏而不至于秃顶，研究表明这种表现上的差异可能与体内雄激素水平有关。

第 3 节　常染色体隐性遗传病

一、常染色体隐性遗传病及其系谱特点

如果某种遗传病的致病基因位于常染色体上，且性质为隐性，杂合体不发病，隐性纯合体才发病，这样的疾病就称为常染色体隐性（autosomal recessive，AR）遗传病。假设用 a 代表隐性致病基因，A 代表显性正常基因，那么根据孟德尔规律，隐性纯合体（aa）为患者，显性纯合体（AA）及杂合体（Aa）则为正常人。其中，杂合体（Aa）虽然表型正常，但带有隐性致病基因，我们将这样带有隐性致病基因的杂合体称为携带者（carrier）。临床上常见的常染色体隐性遗传病患者往往就是两个携带者婚配所生。当双亲都是携带者的情况下，他们的后代将有 1/4 的概率为患者，其余 3/4 的概率表型正常，在表型正常的个体中，2/3 的概率为携带者（图 5-11）。

P　　携带者 Aa　×　携带者 Aa

G　　A　a　　　A　a

F_1

	A	a
A	AA　正常人	Aa　携带者
a	Aa　携带者	aa　患者

图 5-11　两个携带者婚配图解

白化病（albinism）是一种常见的常染色体隐性遗传病。该病患者由于体内酪氨酸酶的缺乏而不能合成黑色素，从而导致患者皮肤呈白色或淡红色，毛发呈银白或淡黄色，虹膜及瞳孔呈淡红色，严重畏光，部分患者伴屈光不正、斜视及眼球震颤等（图 5-12）。图 5-13 为白化病的一家系

系谱，其基本反映了常染色体隐性遗传病的系谱特点：①患者双亲往往表型正常，但都是携带者。②患者同胞中，约1/4为患者，且男女患病概率均等。③系谱中看不到连续遗传现象，疾病往往为散发，有时一个家系中只能看到先证者。④近亲婚配者，后代患病概率比非近亲婚配者显著提高。

除白化病外，其他常见的常染色体隐性遗传病包括：苯丙酮尿症、尿黑酸尿症、半乳糖血症、遗传性肺气肿、囊性纤维变性、先天性肾上腺皮质增生症等。

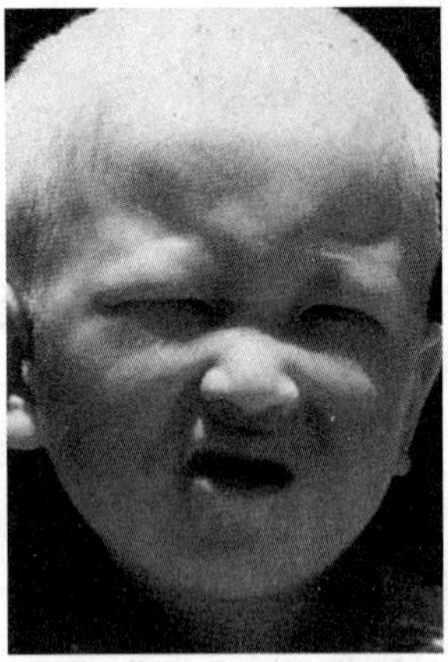

图 5-12　白化病患者

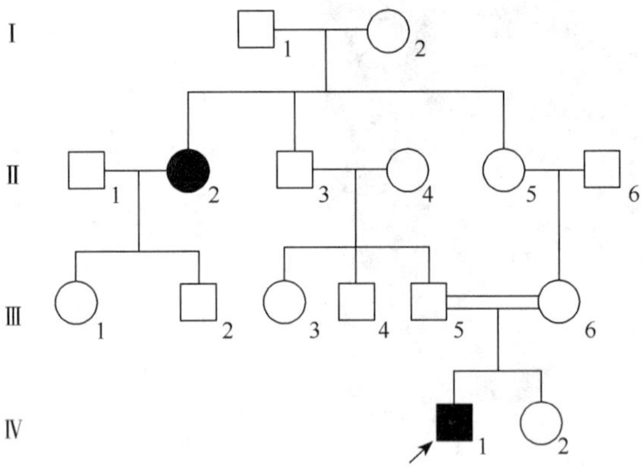

图 5-13　白化病典型系谱

二、近亲婚配及其危害

近亲婚配指血缘关系很近的人彼此结婚。个体之间的血缘关系远近可用亲缘系数（r）来表示，它具体指的是拥有共同祖先的两个人，在某一位点上具有同一基因的概率。当近亲结婚时，子女患病概率比非近亲婚配者高很多，这是由于近亲之间往往具有某些相同的基因。当基因相同的概率为1/2者，称为一级亲属，如父母和亲生子女之间，同胞兄弟姐妹之间。当基因相同的概率为1/4者，称为二级亲属，如祖孙之间、叔、伯、姑、舅、姨与内外侄女、侄舅之间。当基因相同的概率为1/8者，称为三级亲属，如表兄妹、堂兄妹之间。人群中的致病基因一般是少见的，频率为0.001～0.01。当一个人是致病基因的携带者时，如果他进行非近亲婚配，在群体中随机遇到同一致病基因携带者的概率为1/500～1/50，以致病基因频率为0.01计算，他随机与另一携带者相遇的概率为$1/50 \times 1/50 = 1/2500$，生出患儿的概率为$1/2500 \times 1/4 = 1/10\,000$；而如果他与表亲婚配，表亲有1/8的概率也是同一致病基因的携带者，那么生出患儿的概率则提高为$1/50 \times 1/8 \times 1/4 = 1/6000$，对比之下，近亲婚配时子女隐性遗传病的患病率提高了6.25倍。如果再以致病基因频率为0.001计算，两者患病率相差则提高到62.5倍，由此看出，隐性遗传病越少见，近亲婚配的危害越大。

近亲结婚的摩尔根

曾经创立了“基因”学说的美国著名遗传学家摩尔根，也有一场不该出现的婚姻。他与表妹玛丽结婚后，科研工作取得了杰出的成就。但是他们的两个女儿都是莫名其妙的痴呆，从而过早地离开了人世。他们唯一的男孩也有明显的智力残疾。

摩尔根夫妇以后再也没有生育。他提出：“没有血缘亲属关系的民族之间的婚姻，才能制造出体质和智力上都更为强健的人种。”他大声疾呼：“为创造更聪明、更强健的人种，无论如何也不要近亲结婚。”

链接

第 4 节 性连锁遗传病

如果某种遗传病的致病基因位于性染色体上，则该疾病的遗传受性别的影响，这样的遗传病就称为性连锁遗传病（sex-linked disorder）。根据致病基因的性质（显性或隐性）以及其位于 X 染色体还是 Y 染色体上，性连锁遗传病又可分为 X 连锁显性（X – linked dominant，XD）遗传病、X 连锁隐性（X – linked recessive，XR）遗传病及 Y 连锁（Y – linked inheritance）遗传病。

一、X 连锁显性遗传病

某种遗传病的致病基因位于 X 染色体上，且性质为显性，带有致病基因的女性杂合体即可发病，这样的疾病称为 X 连锁显性（X–linked dominant，XD）遗传病。目前所知的 X 连锁显性遗传病很少，只有不足 20 种，如抗维生素 D 佝偻病、无脉络膜症、色素失调症等。

男性只有一条 X 染色体，其 X 染色体上的基因不是成对存在的，在 Y 染色体上缺少对应的等位基因，称为半合子（hemizygote）。因此男性 X 染色体上的基因都可表现出相应的性状或疾病。在 X 连锁显性遗传病中，假设显性致病基因为 A，隐性正常基因为 a，则女性的基因型有三种：$X^A X^A$、$X^A X^a$、$X^a X^a$，根据孟德尔规律，前两种基因型的女性患病，后一种基因型的女性正常；男性的基因型有两种：X^AY、X^aY，前一种基因型的男性患病，后一种基因型的男性正常。由此遗传病的遗传方式可知，男性的 X 染色体及其连锁的致病基因只能由母亲传来，又只能传给他的女儿，不存在男性到男性的传递，人们把这样的遗传方式称为交叉遗传（criss-cross inheritance）。

由于此种遗传方式中，女性两条 X 染色体的任意一条上有致病基因都将导致疾病的发生，而男性只有一条 X 染色体，发病率即为致病基因频率，所以人群中女性患者多于男性患者，约是男性患者的 2 倍。但此种遗传病的致病基因频率很低，临床上常见的女性患者多为杂合体（$X^A X^a$），且病情一般较男性患者轻，这可能是因为此种遗传病多为不完全显性遗传所致。

抗维生素 D 佝偻病属于 X 连锁显性遗传病。患者由于肾小管对磷的重吸收能力和小肠对钙磷的吸收能力均发生障碍，导致尿磷增高、血磷降低，使患者的骨质钙化不全而引起佝偻病。患者具体表现为 O 形或 X 形腿，骨骼发育畸形，多发性骨折，生长迟缓，行走困难，严重者不能走路（图 5-14）。若用 D 表示该病的致病基因，d 表示相应的正常基因，临床上常见的婚配形式如图 5-15、图 5-16 所示。

图 5-17 是抗维生素 D 佝偻病家系系谱，该系谱可以反映出 X 连锁显性遗传病的典型系谱特点：①女性患者多于男性患者。②患者双亲之一必是患者。③男性患者的后代中，女儿均发病，儿子均正常。④女性患者的后代中，儿子和女儿发病的概率都为 1/2。⑤系谱中可看到连续两代或两代以上都有该病患者出现。

案例 5-2

一对表型正常的夫妇，婚后生出了一个患有白化病的女儿和一个色盲的儿子，他们前来咨询若再生育生出患儿的风险有多大。

问题与思考：根据所学遗传学知识解答这对夫妻的问题。

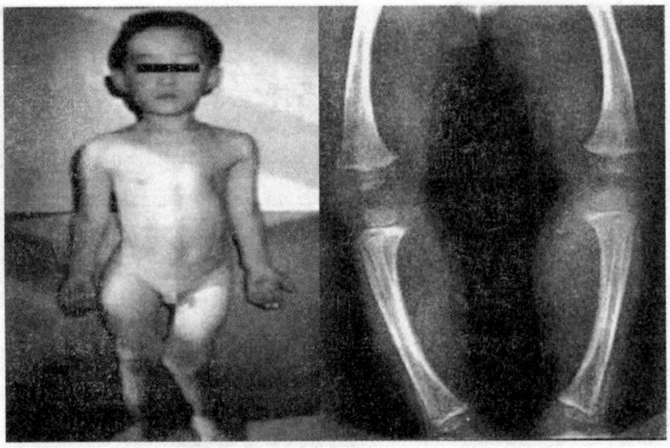

图 5-14　抗维生素 D 佝偻病患者与患者腿 X 线片

P　男性患者 × 正常女性

X^DY　　X^dX^d

G　X^D　Y　X^d

F₁

	X^d
X^D	X^DX^d 女性患者
Y	X^dY 正常男性

图 5-15　抗维生素 D 佝偻病男性患者与正常女性婚配图解

P　正常男性 × 女性患者

X^dY　　X^DX^d

G　X^d　Y　X^D　X^d

F_1

	X^D	X^d
X^d	X^DX^d 女性患者	X^dX^d 正常女性
Y	X^DY 男性患者	X^dY 正常男性

图 5-16　抗维生素 D 佝偻病女性患者与正常男性婚配图解

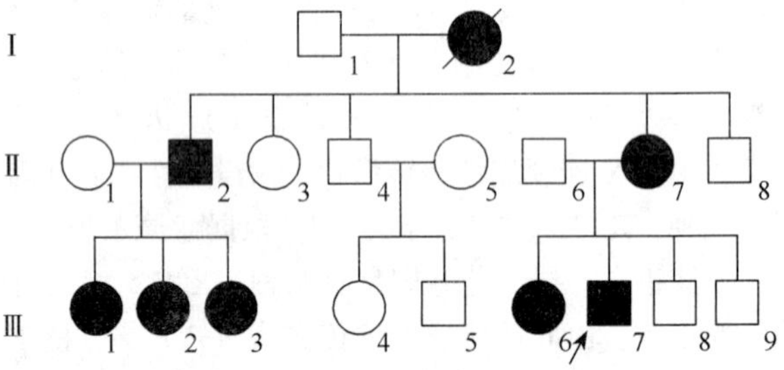

图 5-17　抗维生素 D 佝偻病典型系谱

二、X 连锁隐性遗传病

某种遗传病的致病基因位于 X 染色体上，且性质为隐性，女性杂合体不发病，这样的疾病称为 X 连锁隐性（X–linked recessive，XD）遗传病。在 X 连锁隐性遗传病中，假设隐性致病基因为 a，相应正常基因为 A，则女性的基因型有三种：$X^A X^A$、$X^A X^a$、$X^a X^a$，因女性细胞中有两条 X 染色体，在只有一个 X 连锁隐性致病基因的情况下是携带者，当处于隐性纯合（$X^a X^a$）状态时才发病。所以前两种基因型的女性正常，后一种基因型的女性患病。男性的基因型有两种：X^AY、X^aY，因其是半合子，所以虽然 X 染色体上只有一个隐性致病基因也会表现出相应的疾病。故前一种基因型的男性正常，后一种基因型的男性患病。综上所知，男性的发病率即为致病基因频率，而女性的发病率为致病基因频率的乘积，因此就 X 连锁隐性遗传病而言，人群中男性患者多于女性患者。

人类红绿色盲为一种常见 X 连锁隐性遗传病，患者表现为不能区分红色与绿色。若用 b 表示该病的致病基因，B 表示相应的正常基因，临床上常见的婚配形式如图 5-18～图 5-20 所示。

P　男性色盲 × 正常女性

X^bY　　X^BX^B

G　X^b　Y　X^B

F_1

	X^B
X^b	X^BX^b 女携带者
Y	X^BY 正常男性

图 5-18　男性色盲患者与正常女性婚配图解

除红绿色盲外，常见的 X 连锁隐性遗传病有鱼鳞病、血友病、肾性尿崩症、Duchenne 型肌营养不良等。Duchenne 型肌营养不良（Duchenne muscular dystrophy，DMD）是假肥大型肌营养不良的一种主要类型，患者多在 5～6 岁时开始发病，表现为双侧下肢无力，走路呈鸭形，病情进行性加重，到 12 岁左右发展为下肢瘫痪，并伴有心肌受损，20 岁前因呼吸及心力衰竭死亡。图 5-21 为患者假性肥大的腓肠肌，肥大原因并非肌肉发达

P　男性色盲 × 女携带者

X^bY　X^BX^b

G　X^b　Y　X^B　X^b

F$_1$

	X^B	X^b
X^b	X^BX^b 女携带者	X^bX^b 女性色盲
Y	X^BY 正常男性	X^bY 男性色盲

图 5-19　女性色盲基因携带者与男性色盲患者婚配图解

P　正常男性 × 女携带者

X^BY　X^BX^b

G　X^B　Y　X^B　X^b

F$_1$

	X^B	X^b
X^B	X^BX^B 正常女性	X^BX^b 女携带者
Y	X^BY 正常男性	X^bY 男性色盲

图 5-20　女性色盲基因携带者与正常男性婚配图解

而是脂肪组织浸润。血友病患者血浆中缺乏抗血友病球蛋白（第Ⅷ凝血因子），凝血活酶不能形成，所以就不能使纤维蛋白原变成纤维蛋白，从而发生凝血障碍。患者可反复出血，形成瘀斑、血肿、积血等，颅内出血可导致死亡（图 5-22）。

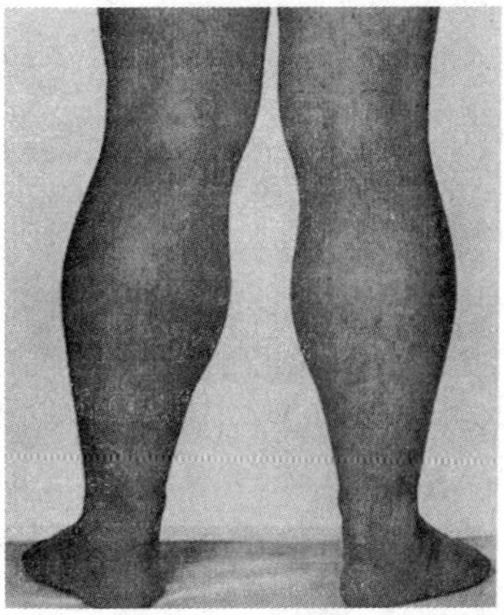

图 5-21　DMD 患者腓肠肌假性肥大

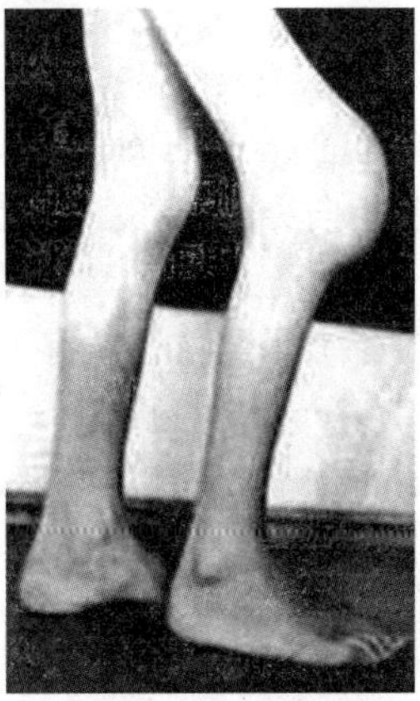

图 5-22　血友病患者肿大的关节

X 连锁隐性遗传病的典型系谱如图 5-23 所示，其系谱特点为：①人群中男性患者远多于女性患者，系谱中往往只有男性患者。②双亲无病时，儿子可能发病，女儿不会发病。③男患者的兄弟、外祖父、舅父、姨表兄弟、外甥、外孙等也有可能是患者。④如果患者是女性，其父亲一定是患者，母亲一定是携带者。

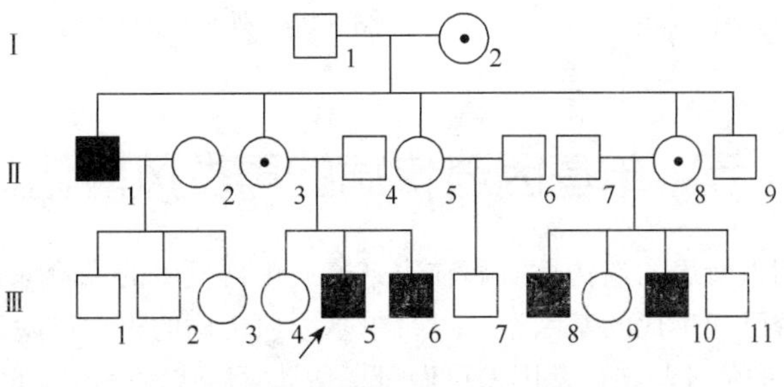

图 5-23　X 连锁隐性遗传病典型系谱

维多利亚女王与皇室病

英国维多利亚女王是英国历史上在位时间最长的一位国王。她统治下的英国是当时全世界最强大的国家，被誉为“日不落”帝国。

然而，女王所生下的9个孩子中，4个男孩有3个就是血友病的患者。女孩虽然健康，但也是血友病基因的携带者，当先后嫁到欧洲其他王室后，她们所生下的小王子也都患上了血友病。这件事把欧洲许多王室搅得惶恐不安，所以当时把血友病称为“皇室病”。

造成“皇室病”的原因，主要是欧洲皇室的通婚习俗，这个人群中的人数并不多，相互通婚则增加了血友病的再发风险。

链接

三、Y连锁遗传

如果决定某种性状或疾病的基因位于Y染色体上，随Y染色体传递，这样的遗传方式称为Y连锁遗传（Y–linked inheritance）。Y连锁遗传的遗传规律比较简单，相关基因只有男性才有，它们将随男性向男性传递，表现为父传子、子传孙，故又称为全男性遗传。

目前已知位于Y染色体上的基因只有44种，如睾丸决定因子、外耳道多毛症基因等。至今报道的Y连锁遗传病及异常性状有10余种。例如，外耳道多毛症，患者于青春期后可见外耳道长有大量长2～3cm的黑色硬毛，往往成丛生长并伸出耳孔（图5-24）。图5-25为一个外耳道多毛症系谱，系谱中全部男性均有此性状。

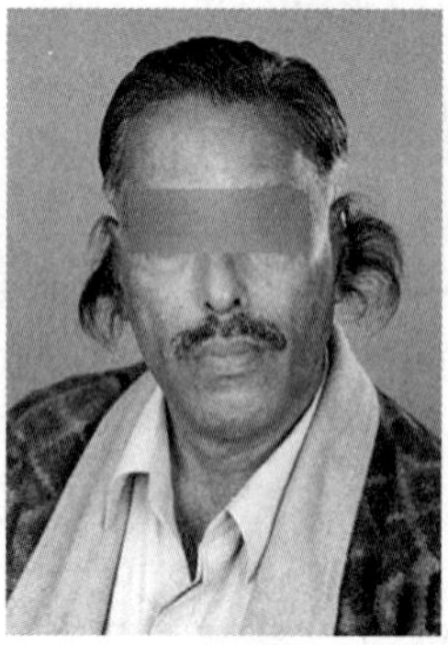

图5-24 外耳道多毛症患者

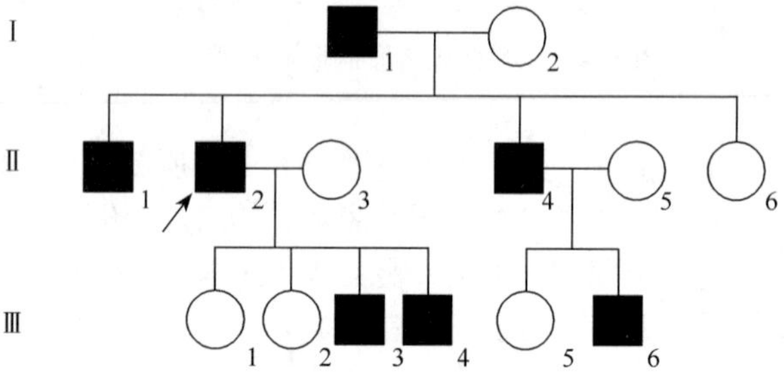

图5-25 外耳道多毛症典型系谱

第5节 单基因遗传病的再发风险估计★

再发风险是指病人所患的遗传性疾病在家系亲属中再发生的风险率，通常用百分率或比例来表示。根据是否已知亲代的基因型，可将单基因遗传病的再发风险估计分为亲代基因型确定时后代发病风险的估计与亲代基因型可做概率估计时后代发病风险的估计。

一、亲代基因型确定时后代发病风险估计

对基因型能确定的个体，发病风险的估计可依据系谱特点并按照孟德尔遗传的基本规律进行推算。下面以常染色体显性遗传病为例说明如何在已知亲代基因型时对后代发病风险进

行估计。

在一般情况下，常染色体显性遗传病子女的再发风险为 1/2，若父母都为杂合体（Aa）患者，则子女患病风险为 3/4。患者正常同胞的子女一般不会发病。但是在计算不规则显性遗传病的发病风险时，还要考虑其致病基因的外显率大小。例如，视网膜母细胞瘤的外显率为 70%，图 5-26 为一个视网膜母细胞瘤的遗传系谱。从系谱中可以发现 II_3 表型正常，却生了一个患病的女儿，说明 II_3 一定是致病基因的携带者，根据孟德尔遗传规律及外显率概念，她如果再生育，其后代的患病风险为 1/2×70%＝35%。系谱中其他患者所生子女为患儿的风险也为 1/2×70%＝35%。

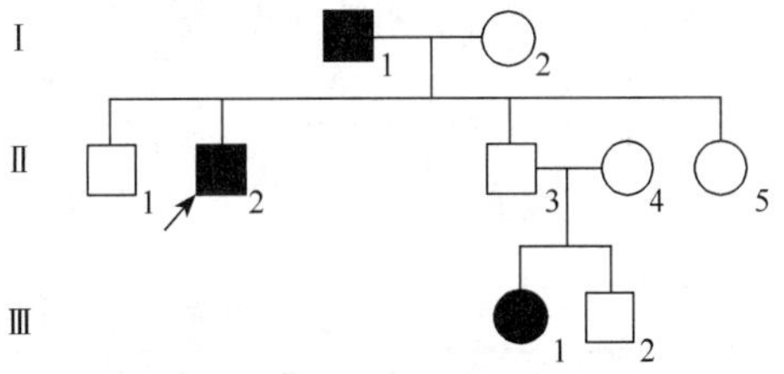

图 5-26　视网膜母细胞瘤系谱

在分析其他类型单基因遗传病的发病风险时，若亲代基因型确定，则同样可以依据其系谱特点与孟德尔遗传规律推算后代发病风险，具体内容已在各自典型系谱特点中讲到，这里不再做详细讲解。

有时，在一个世代无遗传病的家系中，突然出现了某个新的遗传病患者，这很可能是由于基因突变所致。此患者后代的发病风险依照其突变基因的性质，遵循相应的再发风险率。但其兄妹的再发风险率与此病在人群中的一般发病率一致。

二、亲代基因型可做概率估计时后代发病风险的估计

在进行后代发病风险估计的实际案例中，亲代双方或一方的基因型往往不能肯定，只能做概率估计。估计的信息来源可以是正常与患病孩子数、实验室检查的有关数据、发病年龄等，这些信息都可以影响到亲代带有某种基因的可能性。在此种情况下对后代的发病风险进行估计可以用 Bayes 法进行计算。

三、Bayes 法计算风险

Bayes 法又被称为贝叶斯定理，它是概率统计中应用所观察现象对有关概率分布的主观判断（即先验概率）进行修正的标准方法。1975 年以后，这一理论逐渐被应用于遗传咨询中，并能较准确地计算出遗传病的再发风险率。应用 Bayes 法时首先要确定前概率和条件概率，在此基础上计算出联合概率和后概率，从而得出子代发病的风险率。在特定的遗传情况下，要把基因型不能确定者的各种可能基因型均考虑在内。

前概率：在已知有关个体可能的基因型基础上，按照相关遗传理论及遗传方式推算的某个体具有基因型的理论概率。

条件概率：某种假设的特定条件下，决定某一个体是某种基因型的概率。特定条件包括正常与患病子女数、实验室检查的有关数据、发病年龄等。

联合概率：在某一种基因型前提下前概率和条件概率所各自说明的两事件同时发生的概率，即前概率和条件概率的乘积。

后概率：是每一事件（每一基因型）的联合概率除以各事件（各基因型）联合概率之和，即联合概率之间的相对概率。

后概率的计算考虑了家系中已知的各种特定信息，因此比前概率更切合实际，可更准确地估算遗传病的再发风险。

下面以多指症为例说明 Bayes 法在亲代基因型不确定时估计后代发病风险率上的应用。多指症为常染色体不规则显性遗传病，致病基因的外显率为 75%。有一女子 II_1，表型正常，

其母亲为该病患者。她前来咨询婚后孩子是否会患多指症？

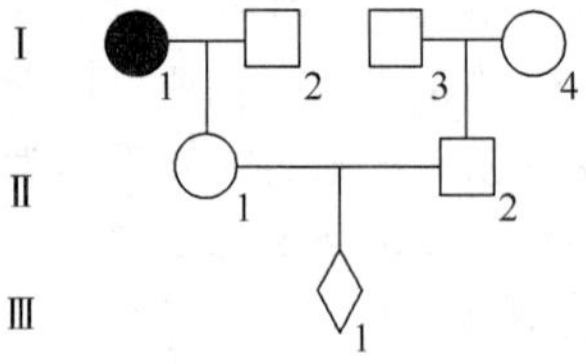

图 5-27 多指症系谱

由系谱（图 5-27）可知，Ⅱ$_1$ 的基因型不能确定，可用 Bayes 法来计算后代的发病风险。因 Ⅱ$_1$ 的母亲 Ⅰ$_1$ 为患者，所以 Ⅱ$_1$ 的基因型是 Aa 的前概率为 1/2，是 aa 的前概率也为 1/2。由于多指症的外显率为 75%，Ⅱ$_1$ 是杂合体 Aa 却尚未发病的条件概率为 1-75%=25%，是隐性纯合体 aa 而不发病的条件概率为 1，由此可以计算出 Ⅱ$_1$ 在两种假设情况下的联合概率与后概率（表 5-3）。从表 5-3 中可以得到 Ⅱ$_1$ 为杂合体的后概率为 0.2，所以她与正常人婚后生下患儿的风险为 0.2×1/2×75%=0.075=7.5%。由上例可知，在这个不规则遗传病发病风险的估计中，外显率为条件概率的依据。

表 5-3 多指症系谱中 Ⅱ$_1$ 是杂合体的概率

概率	Ⅱ$_1$ 是杂合体（Aa）	Ⅱ$_1$ 是纯合体（aa）
前概率	0.5	0.5
条件概率	0.25	1
联合概率	0.5×0.25=0.125	0.5×1=0.5
后概率	0.125/（0.125+0.5）=0.2	0.5/（0.125+0.5）=0.8

在分析其他类型单基因遗传病的发病风险时，若亲代基因型不确定，只能做概率估计，那么对后代发病风险的估计则仍可以运用 Bayes 法按以上的思路进行计算，这里不再详细讲解。

小 结

人类单基因遗传病是指由一对等位基因所控制的遗传病。根据该遗传病致病基因的显隐性质及所在染色体的种类（常染色体或性染色体），可将其遗传方式分为 5 种主要的类型：常染色体显性遗传、常染色体隐性遗传、X 连锁显性遗传、X 连锁隐性遗传及 Y 连锁遗传。常染色体显性遗传病的致病基因位于常染色体上，为显性基因，个体为杂合体时即发病；常染色体隐性遗传病的致病基因位于常染色体上，为隐性基因，个体为隐性纯合体时发病；患 X 连锁显性遗传病的女性多于男性；而患 X 连锁隐性遗传的男性多于女性；Y 连锁遗传病只有男性患者。

目标检测

一、名词解释

1. 系谱　2. 先证者　3. 携带者　4. 复等位基因

二、填空题

1. 人类单基因遗传病的5种遗传方式为______、______、______、______和______。
2. 常染色体显性遗传根据其杂合体可能出现的不同表现形式又可分为______、______、______、______与______5 种遗传方式。
3. 一些常染色体显性遗传病中，杂合体（Aa）的显性基因作用完全表现出来，而隐性基因的作用被完全掩盖，从而使杂合体（Aa）表现出与显性纯合体（AA）完全相同的性状，这样的遗传方式称为______。
4. 一些常染色体显性遗传病中，杂合体（Aa）的表型介于显性纯合体（AA）和隐性纯合体（aa）之间，这样的遗传方式称为______。
5. 一些常染色体显性遗传病中，一对等位基因彼此之间没有显隐性关系，在杂合状态时，两种基因分别表达其基因产物，形成相应表型，这样的遗传类型称为______。

6. 一些常染色体显性遗传病中，杂合体携带的致病基因在生命的早期不表达或虽表达但尚不足以引起明显的临床表现，只有在达到一定年龄后致病基因才表达或才充分表达引起疾病，这样的遗传方式称为______。
7. 一些常染色体显性遗传病中，杂合体在不同条件下，可以表现为显性性状，也可以表现为隐性性状，使传递方式表现出不规则的特征，这样的遗传方式称为______。

三、选择题

1. 下列不符合常染色体完全显性遗传特征的是（　　）
   A. 男女发病概率均等
   B. 系谱中呈连续传递现象
   C. 患者都是纯合体（AA），杂合体（Aa）是携带者
   D. 双亲无病时，子女一般不会发病
   E. 以上都不符合
2. 二级亲属的亲缘系数是（　　）
   A. 1/2　　B. 1/3
   C. 1/4　　D. 1/6
   E. 1/8
3. 一女性的两个弟弟患血友病（XR），她父母无病，她与正常男性结婚，其所生男孩的发病概率为（　　）
   A. 1/2　　B. 1/4
   C. 1/8　　D. 1/16
   E. 1/32
4. 父母都为 AB 型血，子女中可能出现的血型是（　　）
   A. 只有 A 型　　B. 只有 B 型
   C. 只有 AB 型　　D. 只有 O 型
   E. A 型、B 型、AB 型都有可能
5. 一个男性抗维生素 D 佝偻病（XD）患者与一健康女性婚配，其子女患病情况为（　　）
   A. 女儿都发病，儿子都正常
   B. 儿子都发病，女儿都正常
   C. 儿、女都有 1/2 发病风险
   D. 女儿都为携带者，儿子都发病
   E. 儿、女都发病
6. 视网膜母细胞瘤（AD）外显率为 70%，一患者与一个正常女性结婚，其所生子女的发病风险是（　　）
   A. 50%　　B. 25%
   C. 35%　　D. 70%
   E. 30%
7. 由于近亲婚配可以导致发病风险明显增高的疾病是（　　）
   A. AD　　B. AR
   C. XD　　D. XR
   E. 以上均正确
8. 短指和白化病分别为 AD 和 AR，并且基因不在同一条染色体上。现有一个家庭，父亲为短指，母亲正常，而儿子为白化病。该家庭再生育，其子女为短指或白化病的概率为（　　）
   A. 1/2　　B. 1/4
   C. 2/3　　D. 3/4
   E. 1/8
9. 外耳道多毛症属于（　　）
   A. Y 连锁遗传
   B. X 连锁隐性遗传
   C. X 连锁显性遗传
   D. 常染色体显性遗传
   E. 常染色体隐性遗传
10. 属于从性遗传的遗传病为（　　）
   A. 软骨发育不全　　B. 多指症
   C. Huntington 舞蹈病　　D. 短指症
   E. 早秃

四、简答题

1. 为什么近亲婚配中，子代 AR 病发病风险明显增高？
2. 简述 X 连锁隐性遗传病的系谱特点。
3. 一位父亲患红绿色盲（XR）的男子与一位外祖父也患红绿色盲（XR）的女子结婚，请问二人婚后子女也患红绿色盲的风险如何？

（谢林峰）

第 6 章　多基因遗传病

案例 6-1

患儿，男性，11 岁。半年前突然出现烦渴（口渴）、多饮、多尿、多食、乏力和明显消瘦的症状，出现糖尿病性酮症酸中毒（呼吸困难、嗜睡、昏迷），诊断为青少年型糖尿病，也称 1 型糖尿病。

问题与思考：

1. 青少年型糖尿病的遗传方式是什么？
2. 该患儿同胞的发病率是多少？
3. 除了遗传因素外，还有哪些因素是该疾病的诱因？

青少年型糖尿病是多基因遗传病，除此之外，人类一些常见病如高血压、精神分裂症、哮喘、冠状动脉粥样硬化性心脏病（冠心病）、阿尔茨海默病等，都属于多基因遗传病。其在传递过程中，常常表现出家族倾向，但与单基因遗传的遗传方式不完全相同，同胞的发病率不是 1/2 或 1/4，环境因素在多基因病中起着一定的作用。那么，多基因病到底遵循什么样的传递规律，有什么特点？在本章中可以找到答案。

第 1 节　多基因遗传

由多对基因共同作用决定的性状称为数量性状，它不同于单一基因控制的质量性状。数量性状的遗传现象不能单纯地用孟德尔定律解释，多基因假说可以对此做出解释说明。

一、质量性状与数量性状

质量性状和数量性状是基于单基因遗传和多基因遗传而产生的两个基本概念，它们在遗传基础、变异在群体中的分布、个体间差异类型等方面都是不同的（表 6-1）。

表 6-1　数量性状与质量性状的比较

项目	数量性状	质量性状
遗传基础	多对基因	一对基因
变异分布	连续分布	不连续分布
描述方法	数字	文字
环境影响	敏感	不敏感
研究对象	群体	家系

（一）质量性状

前面章节所介绍的单基因性状如豌豆种子的形状、果蝇的翅膀、白化病、红绿色盲等，它们的遗传基础是一对等位基因，其变异在群体中呈不连续分布，变异的个体间存在质的差别，一般表现为有或无，称为质量性状。单基因遗传病都属于质量性状。相对性状间的差异非常明显，如白化症状与正常性状，圆滑与皱缩，其区别可以用文字来描述，但不能用数量表示，这决定了质量性状的变异在群体中的分布是不连续的。这种不连续的分布可以明显地把一个群体分为 2～3 个小群，群与群之间的个体性状差异显著，有本质的区别，中间没有过渡类型（图 6-1）。

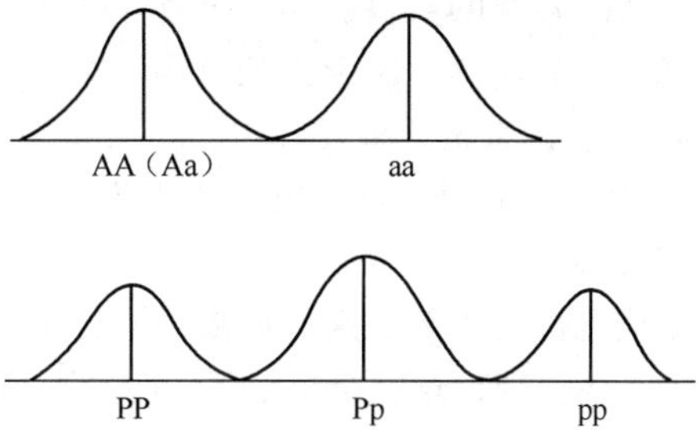

图 6-1　质量性状变异分布图

（二）数量性状

生物界还有一类性状如人类的身高、肤色、智力、体重和血压等，它们的遗传基础是多对基因，其变异在群体中呈连续分布，不同个体只是量的差别，而无质的不同，也受环境因素影响，这类性状称为数量性状。数量性状是描述多基因遗传表型特征的基本概念，以人类的身高为例，随机取样测量成人群体身高，很高（高于 190cm）与很矮（低于 140cm）的个体只占少数，大部分个体接近平均身高（160～170cm），绘成曲线，则显示连续的正态分布，只有一个峰代表群体的平均值（图 6-2）。另外，环境因素的作用会进一步修饰这条曲线，这是数量性状区别于质量性状的另一显著特征。例如，身高，众所周知，除了遗传的作用之外，充足的睡眠、丰富的营养和适当的运动等都是后天长高的重要条件。

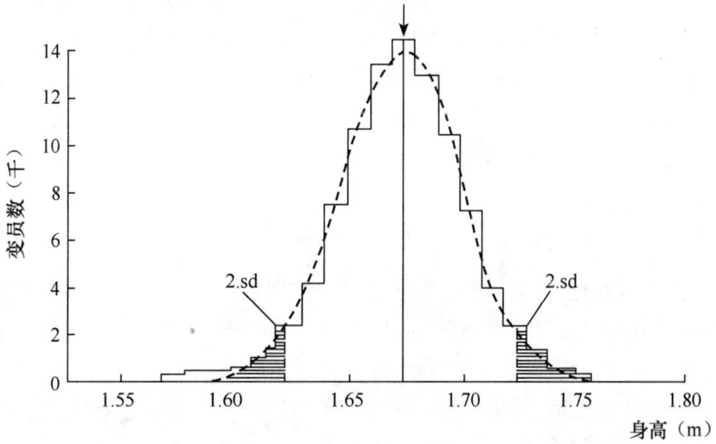

图 6-2　正常人身高变异分布图（数量性状变异分布图）

二、数量性状的遗传特点

（一）多基因假说

1909 年瑞典的遗传学家 Nilsson-Ehle 以小麦种子为实验材料，进行了 9 年杂交实验，研究提出了多基因假说（polygene hypothesis），解释数量性状的遗传。其假说的主要内容是：①多基因遗传的基础不是一对等位基因，而是两对或两对以上的等位基因。②每对基因的遗传仍然遵守孟德尔遗传定律。③等位基因间无显隐性的区别，对多基因性状的表达呈共显性。④每对等位基因对性状的形成作用都很微小，称为微效基因。微效基因的作用可以累加，因而会形成一个明显的表型效应，称为微效基因的累加效应。⑤数量性状的形成除受多基因的遗传基础影响外，还受环境因素的影响，两者共同作用决定一种性状的形成。

（二）数量性状遗传的特点

以人类的身高为例分析数量性状遗传的特点。我们假设有 AA′、BB′、CC′ 三对等位基因（非连锁）决定人的身高。A、B、C 三个基因各使人的身高在平均值（165cm）的基础上增高 5cm，而 A′、B′、C′ 三个基因各使人的身高在平均值的基础上降低 5cm。那么 AABBCC 的个体将表现为身高极高个体（约为 195cm），而 A′A′B′B′C′C′ 的个体将表现为身高极矮个体（约为 135cm）。如果两者结婚，子一代的基因型全部是 AA′BB′CC′，理论上表型应全部为中等身高。如果子一代不同个体的身高出现差异，即有一些偏高和有一些偏矮的个体出现，这完全是受环境因素影响。如果子一代中 AA′BB′CC′ 的杂合个体间进行婚配，子二代中表型变异范围将增大，但是大部分个体仍将具有中等身高，同时也将会出现一些极端类型的个体（表 6-2）。这种结果首先受基因分离与自由组合的影响，其次环境因素也有一定的作用。

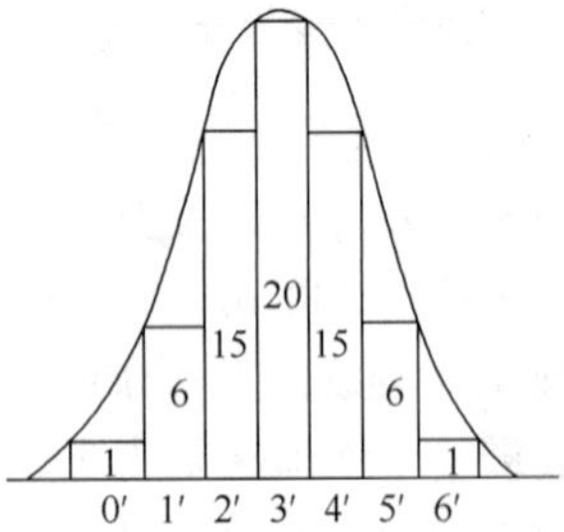

图 6-3　子二代身高变异分布图

将这一变异绘成柱形图或曲线图，则可看到近于正态分布（图 6-3）。

多基因遗传（数量性状）的遗传特点归纳如下：①两个极端的个体（纯合体）杂交，子一代都是中间类型，但个体间也存在一定范围的变异，这是环境因素作用的结果。②两个中间类型的子一代个体杂交，子二代大部分仍是中间类型，但是变异范围更为广泛，有时会出现极端类型的变异个体。除了环境因素的作用外，基因的分离和自由组合对变异的产生具有重要作用。③在一个随机婚配的群体中，变异类型多，变异范围很广泛，但是大多数个体接近于中间类型，极端变异的个体很少，这些变异现象是多基因遗传基础和环境因素共同作用的结果。

尼尔逊·埃尔与多基因假说

1908 年瑞典学者尼尔逊·埃尔继孟德尔遗传定律被公认之后，用红粒和白粒小麦进行杂交试验，根据实验结果，他提出了多基因假说，对数量性状的遗传进行了解释。按照他的解释，数量性状是许多彼此独立的基因作用的结果，没有显、隐性关系，各基因效果相等，对性状表现的效果较微，称为微效基因。各基因的作用是累加的，但其遗传方式仍然服从孟德尔的遗传规律。这一概念后经发展成为数量性状遗传的基本理论。

链接

第 2 节　多基因遗传病

人类的一些常见疾病如高血压、精神分裂症、哮喘、冠状动脉粥样硬化性心脏病、阿尔茨海默病、糖尿病以及某些先天畸形如唇裂、腭裂、脊柱裂、先天性幽门狭窄等常表现为家族聚集性，发病较为复杂，有一定的遗传基础，但是系谱分析又不符合单基因遗传的特点，而且疾病的发生又受环境因素的影响，是一类多因素决定的复杂性状遗传病，称为多基因遗传病。

考点： 易患性与阈值

一、易患性与阈值

在多基因病中，若干作用微小但有累加效应的致病基因构成了有机体患病的遗传因

表 6-2　人类身高三对基因遗传的基因组合

亲代　　极高个体 AABBCC　×　极矮个体 A′A′B′B′C′C′

↓

子一代　　中等身高 AA′BB′CC′

		ABC	A′BC	AB′C	ABC′	A′B′C	AB′C′	A′BC′	A′B′C′
	ABC	AABBCC	AA′BBCC	AABB′CC	AABBCC′	AA′BB′CC	AABB′CC′	AA′BBCC′	AA′BB′CC′
	A′BC	AA′BBCC	A′A′BBCC	AA′BB′CC	AA′BBCC′	A′A′BB′CC	AA′BB′CC′	A′A′BBCC′	A′A′BB′CC′
	AB′C	AABB′CC	AA′BB′CC	AAB′B′CC	AABB′CC′	AA′B′B′CC	AAB′B′CC′	AA′BB′CC′	AA′B′B′CC′
中等身高 AA′BB′CC′	ABC′	AABBCC′	AA′BBCC′	AABB′CC′	AABBC′C′	AA′BB′CC′	AABB′C′C′	AA′BBC′C′	AA′BB′C′C′
	A′B′C	AA′BB′CC	A′A′BB′CC	AA′B′B′CC	AA′BB′CC′	A′A′B′B′CC	AA′B′B′CC′	A′A′BB′CC′	A′A′B′B′CC′
	AB′C′	AABB′CC′	AA′BB′CC′	AAB′B′CC′	AABB′C′C′	AA′B′B′CC′	AAB′B′C′C′	AA′BB′C′C′	AA′B′B′C′C′
	A′BC′	AA′BBCC′	A′A′BBCC′	AA′BB′CC′	AA′BBC′C′	A′A′BB′CC′	AA′BB′C′C′	A′A′BBC′C′	A′A′BB′C′C′
子二代	A′B′C′	AA′BB′CC′	A′A′B′BCC′	AA′B′B′CC′	AA′BB′C′C′	A′A′B′B′CC′	AA′BB′CC′	A′A′BB′C′C′	A′A′B′B′C′C′
	总计	0′	1′	2′	3′	4′	5′	6′	
		1	6	15	20	15	6	1	

素。由遗传基础决定一个个体患病的风险称为易感性（susceptibility）。也可理解为在相同环境下，不同个体患病的风险完全由易感性决定。由遗传因素和环境因素共同作用并决定一个个体是否患某种遗传病的可能性称为易患性（liability）。易患性高，患病的可能性就大；易患性低，患病的可能性就小。群体的易患性变异和数量性状一样，呈正态分布，即群体中大部分个体的易患性接近平均值，易患性特别高或特别低的个体数量都很少。个体的易患性高低，目前无法准确测量，一般只能根据婚后所生子女的发病情况做出粗略估计。当一个个体的易患性达到一定限度后，该个体就会患病，这个易患性限度就是发病阈值（threshold）。阈值就是使个体患病的易患性的最低限度。在一定的环境条件下，阈值代表发病所必需的、最低限度的易感基因的数量。阈值将一个群体分成了两部分，易患性高于阈值的是患者，低于阈值的是正常人（图 6-4）。

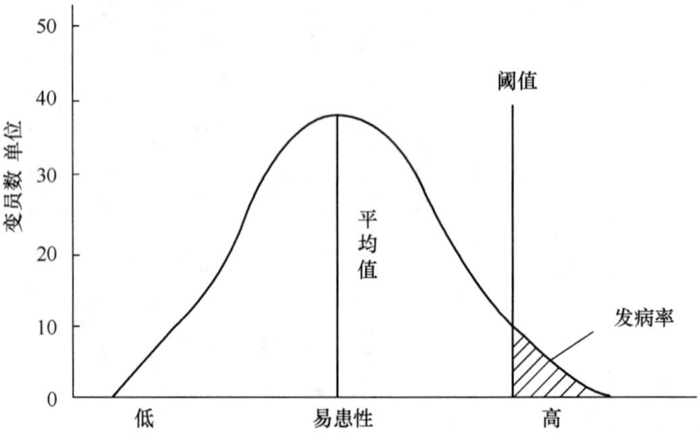

图 6-4　群体中易患性变异与阈值图解

个体易患性的高低虽然无法准确测量，但是一个群体的易患性平均值却可以从该病的发病率做出估计。设多基因病易患性变异曲线（正态分布）下的总面积为 1（即代表人群总数 100%），那么曲线覆盖的阈值右侧部分代表患者所占的百分数，即群体发病率。可从群体发病率的高低推知发病阈值与易患性平均值的距离。由此可见，多基因病的易患性阈值与平均值距离越近，表明平均值高而阈值低，该病的群体发病率越高；相反，易患性阈值与平均值相距越远，表明平均值低而阈值高，该病的群体发病率越低（图 6-5）。

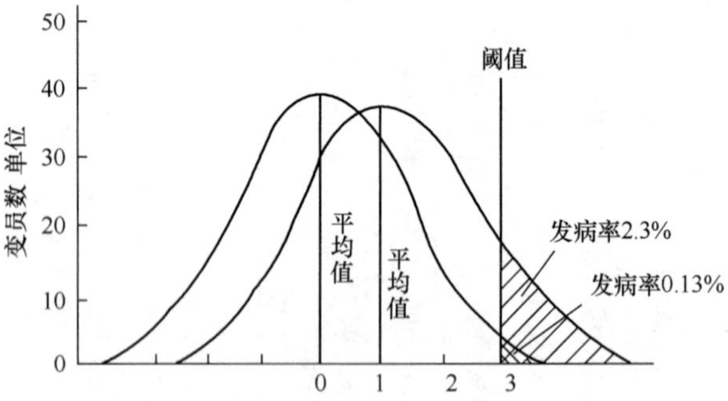

图 6-5　易患性、平均值与群体发病率的关系图解

二、遗　传　度

考点： 遗传度

多基因遗传病的发病受环境因素和遗传因素的双重影响，其中遗传因素对易患性高低的影响程度称为遗传度（heritability）或遗传率，一般用百分率（%）表示。如果一种遗传病完全由遗传因素决定发病与否，其遗传度就是 100%，人类单基因遗传病多为这种情况。多基因病中遗传度一般为 70%～80%，就表明遗传因素在决定易患性变异和

发病上起着重要作用，环境因素的作用较小；反之，如果遗传度为 30%～40%，则表示环境因素在决定易患性和发病上更为重要，而遗传因素是次要的。因此，遗传度越高，说明这种多基因病受遗传因素的作用越大；遗传度越低，说明环境因素的作用越大（表 6-3）。多基因病的再发风险与遗传度的大小也密切相关，所以研究某一种多基因病的遗传度可用于遗传咨询。

表 6-3　一些常见多基因病的遗传度、群体发病率和患者一级亲属的发病率

多基因病	群体发病率（%）	患者一级亲属的发病率（%）	男：女	遗传度（%）
唇裂 ± 腭裂（clef lip±plate lip）	0.17	4	1.6	76
腭裂（plate lip）	0.04	2	0.7	76
先天性髋关节脱位（congenital dislocation of the hip joint）	0.1～0.2	4	0.2	70
先天性幽门狭窄（congenital pylorus stenosis）	0.3	男性先证者 2 女性先证者 10	5.0	75
先天性畸形足（congenital deformity foot）	0.1	3	2.0	68
先天性巨结肠（congenital mega colon）	0.02	男性先证者 2 女性先证者 8	4.0	80
脊柱裂（cleft spine）	0.3	4	0.8	60
无脑儿（anencephaly）	0.5	4	0.8	60
先天性心脏病（各型）（congenital heart defects）	0.5	2.8	—	35
精神分裂症（schizophrenia）	0.1～0.5	4～8	1	80
糖尿病（青少年型）（diabetes mellitus Juvenile）	0.2	2～5	1	75
原发性高血压（essential hypertension）	4～10	15～30	1	62
冠心病（coronary arteriosclerotic heart disease）	2.5	7	1.5	65
支气管哮喘（bronchial asthma）	4	20	0.8	80
消化性胃溃疡（peptic ulcer）	4	8	1	37
强直性脊柱炎（ankylosing spondylitis）	0.2	男性先证者 7 女性先证者 2	0.2	70

多基因遗传病的发病特点不同于单基因遗传病，主要表现在以下五个方面：

1．多为常见病　目前已知的多基因遗传病约有 100 余种，而且大部分疾病的群体发病率都比较高。例如，原发性高血压的发病率为 4%～8%，哮喘的发病率为 4%，冠心病的发病率为 2.5%。在临床上发病率超过 1‰ 的疾病就可以称为常见病，所以多基因遗传病属于常见病，在人群中的受累人数约占 20%。

2．家族聚集倾向　患者亲属发病率高于该病的群体发病率，但绘成系谱后不符合单基因遗传病的任一种遗传方式，同胞发病率只有 1%～10%，远远低于单基因遗传同胞发病率的1/2或1/4。由此看来，多基因病有一定家族聚集性，但系谱分析对多基因遗传病的诊断没有意义。

3. 发病风险与亲属级别有关 随着亲属级别的降低，患者亲属的发病风险迅速降低，群体发病率越低的疾病，这种下降规律就越明显（表6-4）。

表6-4 某些多基因遗传病患者不同级别亲属发病风险比较

疾病	群体发病率	一卵双生	一级亲属	二级亲属	三级亲属
唇裂±腭裂	0.001	0.4	0.04	0.007	0.003
足内翻	0.001	0.3	0.025	0.005	0.002
神经管缺损	0.002	—	0.016	—	0.002
先天性髋关节脱臼	0.002	0.4	0.05	0.006	0.004
先天性幽门狭窄	0.005	0.4	0.05	0.025	0.008

4. 近亲婚配子女发病风险升高 近亲婚配时，子女的患病风险高于随机婚配时的子女患病风险，但不如常染色体隐性遗传病那样显著，这可能与微效基因的累加效应有关。

5. 发病率有种族或民族的差异 不同的种族和民族，遗传基础不同，环境因素亦不同，使得同一种多基因遗传病的发病率在不同的种族或民族有很大差异。例如，先天性髋关节脱位在中国人的发病率为1.5%，美国人的发病率为0.7%，日本人的发病率为1%。

三、多基因遗传病风险的估计

多基因遗传病再发风险的估计涉及因素较多，需要从以下几个方面综合分析：

（一）患者一级亲属发病率及患病人数

1. Edward公式 当某一种多基因遗传病的群体发病率为0.1%～1%、遗传度为70%～80%时，则该病患者一级亲属的发病率可用Edward公式来估算，即$f=\sqrt{p}$，f为患者一级亲属发病率，p为群体发病率。例如，我国人群中唇裂的发病率为0.17%，其遗传度为76%，患者一级亲属的发病率f=0.0017≈4%。

2. 查图表 当某种多基因遗传病的群体发病率在0.1%～1%的范围之外，遗传度在70%～80%的范围之外时，Edward公式不再适用。这时可查多基因遗传病的群体发病率、遗传度与患者一级亲属发病率的关系图解。一般来说，如果一种病的遗传度高于80%或群体发病率高于1%，则患者一级亲属发病率将高于群体发病率的开方值；如果一种多基因遗传病的遗传度低于70%或群体发病率低于0.1%，则患者一级亲属发病率低于群体发病率的开方值。例如，原发性高血压的群体发病率约为6%，遗传度为62%，患者一级亲属发病率可从图6-6中查出，约为16%，如果按Edward公式计算$f=\sqrt{0.06}=24.5\%$，很明显与实际值偏差较大。

多基因遗传存在微效基因的累加效应，一个家族中同一种疾病患病人数越多，表明家庭成员携带的易患基因越多，再发风险就越高。例如，一对表型正常的夫妇第一胎罹患唇裂的风险为0.17%（群体发病率），如果已生有一个患儿，那第二胎再发风险就上升为4%；如果已生出两个畸形儿，说明这对夫妇都带有更多的易感基因，而且他们的易患性更接近发病阈值，则再生育为畸形儿的风险将增加2～3倍，接近10%。

（二）病情越严重，再发风险越高

患者病情越严重，其一级亲属发病率就越高。因为病情严重的患者，其易患性必然远远超过阈值而带有更多的易感基因（致病基因），其父母也会带有较多的易感基因，因此他们的易患性更接近阈值，所以再次生育时再发风险就会相应增高。这也是微效基因的累加效应的结果。例如，单侧唇裂的患者，其同胞的再发风险为 2.46%；单侧唇裂并发腭裂的患者，其同胞的再发风险为 4.21%；两侧唇裂并发腭裂的患者，其同胞的再发风险为 5.74%。

（三）患者性别差异与再发风险

当一种多基因遗传病的群体发病率有性别差异时，说明该病在不同性别中的发病阈值不同。群体发病率低的性别阈值高，其子女再发风险高；相反，群体发病率高的性别阈值低，其子女再发风险低，这称为卡特效应（Carter effect）。这是因为群体发病率低的性别，必然带有更多的易感基因才能超过阈值而发病，其子女必将继承更多的易感基因而有较高的发病风险（尤其是与其性别相反的后代）；与其相反，群体发病率高的性别，其阈值低，个体携带的致病基因少，后代发病风险低（尤其是与其性别相反的后代）。

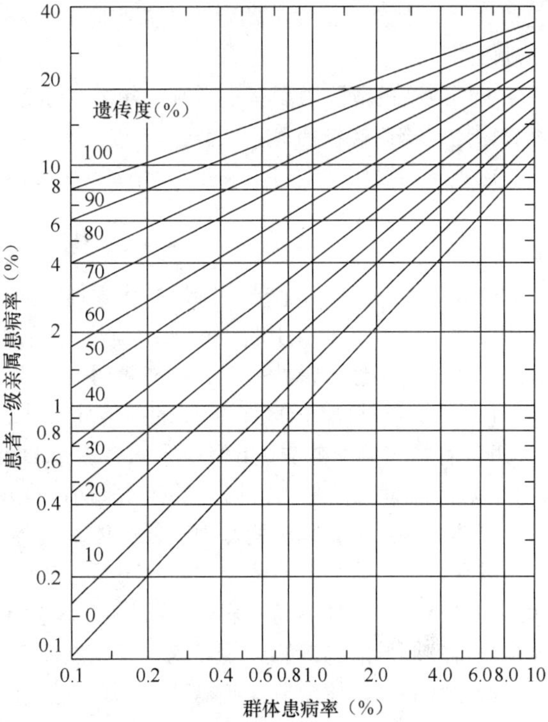

图 6-6　多基因遗传病的群体发病率、遗传率与患者一级亲属发病率的关系图解

例如，先天性幽门狭窄，群体中男性发病率为 0.5%，女性发病率为 0.1%。男性发病率是女性的 5 倍，也就是说女性的发病阈值高于男性，比男性携带更多的易感基因。男性患者的儿子发病风险为 5.5%，女儿发病风险为 2.4%；女性患者的儿子发病风险为 19.4%，女儿发病风险为 7.3%。女性的发病率低于男性，但女性患者的儿子比男性患者的儿子再发风险高 3 倍还多，女儿也一样。另外，尽管男女患者后代的发病率不同，但总体上仍然是男性发病率高于女性发病率。

第 3 节　常见多基因病★

一、冠状动脉粥样硬化性心脏病

冠状动脉粥样硬化性心脏病是冠状动脉血管发生动脉粥样硬化病变而引起血管腔狭窄或阻塞，造成心肌缺血、缺氧或坏死而导致的心脏病，常常被简称为冠心病。近年来研究表明，冠心病属于多基因遗传病，遗传度为 70%。

对冠心病进行的大量流行病学研究表明，以下因素与冠心病发病密切相关，这些因素被称之为冠心病易患因素（也称之为危险因素），包括可改变的危险因素和不可改变的危险因素。了解并干预危险因素有助于冠心病的防治。

可改变的危险因素有：高血压，血脂异常（总胆固醇过高或低密度脂蛋白胆固醇过高、三酰甘油过高、高密度脂蛋白胆固醇过低），超重 / 肥胖，高血糖 / 糖尿病，不良生活方式包括吸烟、不合理膳食（高脂肪、高胆固醇、高热量等）、缺少体力活动、过量饮酒及社会心理因素。

不可改变的危险因素有：性别、年龄、家族史。此外，与感染有关，如巨细胞病毒、肺炎衣原体、幽门螺杆菌等。

冠心病的发作常常与季节变化、情绪激动、体力活动增加、饱食、大量吸烟和饮酒等有关。

二、糖　尿　病

糖尿病是一组以高血糖为特征的代谢性疾病。高血糖则是由于胰岛素分泌缺陷或其生物作用受损，或两者兼有引起。糖尿病是长期存在的高血糖，导致各种组织，特别是眼、肾、心脏、血管、神经的慢性损害、功能障碍。

1 型或 2 型糖尿病均存在明显的遗传异质性。糖尿病患者有明显的家族发病倾向，1/4～1/2 患者有糖尿病家族史。1 型糖尿病有多个 DNA 位点参与发病，其中以 HLA 抗原基因中 DQ 位点多态性关系最为密切。2 型糖尿病已发现多种明确的基因突变，如胰岛素基因、胰岛素受体基因、葡萄糖激酶基因、线粒体基因等。

进食过多，体力活动减少导致的肥胖是 2 型糖尿病最主要的环境因素，使具有 2 型糖尿病遗传易感性的个体容易发病。1 糖尿病患者存在免疫系统异常，在某些病毒如柯萨奇病毒、风疹病毒、腮腺病毒等感染后导致自身免疫反应，破坏胰岛 B 细胞。

糖尿病患者的主要临床症状为典型的“三多一少”：即多饮、多尿、多食和消瘦；以及疲乏无力和肥胖。

三、精神分裂症

本病为常见精神病，据世界卫生组织统计，全球精神分裂症的终身患病率为 3.8‰～8.4‰。美国的研究发现，精神分裂症患者终身患病率高达 13‰；我国 1994 年调查数据表明，城市地区患病率高达 7.11‰，农村患病率为 4.26‰。精神分裂症病因复杂，尚未得到完全阐明，多起病于青壮年，表现为感知、思维、情感、意志行为等多方面障碍，精神活动与周围环境和内心体验不协调，脱离现实。一般无意识障碍和明显的智能障碍，可有注意、工作记忆、抽象思维和信息整合等方面认知功能损害。病程多迁延，反复发作，部分患者发生精神活动衰退和不同程度社会功能缺损。

四、原发性高血压

原发性高血压的病因为多因素，可分为遗传和环境两方面，是遗传与环境相互作用的结果，一般认为遗传因素占 40%，环境因素占 60%。首先，高血压具有明显的家族聚集性，父母均有高血压，子女的发病率高达 46%。其次，饮食、精神刺激、超重或肥胖、避孕药等环境因素也能引起原发性高血压。

为了减少原发性高血压的发病率，应特别重视人群的一级综合预防，消除和控制与本病发生有关的危险因素，如调整人群的饮食、生活习惯、改善生活和工作劳动环境等。对临界性高血压或有家族史的子女则应采取个体二级预防措施，如严密随访观察、控制饮食质量、加强体育锻炼，必要时给予适当的降压药等。

五、阿尔茨海默病

阿尔茨海默病（AD）是一种起病隐匿的进行性发展的神经系统退行性疾病。临床上以记忆障碍、失语、失用、失认、视空间技能损害、执行功能障碍及人格和行为改变等全面性痴呆表现为特征，病因迄今未明。多基因遗传病，遗传度为 53.34%，女性较男性多（女：男为 3：1）。主要表现为认知功能下降、精神症状和行为障碍、日常生活能力的逐渐下降。

小　结

多基因遗传决定数量性状，单基因遗传决定质量性状，而多基因遗传的假说很好地解释了多基因病是遗传物质通过多对致病基因的累加效应而造成的结果，疾病的发生还受环境因素的影响。多基因遗传病的特点及再发风险的估计，可以应用于如唇裂和腭裂等先天畸形以及原发性高血压、糖尿病、精神分裂症等多基因遗传病的发病风险的估计。

目标检测

一、名词解释

1. 多基因遗传　2. 阈值
3. 遗传度

二、填空题

1. 数量性状的遗传基础是由 ____ 对或 ____ 对以上的基因决定，每对等位基因间没有显隐性基因的区别，是 ____ 的。
2. 在遗传基础和环境因素共同作用下，个体患病的风险，称为 ____。

三、选择题

1. 多基因遗传的遗传基础是 2 对或 2 对以上微效基因，这些基因的性质是（　　）
   A. 显性　B. 隐性
   C. 共显性　D. 显性和隐性
   E. 外显不全
2. 人类的身高属多基因遗传，如果将某人群的身高变异的分布绘成曲线，可以看到（　　）
   A. 曲线是不连续的两个峰
   B. 曲线是不连续的三个峰
   C. 可能出现两个或三个峰
   D. 曲线是连续的一个峰
   E. 曲线是不规则的，无法判定
3. 多基因遗传病患者亲属的发病风险随着亲缘系数降低而骤降，下列患者的亲属中发病率最低的是（　　）
   A. 儿女　B. 孙子、孙女
   C. 侄儿、侄女　D. 外甥、外甥女
   E. 表兄妹
4. 下列疾病中不属于多基因遗传病的是（　　）
   A. 精神分裂症状　B. 糖尿病
   C. 先天性幽门狭窄　D. 唇裂
   E. 软骨发育不全
5. 下列属于多基因遗传病的是（　　）
   A. 白化病
   B. 精神分裂症
   C. 红绿色盲
   D. 抗维生素 D 佝偻病
   E. 先天性性腺发育不全

（刘凌霄）

第7章 染色体病

染色体病就像一个恶魔，无情地摧残着每一个患儿的身心成长，像魔咒般禁锢着每一位父母的内心：悔恨、自责、痛心似乎都难以准确描述他们的真实感受。其实，这真的不全是他们的错，因为大部分染色体畸变是自发的，是不以人的意志为转移的。但是不是每个人都能清楚地意识到这一事实，这就需要遗传咨询工作者的耐心传授。

假设细胞在进行细胞分裂和受精过程中，能够保证染色体数目和形态结构的相对稳定，那么我们就能避免在个体遗传过程中出现可怕的遗传病。然而事实上，我们无法避免错误的出现，染色体异常在所难免。由于某些因素的影响，可使体细胞或生殖细胞内染色体发生数目或结构的改变，这一类现象称为染色体畸变或染色体异常。

染色体病的发现和染色体分析

1959年法国临床医生J. 勒热纳首先报道了先天愚型或称唐氏综合征是由于多了一个小近端着丝粒染色体引起的；接着C.E. 福德证实特纳综合征的女性是由于少了一个X染色体所致；法国学者P.A. 雅各布证实了克氏综合征的男性是由于多了一个X染色体的结果。从此染色体病的研究便广泛展开。1966年M.W. 斯蒂尔等离体培养用羊膜穿刺术得到的胎儿脱屑细胞获得成功。并对培养的胎儿细胞进行了染色体分析，从而使染色体病的产前诊断成为现实。1970年瑞典细胞化学家T.O. 卡斯珀松开创的人类染色体显带技术，使染色体的分析愈益精确，有力地推动了染色体病的研究。

链接

第1节 染色体畸变

染色体畸变包括数目畸变和结构畸变两大类，其中数目畸变又可分为整倍体畸变和非整倍体畸变两种。无论数目畸变还是结构畸变，其实质都是染色体或染色体片段上的基因群发生增减或位置的转移，使遗传物质发生改变，都可以导致染色体病。

一、染色体畸变的诱因

染色体畸变可以自发地产生，称为自发畸变；也可通过物理、化学和生物的诱变作用而产生，称为诱发畸变。染色体畸变还可由亲代遗传而来。造成染色体畸变的原因是多方面的，主要包括化学因素、物理因素和生物因素，这些因素与导致基因突变的因素基本相同。但一般而言，引起染色体畸变的剂量或能量要大大超过引起基因突变的剂量或能量。

（一）化学因素

在人类生存的环境中，有许多化学因素，如一些化学药品、农药、毒物、抗代谢药物和食品添加剂等都可以引起染色体畸变。据调查，某些化工厂的工人由于长期接触苯、甲苯等，出现染色体数目异常和发生染色体断裂的频率远远高于一般人群。农药中的除草剂和杀虫的砷制剂等都是一些染色体畸变的诱变剂。

1．药物 某些药物特别是一些抗肿瘤药物、保胎及预防妊娠反应的药物，均可引起人类染色体畸变或产生畸形胚胎。已有研究证实，环磷酰胺、氮芥、白硝安（马利兰）、甲氨蝶呤、阿糖胞苷等抗癌药物可导致染色体畸变；抗痉挛药物苯妥英钠可引起人的淋巴细胞多倍体细胞数增高。

2．农药 许多化学合成的农药可以引起人类细胞染色体畸变。某些有机磷农药也可使染色体畸变率增高，如敌百虫类农药。

3．工业毒物 如苯、甲苯、铝、砷、二硫化碳、氯丁二烯、氯乙烯单体等，都可以导致染色体畸变。长期接触这些有害毒物的工人，其染色体的畸变率增高。

4．食品添加剂 某些食品的防腐剂和色素等添加剂中所含的化学物质也可以引起人类染色体发生畸变，如硝基呋喃基糖酰胺 AF-2、环己基糖精等。

（二）物理因素

在自然空间中存在着各种各样的电离辐射可对人体产生一定的影响，如电离辐射中常见的 α、β、γ 射线，细胞受到电离辐射后，可引起细胞内染色体异常，染色体畸变率也会随着射线剂量的增高而增高。例如，放射性物质爆炸后散落的放射性尘埃、医疗上所用的放射线等，对人体都有一定的损害。工业放射性物质的污染也可引起细胞染色体的改变。细胞受到电离辐射后，可引起细胞内染色体发生异常。射线的作用包括对体细胞和生殖细胞两方面，如果一次照射大剂量的射线，可在短期内引起造血障碍而死亡。长期接受射线治疗或从事放射工作的人员，由于微小剂量的射线不断积累，会引起体细胞或生殖细胞染色体畸变。

（三）生物因素

导致染色体畸变的生物因素包括两个方面：一方面是由生物体产生的生物类毒素所致；另一方面是某些生物体如病毒本身可引起染色体畸变。霉菌毒素如杂色曲霉素、黄曲霉素、棒曲霉素等具有一定的致癌作用，同时也可以引起细胞内染色体畸变。病毒也可引起宿主细胞染色体畸变，当人体感染某些病毒，如风疹病毒、乙肝病毒、麻疹病毒或巨细胞病毒时，就有可能引发染色体畸变。

（四）母亲年龄

当母亲年龄增大时，所生子女的体细胞中某一序号染色体有三条的情况要多于一般人群。母亲年龄越大（大于 35 岁），生育唐氏综合征患儿的危险性就越高。但母亲生育年龄只是环境因子在体内累积作用的表现形式，这与生殖细胞老化及合子早期所处的宫内环境有关。一般认为，生殖细胞在母体内停留的时间越长，受到各种因素影响的机会越多，在以后的减数分裂过程中，越容易产生染色体不分离而导致染色体数目异常。

二、染色体数目异常

以正常二倍体（$2n$=46）为标准，染色体数目的增加或减少，称为染色体数目畸变。有两种形式：一种是染色体组（n）成倍地增加，即形成多倍体，或成倍减少，形成单倍体，后者在人类中尚未发现，除精子和卵子外，单倍体细胞不能存活；另一种是单个染色体的增加或减少，形成非整倍体。

考点： 染色体数目异常

（一）整倍体畸变

人类的正常体细胞有 46 条染色体，两个染色体组，称为二倍体，用 $2n$ 表示。精子或卵细胞中经减数分裂后只有 23 条染色体，称为单倍体，用 n 表示。如果一个细胞中的染色体数为单倍体的三倍，称三倍体（$3n$=69）；为单倍体的四倍则称之为四倍体（$4n$=92），凡三倍体以上统称为多倍体。

多倍体在人类中可以导致胚胎的死亡，因此仅在流产儿中见到。据报道，在由染色体异常引起的自发性流产中，三倍体占17%，四倍体占5%。在葡萄胎中可以见到三倍体，而在一些恶性肿瘤细胞中，常常可以看到多倍体。由于多倍体通常不能完成胚胎发育，罕见能活至出生者。

整倍体畸变的产生机制主要有双雌受精、双雄受精、核内复制和核内有丝分裂等。

1. 双雄受精和双雌受精 一个正常的卵子同时与两个正常的精子发生受精称为双雄受精。结果造成受精卵内含有三个染色体组，即三倍体（3*n*）。一个二倍体的异常卵子与一个正常的精子发生受精，从而产生一个三倍体受精卵，称为双雌受精。在卵细胞发生的第二次减数分裂过程中，次级卵母细胞由于某种原因未形成第二极体，因此应分给第二极体的染色体仍然留在卵细胞中，使得这个卵细胞含有两个染色体组而成为异常卵细胞，当它与一个正常精子结合后，就形成含有三个染色体组的受精卵。以上这两种情况都可形成69，XXX、69，XXY和69，XYY三种类型的受精卵，如图7-1所示。

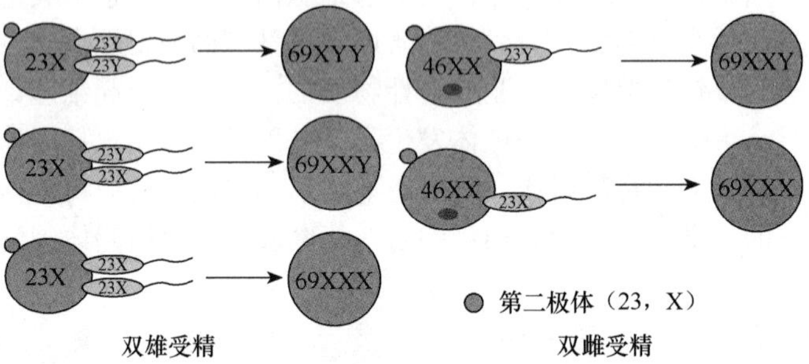

图7-1 双雄受精和双雌受精

2. 核内复制 细胞核在一次细胞分裂过程中DNA复制了两次，由2*n*变成了8*n*，而细胞只分裂了一次，这样形成的两个子细胞都是四倍体（4*n*），这也是肿瘤细胞常见的染色体异常特征。

3. 核内有丝分裂 在细胞分裂时，染色体正常复制了一次，但至分裂中期时，核膜未消失，无纺锤体的形成，因此细胞分裂不能进入后期和末期，没有胞质的分裂，使得细胞内含有四个染色体组，形成四倍体。

（二）非整倍体畸变

在正常二倍体中，染色体数目增加或减少一条或几条，称为非整倍性畸变，这样的细胞或个体称为非整倍体。染色体数目少于46条的细胞或个体称为亚二倍体，如各种单体型；多于46条的细胞或个体称为超二倍体，如各种三体型、多体型等。

1. 非整倍体畸变的主要类型 非整倍体畸变是一类最常见的染色体畸变，它可导致胚胎致死或发育畸形。在人类自发流产的胎儿中，约有1/2为常染色体三体，1/4为X染色体单体。

（1）单体型：细胞中某对染色体少了一条（2*n*–1），染色体总数为45。由于临床上常染色体缺失将造成个体发育所必需的基因严重失衡，因此只有含遗传物质较少的G组染色体单体型可以成活，如21号、22号单体型。核型为45，XX（XY），–21；45，XX（XY），–22。主要常见于性染色体X染色体单体型，核型为45，X。在人类的单体中，除X单体、21和22单体可能有部分个体出生并存活之外，其余单体几乎全是胚胎致死而导致流产。

（2）三体型：细胞中某对染色体多了一条（2*n*+1），染色体总数为47。三体型是目前人类染色体数目畸变中种类最多的一类。常染色体以 13、18 和 21 三体型常见。除了 17 和 19 号染色体目前尚未见三体型的病例报道外，其余各对均有三体型报道。性染色体三体型中 XXX、XXY 和 XYY 三种最为常见。但由于染色体的增加造成基因组的严重失衡而破坏胚胎的正常发育，故大部分三体型只见于早期流产的胚胎，少数三体型可以存活至出生，一般也寿命不长，在智力和体力方面也有严重的多发性畸形。三体型中增加的染色体如有部分缺失，称为部分三体型。

（3）多体型：某对染色体增加了两条或以上，染色体总数为 48 或多于 48。多体型主要见于性染色体异常，如四体型：48，XXXX；48，XXXY；48，XXYY 和五体型：49，XXXXX；49，XXXYY 等。

（4）嵌合体：体内存在两种或两种以上不同染色体组成的细胞系的个体称为嵌合体。如核型为 46，XY/47，XXY 和 45，X/46，XX 的个体。大多数嵌合体的 2 个不同核型的细胞系来源于同一个受精卵，但有的也来源于 2 个以上的受精卵。嵌合体可以是染色体数目异常之间、结构异常之间及数目异常与结构异常之间等的嵌合。嵌合体患者的临床症状往往不够典型，这与异常核型所占比例有关。

2. 非整倍体畸变的形成机制 非整倍体产生的主要原因是在生殖细胞形成时或受精卵早期卵裂中，发生了染色体不分离和染色体丢失。

（1）染色体不分离：有丝分裂或减数分裂时，细胞由中期进入后期，某一对同源染色体或一对姐妹染色单体由于某种原因没有移向两极，而是同时进入一个子细胞，这种现象称为染色体不分离。染色体不分离的结果导致形成的两个子细胞中，一个子细胞中增加一条染色体，另一个子细胞中减少一条染色体。如果染色体不分离发生在第一次减数分裂后期，则可以形成相等的 $n+1$ 和 $n-1$ 两种类型的配子，如图 7-2A 所示。与正常配子结合后，将形成单体型或三体型。如果不分离发生在减数第二次分裂后期（即姐妹染色单体不分离），所形成的配子的染色体数将有以下几种情况：1/2 为 n、1/4 为（$n+1$）、1/4 为（$n-1$）。后两种与正常配子结合后，也将形成单体型和三体型，如图 7-2B 所示。

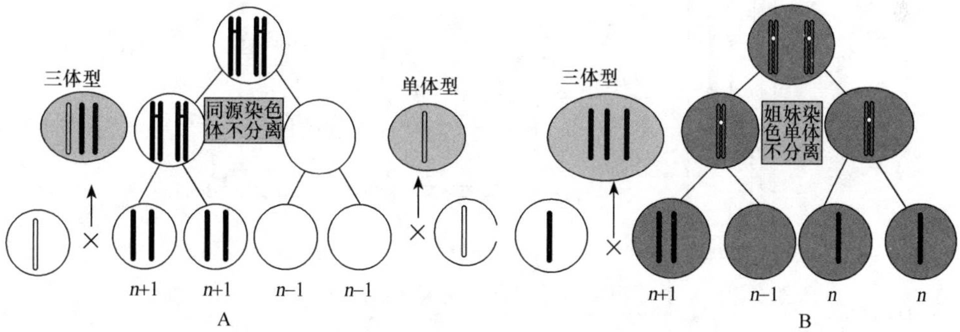

图 7-2 染色体减数分裂不分离形成机制

A. 第一次减数分裂不分离；B. 第二次减数分裂不分离

染色体不分离也可发生在受精卵卵裂早期，某一染色体的姐妹染色单体发生不分离，可导致产生由两种细胞系或三种细胞系组成的嵌合体。不分离发生在第一次卵裂，则形成具有两个细胞系的嵌合体，一个为超二倍体细胞系，一个为亚二倍体细胞系。不分离发生在第二次卵裂以后，即形成具有三个或三个以上细胞系的嵌合体（46/47/45）（图 7-3）。嵌合体中各细胞系的类型和数量的比例，取决于发生不分离时期的早晚。这种不分离发生得越晚，正常二倍体细胞系的比例越大，临床症状也相对较轻。

（2）染色体丢失：在细胞分裂过程中，由于纺锤体或着丝粒功能障碍或染色体后期迟

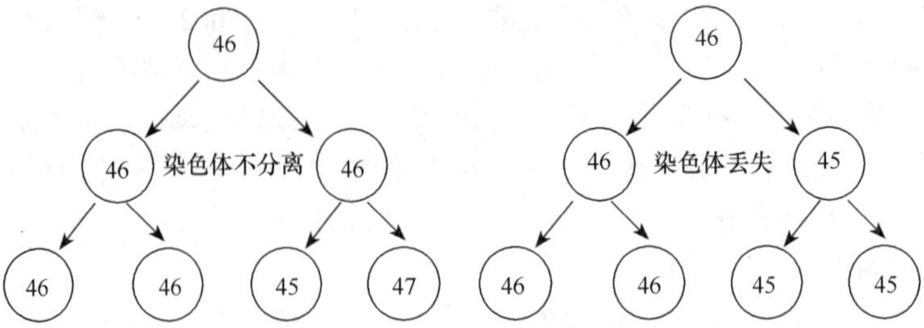

图 7-3　嵌合体的形成机制示意图

滞，使得某一染色体不能随其他染色体一同进入子细胞核中，而遗留在细胞质中，并被降解消失，造成子细胞缺少一条染色体，这种现象称为染色体丢失。丢失发生在减数分裂过程中，形成 $n-1$ 的配子，与正常配子结合，可以形成单体型；如果发生在早期卵裂过程中，则形成 $2n-1/2n$ 的嵌合体（图 7-3）。

三、染色体结构畸变

考点：染色体结构畸变类型

由于受多种因素的影响，染色体发生断裂，断片的去向和重接的方式是导致染色体发生结构畸变的基础。断片大多数可以在原来的位置上重新接合，称为愈合或重建，这样可以使染色体恢复正常，不引起遗传效应；如果染色体断片未在原位重接或以不同方式与其他染色体的断面非正常地连接或丢失，这样就引起染色体结构畸变。染色体发生断裂的部位、次数和重接的方式不同，可以表现出各种类型的畸变。在细胞学水平上可以识别的染色体结构畸变有以下几种，如图 7-4 所示。

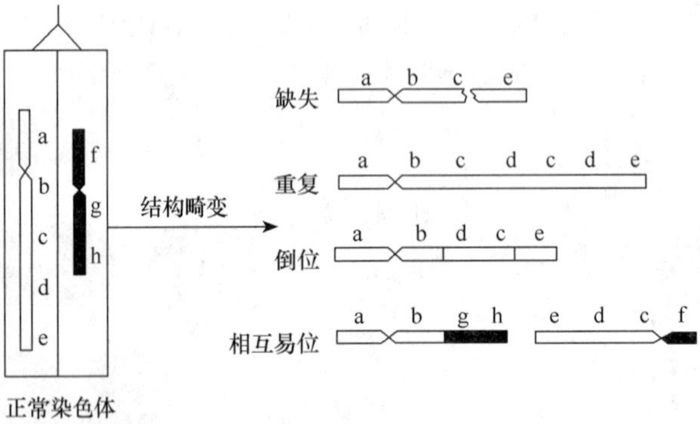

图 7-4　染色体结构畸变示意图

1. 缺失（deletion） 是指染色体臂的部分丢失。染色体臂发生断裂后，断片未能重接而丢失，致使带有着丝粒的片段缺少一部分遗传物质，但是依然保持复制能力和一定的遗传功能。缺失断片发生在染色体长臂或短臂的末端，称为末端缺失，如猫叫综合征（$5p^-$ 综合征）；发生在长臂或短臂的中间节段，一条臂上发生了两次断裂，中间的片段未能重接而丢失，称为中间缺失，例如，视网膜母细胞瘤（$13q^-$）是第 13 号染色体长臂中间缺失造成的。

2. 倒位（inversion） 是指一条染色体两个断裂点之间的片段旋转 180° 后重接，致使这一断片上的基因序列颠倒。如果两个断点发生在同一臂内，称为臂内倒位；如果两个断点分别位于长短臂上，称为臂间倒位。人类臂内倒位尚无报道，臂间倒位较常见。由于倒位一般没有遗传物质的增减，所以大多不会出现明显的临床症状，这样的人称为倒位携带者。但是在形成生殖细胞时，减数分裂过程中，同源染色体配对异常，会出现倒位环（图 7-5），产生染色体结构畸变的配子，导致后代患病。

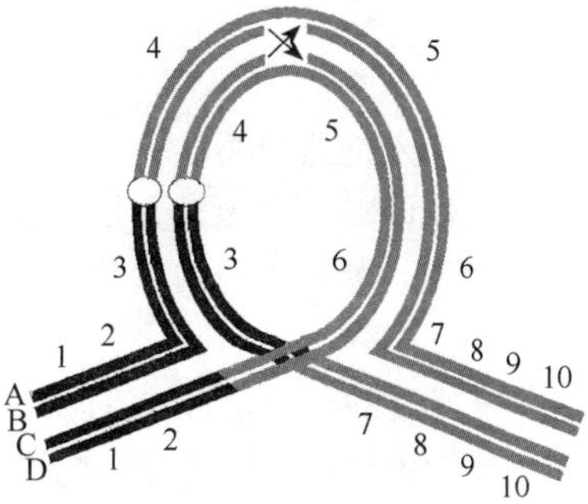

图 7-5　同源染色体配对呈倒拉环

3. 重复（duplication） 是指一个染色体上某一片段具有两份或两份以上的现象。主要是同源染色体之间的不等交换或染色单体之间的不等交换及染色体片段的插入等造成的。

4. 易位（translocation） 一条染色体的断片移接到另一条非同源染色体的臂上，这种结构畸变称为易位。包括以下几类：

（1）单向易位：即两条染色体同时发生断裂，仅一条染色体的断片转移到另一条染色体上。

（2）相互易位：是两条非同源染色体同时发生断裂，交换其无着丝粒片段，形成两条新的衍生染色体（图 7-6）。在多数情况下，相互易位不发生染色体遗传物质的缺失，称为平衡易位。平衡易位的个体如果不因基因位置的改变而影响其功能，对表现型就没有影响，这样的个体称为平衡易位携带者。在生殖细胞形成时可产生不平衡的性细胞，与正常生殖细胞受精后，由于不同程度的缺失与重复，导致致畸或致死，这往往是临床上反复性自发流产的重要病因之一。

（3）罗伯逊易位：是发生于近端着丝粒染色体之间的一种特殊的相互易位。又称着丝粒融合或罗氏易位。

当两条近端着丝粒染色体在着丝粒部位或着丝粒附近部位发生断裂后，两者的长臂在着丝粒处融合成一条由长臂构成的新的衍生染色体（图 7-6）。这条染色体上包含了两条染色体的绝大多数基因，个体为表现正常的平衡易位携带者，其后代可能形成单体型和三体型。两个极小的短臂也可能构成一个很小的染色体，小染色体往往在以后的细胞分裂中消失，小染色体的遗传物质含量很少，它的存在与否对表型不产生明显的效应。因此，罗伯逊易位携带者虽然只有 45 条染色体，但表型一般正常，只在形成配子的时候会出现异常，造成胚胎死亡而流产或出生先天畸形等患儿。罗伯逊易位发生率约为 1/1100，活婴多为 14 号和 21 号染色体之间的易位。

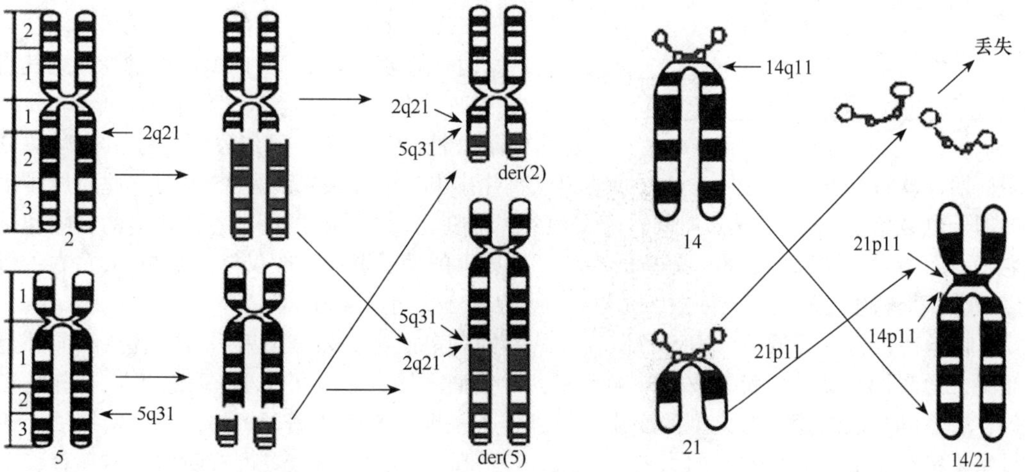

图 7-6　相互易位与罗伯逊易位

四、染色体畸变的后果

染色体是遗传物质——基因的载体，人类的全部遗传信息都储存在染色体上，也就是说，染色体畸变（无论是数目畸变还是结构畸变）将引起基因的改变，扰乱了基因作用之间的平衡，影响正常的生命活动，给机体带来极大的危害，造成很严重的后果，其后果主要有以下三种：

最严重的后果是自然流产：在精子、卵子、受精卵或卵裂早期发生畸变往往可导致流产、死胎或染色体病，5%～8%的胚胎有染色体异常，其中包括各种多倍体、单体型、三体型和一些结构异常的胚胎，不过在出生前，90%以上已发生自然流产或死产；体细胞中发生的染色体畸变则与肿瘤的发生有关。

其次的后果是先天缺陷：部分单体型和部分三体型胚胎可以生下来，但常常表现出各种先天缺陷。

最轻的后果是携带者：这里的携带者是指带有结构畸变染色体但表型正常的个体。结构畸变染色体一般来自携带者的双亲。

第2节 常见的染色体病

一、常染色体病

当染色体畸变无论是数目畸变还是结构畸变发生在常染色体时所引起的疾病，我们称之为常染色体病。

考点：
三体综合征核型

（一）唐氏综合征（21三体综合征）

本病是报道最早、最常见一种染色体病，又称先天愚型。1866年英国医生John Langdon Down首先描述了该病并命名。1959年法国细胞遗传学家J.Lejeune首先证实本病患者有47条染色体，病因是多了一个小的G组染色体（后来确定为21号），故命名为21三体综合征。据统计该病在活婴中的发病率为1/1000～2/1000，男性患儿多于女性，是儿童智力低下中最多见的一种，约占全部智力低下的10%～20%。我国每年约有27 000例唐氏综合征患儿出生，发病率随母亲生育年龄的增高而增高，尤其当母亲大于35岁时，发病率明显增高，如表7-1所示。

表7-1 母亲年龄与唐氏综合征的发病风险关系

母亲年龄	患儿的发生率
20～24岁	1/1800
25～29岁	1/1500
30～34岁	1/800
35～39岁	1/250
40～44岁	1/100
45岁～	1/50

这是由于女性出生时卵子已经发育，停留在减数分裂前期，从青春期起，每月有一枚卵细胞成熟并排出。当母亲年龄为35岁时，此时所排出的卵子也经历了35年的漫长时间，随女性身体的变化，卵子也经历了各种环境的影响和衰老，因而会发生同源染色体不分离的现象。而男性的精子形成一般仅仅需要70天左右，所以精子都是新生年轻的，时间短，受不良环境影响远远小于卵子。

临床特征：智力低下、发育迟滞，有特殊的痴呆面容，如鼻梁扁平、眼裂狭细向外上倾斜，两眼间距宽，内眦赘皮，外侧上斜，舌大而外伸，流涎，耳小，耳位低，耳郭畸形等；患者的皮肤纹理具有典型的变化，可以作为辅助诊断的依据。例如，单一指褶线、通贯掌（猿线）等；50%左右的患者具有先天性心脏畸形。男性患者可有隐睾，多不育，女性患者虽可生育，但能将此病遗传给后代（图7-7）。

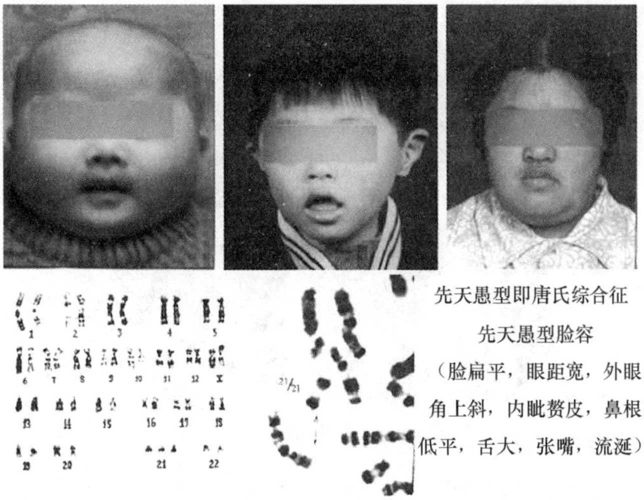

图 7-7　先天愚型患者及核型

根据染色体分析，唐氏综合征分为三种类型：

1. 21 三体型　核型为 47，XX（XY），+21，约占 95%，具有典型的临床表现。发病的主要病因是患儿的父母形成生殖细胞时，21 号染色体发生了不分离。大多数是由于母亲的初级卵母细胞在减数分裂时，21 号染色体发生了不分离而产生含有 2 条 21 号染色体的卵子，该卵子与正常精子结合而形成。

2. 嵌合型　核型为 46，XX（XY）/47，XX（XY），+21，占 1%～2%，其临床表现与异常核型的比例有关，异常核型不超过 9%，症状不明显，超过 25% 时，会表现出比标准型症状轻的临床表现。发病的病因是因为受精卵在早期卵裂中发生了不分离。

3. 易位型　核型常为 46，XX（XY），−14，+t（14；21）（p11；q11），占 3%～4%，患者核型中染色体总数为 46 条，少了一条 14 号染色体，多了一条 14 号和 21 号长臂形成的易位染色体，和标准型唐氏综合征临床表现相同。其双亲之一常为平衡易位携带者，减数分裂后可以形成 6 种配子，除了受精后不能继续发育者外，可以生出正常胎儿、易位型三体胎儿和平衡易位携带者胎儿。因此，在遗传咨询中，检出平衡易位携带者的双亲很重要。

（二）18 三体综合征（Edwards 综合征）

本病在 1960 年由 Edwards 等首先描述，故又称为 Edwards（爱德华）综合征。1961 年 Patau 证实该病是由于多了一条 18 号染色体造成的，故命名为 18 三体综合征。新生儿的发病率为 1/7500～1/3500，约有 95% 的 18 三体胎儿可能自发流产，存活者女性占多数，男女比例约为 1∶3。

临床特征：低体重患儿，生命力严重低下，发育如早产儿，吸吮差，反应弱，多发畸形，眼距宽，有内眦赘皮，耳畸形而低位，小颌，特殊姿势握拳，摇椅底足（又称船形足），90% 的病例有先天性心脏病，智能障碍，常早年夭折（图 7-8）。

患者核型 80% 为 47，XX（XY），+18；10% 患者为嵌合体，即为 46，XY（XX）/47，XY（XX），+18；其余为各种易位，主要是 18 号和 D 组染色体的易位。

18 三体综合征的发生，一般是由于患者母亲的卵母细胞在减数分裂时，18 号染色体发生了不分离所致，与母亲的年龄增大有关。

（三）13 三体综合征（Patau 综合征）

1960 年 Patau 首先描述本病，故本病又称为 Patau 综合征。新生儿中发病率约为 1/25 000，

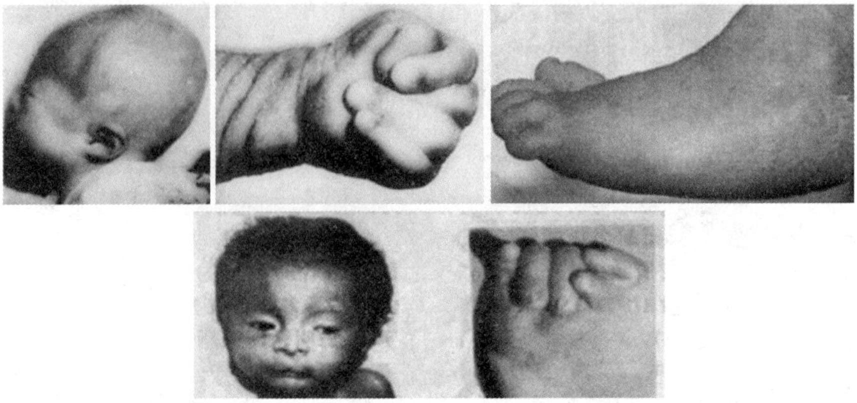

图 7-8　18 三体综合征患者

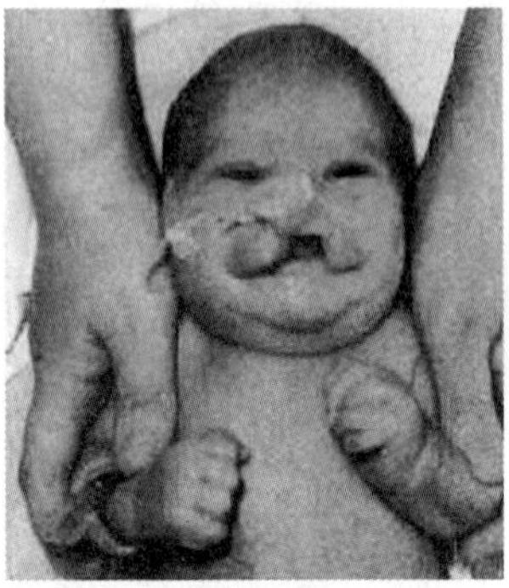

图 7-9　Patau 综合征患者示颡面和手的畸形

女婴明显大于男婴，发病率与母亲年龄增大有关。患儿的畸形和临床表现要比唐氏综合征严重得多（图 7-9）。90% 以上的 13 三体胚胎导致流产，出生后 1 个月内死亡的接近半数，绝大多数 6 个月内死亡，平均寿命为 130 天左右。

临床特征：颅面的畸形包括小头，前额、前脑发育缺陷，眼球小或无眼球，鼻宽而扁平，半数以上患儿有唇裂，并常有腭裂，耳位低，耳郭畸形，颌小，足跟向后突出及足掌中凸，形成所谓摇椅底足。男性常有阴囊畸形和隐睾，女性则有阴蒂肥大、双阴道、双角子宫等。智力发育障碍见于所有的患者，而且程度严重，存活较久的患儿还有癫痫样发作、肌张力低下等。

患者核型为 47，XX（XY），+13，占 80%，其余为嵌合型或易位型。嵌合型症状较轻，易位型通常以 13 和 14 号易位居多。

（四）猫叫综合征（5p⁻ 综合征）

本病在 1963 年首先由 Lejeune 描述，由于患婴的哭声轻而音调高酷似猫叫，故得名猫叫综合征。1964 年其被证实病因为第 5 号染色体短臂部分缺失所致，故又称为 $5p^-$ 综合征，是最常见的缺失综合征。新生儿发病率极低，约为 1/50 000，智力低下患儿中占 1%～1.5%。

临床特征：患儿在婴幼儿时期的哭声似猫叫，面部表情奇异机警，但智力极其低下（智商常低于 20），发育迟缓，满月脸，眼距过宽，内眦赘皮，下颌小，半数有先天性心脏病（图 7-10）。

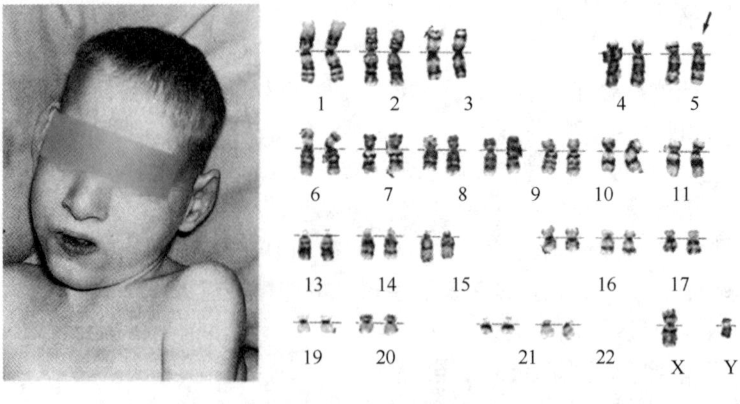

图 7-10　猫叫综合征患者及染色体

核型为46，XX（XY），del（5）（P15），断裂点主要在5号染色体短臂1区5带。本病产生原因是患者的父母之一在形成生殖细胞时，第5号染色体（5p15）有断裂现象，产生了第5号染色体短臂缺失的生殖细胞，该细胞受精后而发育成$5p^-$综合征。

二、性染色体病

当染色体畸变无论是数目畸变还是结构畸变发生在性染色体时所引起的疾病，我们称之为性染色体病。

（一）先天性睾丸发育不全综合征（Klinefelter综合征）

1942年Klinefelter等首先发现并描述了这一综合征，故又称Klinefelter综合征。1956年Bradbury在患者体细胞内发现X染色质阳性（亦称Barr小体），正常男性为阴性，1959年Jacob和Strong证实患者核型多为47，XXY，比正常男性多一条X染色体，本病的发病率占新生儿男性的1/1000～2/1000，是男性不育症中常见的一种。

临床特征：患者青春期出现症状，表现为身材高大，但不匀称。外生殖器发育不良，阴茎短小，睾丸小而质硬，无精子产生，不育。男性第二性征发育差，体毛稀少，大多数无胡须，无喉结，皮下脂肪发达，乳房发育，其体态、性情均表现趋于女性化（图7-11）。

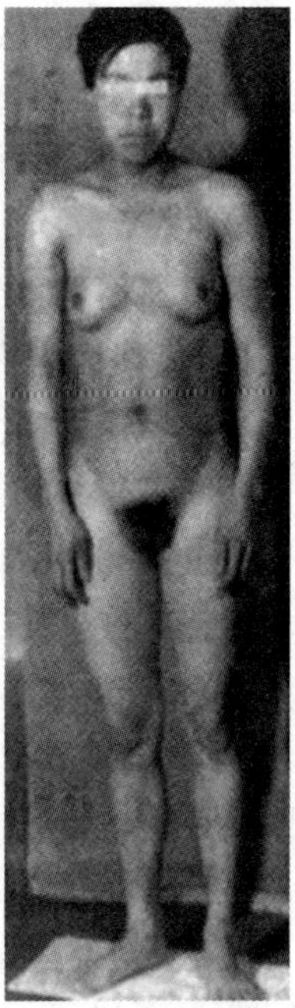

图7-11 先天性睾丸发育不全患者

核型大多为47，XXY，少数患者为46，XY/47，XXY的嵌合体。产生原因主要是患者双亲之一在生殖细胞形成过程中发生了性染色体不分离。分析表明，染色体不分离40%来自父亲，60%来自母亲。由于本症患者不育，所以也不会将多余的性染色体传给后代。

（二）先天性性腺发育不全（Turner综合征）

本病在1938年由Turner首先报道并命名，故又称Turner综合征。后来发现患者体内有条索状卵巢，无卵泡发生，因此又称为性腺发育不全。1954年Polani证实患者的X染色质阴性，1959年Ford证明其核型为45，X。

本病的发病率约为女婴的1/5000，自发流产率高，因此多见于流产儿。

临床特征：患者外观为女性，身材矮小（成年女性身高为120～140cm），后发际低，蹼颈，肘外翻，盾状胸，两乳间距宽，青春期乳腺仍不发育。性腺发育不全，卵巢萎缩呈条索状，原发性闭经，外生殖器呈幼稚型，阴毛和腋毛稀少，无生育能力（图7-12）。

核型为X单体，45，X，大约75%的染色体丢失发生在精子的形成过程中。部分患者为嵌合体，46，XX/45，X。

（三）XXX综合征

1959年Jacob首先发现1例47，XXX女性，又称为超雌综合征。患者核型多为47，XXX，也有嵌合型，即47，XXX/46，XX。

新生女婴的发病率约为1‰。多数具有三条X染色体的女性无论外形、性功能大都是正常的，约70%病例的青春期第二性征发育正常，也可以生育。另有少数患者有月经减少、卵巢功能低下，原发或继发闭经，过早绝经，乳房发育不良。1/3患者可伴有先天畸形，如先天性心脏病，部分精神缺陷，约有2/3患者智力低下（图7-13）。

（四）XYY综合征

1961年Sandburg等首次报道此病例。本病在男婴中的发生率约为1/900，身高在1.81～1.89m的男性中，发病率为1/200；身高在1.90～1.99m的男性中，发病率为1/30，发生频率有随着身高增加而增加的趋势。

临床特征：儿童中期生长加快，身材高大，多数为表型正常的男性，偶尔可见尿道下裂，隐睾，睾丸发育不全并伴有生精障碍和生育力下降等症状。有性格、行为异常，易兴奋，自我克制力差，易产生攻击性行为（图 7-14）。

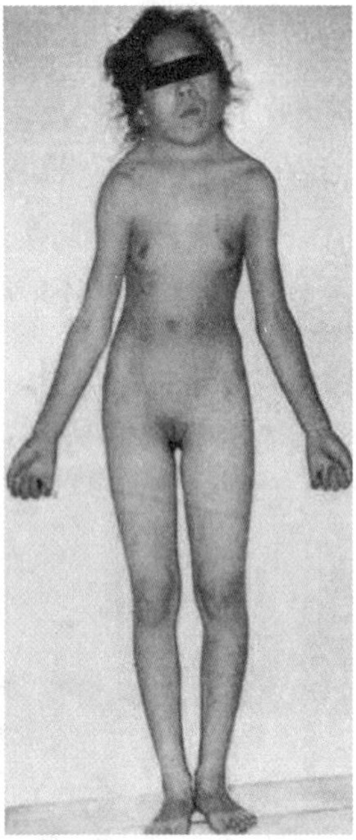

图 7-12　先天性性腺发育不全者

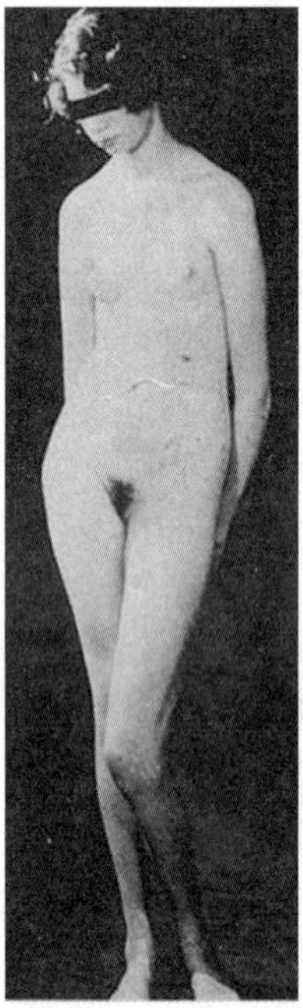

图 7-13　XXX 综合征

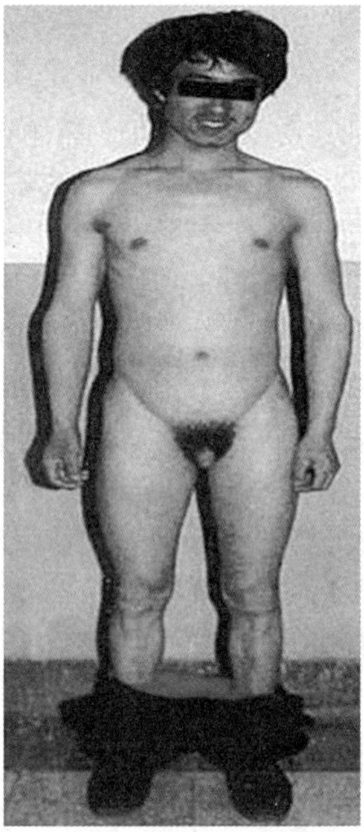

图 7-14　XYY 综合征

核型为 47，XYY，多余的 Y 染色体显而易见来自于父方，其精子形成过程中第二次减数分裂时发生了 Y 染色体的不分离。

（五）脆性 X 染色体综合征

1969 年 Lubs 在典型的智力低下患者家系中发现患者的 X 染色体有别于正常男性的 X 染色体，在长臂末端出现“溢沟”。并且在这一部位容易发生断裂丢失，故又称脆性部位。高分辨染色体显带表明脆性部位位点在 Xq27.3。因此这一病症又称为脆性 X 染色体综合征（fragile X chromosome）。

本病主要为男性发病，发病率为 1/250，女性为携带者。fra（X）患者核型可表示为 46，fraX（q27）Y。fra（X）的发生率约占 X 连锁智力发育不全病人的 1/3～1/2，在一般男性群体中，其检出率为 1/500，在收容所中为 1/100。其发生率仅次于唐氏综合征。

临床特征：男性患者多为中到重度的智力障碍（IQ 低于 50），语言障碍，大睾丸，常伴有方额、长脸、招风耳、下颌前突（图 7-15）。

由于女性有两条 X 染色体，故一般不会患病。但根据 Lyon X 染色体失活假说，女性杂合体也可能有极少数表现出轻度智力障碍。

（六）两性畸形

两性畸形是指某一个体在内外生殖器系统或第二性征等方面兼具两性的特征。通常是人类在性别分化和发育过程中由于遗传或者环境因素的影响，使性激素的分泌或者代谢发生紊乱，或者由于胚胎发育过程中受到异常激素的影响，导致性器官或者性征发育异常，产生两性畸形。如果患者体内既有男性性腺，又有女性性腺，则为真两性畸形；如果患者体内仅有一种，而外生殖器具有两性的特征，则为假两性畸形。

1. 真两性畸形 具有两种生殖腺，两种性腺可独立存在，也有两者融合而成的卵巢睾，外生殖器及第二性征不同程度地介于两性之间，或者倾向于某一性别。核型可能有三种类型：① 46，XX/46，XY；② 46，XX/47，XXY；③ 46，XY/45，X。此类患者确诊后，根据外生殖器特点进行手术矫正，一般原则是估计治疗后不能有男性功能时，可以向女性矫正，切除睾丸和进行必要的外阴整形等（图 7-16）。

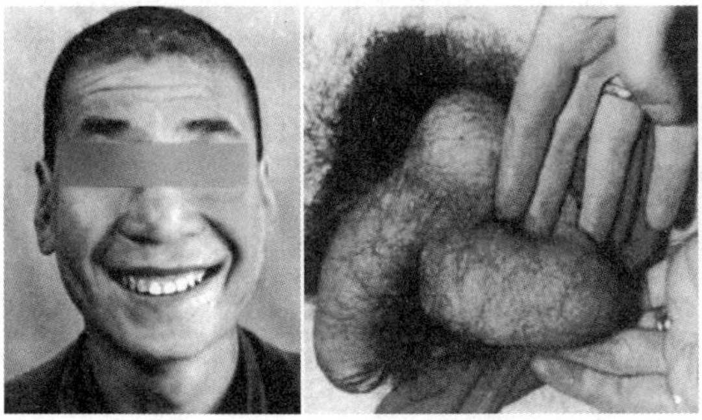

A B

图 7-15 脆性 X 染色体综合征

A. 患者大耳大额；B. 患者大睾丸

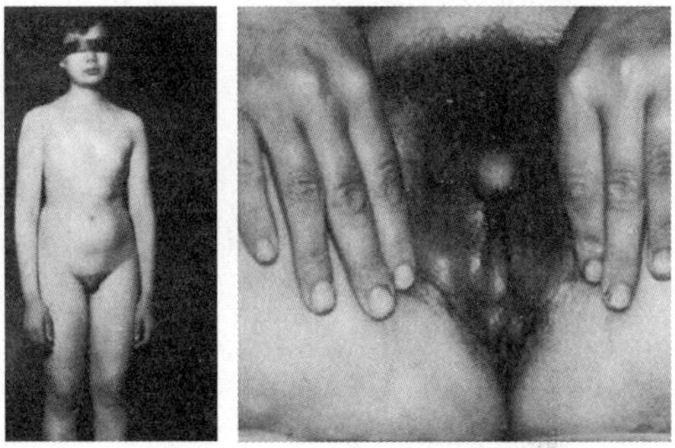

图 7-16 两性畸形患者及外生殖器（本例有阴茎和发育不良的阴道）

2. 假两性畸形 假两性畸形患者体内仅有一种性腺，但是外生殖器或第二性征兼有两性特征或者畸形。其产生原因一般是由于性发育过程中性激素水平异常或者雄激素受体缺乏而产生的假两性畸形。尽管疾病原因不是由于染色体异常导致，但是临床诊断时需要先做染色体核型分析，然后才能分析诊断。根据性腺的不同，可分为两种类型：

（1）男性假两性畸形：核型为 46，XY。X 染色质阴性，Y 染色质阳性，性腺为睾丸，外生殖器和副性征呈女性特征，睾丸女性化较为常见，外生殖器似女性，有阴道开口，阴囊深度分裂如大阴唇，睾丸发育不良，乳房发育似女性。

（2）女性假两性畸形：核型为 46，XX。X 染色质阳性，Y 染色质阴性。性腺为卵巢，外生殖器和副性征呈男性特征，先天性肾上腺性征异常，阴蒂肥大似阴茎，第二性征发育有男性化倾向，有胡须，乳房不发育。

小 结

细胞内染色体数目与结构的改变称为染色体畸变，由染色体畸变所导致的疾病称为染色体病。染色体畸变分为染色体数目和结构上的改变，这些改变可以引起多种染色体病的发生。作为最常见的一种智力低下的染色体病，先天愚型患者的核型主要表现为不同类型的 21 三体型。猫叫综合征患者由于染色体发生缺失，表现为猫叫似的哭叫声。性染色体的畸变亦可引起性功能障碍（男女的不孕不育症），第二性征的差异等，例如，Turner 综合征、Klinefelter 综合征和脆性 X 染色体综合征等。染色体病的严重危害性让人们意识到产前诊断和优生的重要性。

目标检测

一、名词解释

1. 嵌合体　　2. 缺失

二、填空题

1. 整倍体畸变中三倍体的形成原因是____和____，非整倍体的形成原因主要是____和____。
2. Turner 综合征的核型为_____。

三、选择题

1. 如果在某体细胞中染色体的数目在二倍体的基础上增加一条可形成（　　）
   A. 单倍体　　B. 三倍体
   C. 单体型　　D. 三体型
   E. 部分三体型
2. 近端着丝粒染色体之间通过着丝粒融合而形成的易位称为（　　）
   A. 单方易位　　B. 衔接易位
   C. 罗伯逊易位　　D. 复杂易位
   E. 不平衡易位
3. 某一个体其体细胞中染色体的数目比二倍体多了 3 条，称为（　　）
   A. 亚二倍体　　B. 超二倍体
   C. 多倍体　　D. 嵌合体
   E. 三倍体
4. 嵌合体形成的原因可能是（　　）
   A. 卵裂过程中发生了同源染色体的错误配对
   B. 卵裂过程中发生了联会的同源染色体不分离
   C. 生殖细胞形成过程中发生了染色体的丢失
   D. 生殖细胞形成过程中发生了染色体的不分离
   E. 卵裂过程中发生了染色体丢失
5. 46，XY，t（4；6）（q35；q21）表示（　　）
   A. 某女性细胞内发生了染色体的插入
   B. 某男性细胞内发生了染色体的易位
   C. 某男性细胞带有等臂染色体
   D. 某女性细胞内带有易位型的畸变染色体
   E. 某男性细胞含有缺失型的畸变染色体
6. 若某一个体核型为 46，XX/47，XX，+21 则表明该个体为（　　）
   A. 常染色体数目异常的嵌合体
   B. 常染色体结构异常
   C. 性染色体结构异常
   D. 性染色体数目异常的嵌合体
   E. 常染色体结构异常的嵌合体
7. 唐氏综合征为_______染色体数目畸变。
   A. 单体型　　B. 三倍体
   C. 单倍体　　D. 三体型
   E. 多倍体
8. Klinefelter 综合征患者的典型核型是（　　）
   A. 45，X
   B. 47，XYY
   C. 47，XXY
   D. 47，XY（XX），+21
   E. 47，XY（XX），+14

四、简答题

1. 简述染色体结构畸变的类型。
2. 简述脆性 X 染色体综合征的临床表现。

（刘凌霄）

第 8 章　线粒体遗传病

线粒体是细胞中物质氧化的主要场所和能量供给中心，其内膜上富含呼吸链——氧化磷酸化系统酶复合体，可通过电子传递和氧化磷酸化生成 ATP，为细胞提供各种生命活动所需要的能量。线粒体内含有 DNA 和转译系统，能够相对独立地进行复制、转录和翻译。一个细胞内通常有数百个线粒体，每个线粒体内含的 2～10 个 DNA 分子称为 mtDNA，因此每个细胞有数千个 mtDNA。1981 年 Anderson 等完成了人类线粒体 DNA 的全部核苷酸序列（称剑桥序列）的测定。近年来，人们发现线粒体 DNA 突变与许多人类疾病有关，因而，mtDNA 已成为分子遗传学和临床医学所关注的一个热点。

第 1 节　mtDNA 的结构与遗传特征

一、mtDNA 的结构

人的 mtDNA 是由 2 条 DNA 单链组成的环状闭合分子，全长为 16 569bp，不与组蛋白结合，呈裸露闭环双链状。外环含 G 较多，称重链（H 链），内环含 C 较多，称轻链（L 链）。mtDNA 结构紧凑，没有内含子，唯一的非编码区是约 1000bp 的 D- 环区，内含 2 个启动子。线粒体基因组共含 37 个基因，编码 13 种多肽、22 种 tRNA 和 2 种 rRNA。与核 DNA 不同的是，线粒体 DNA 的 2 条链是单独参与转录、翻译的，其中 H 链编码 12 种多肽、2 种 rRNA（12SrRNA 和 16SrRNA）和 14 种 tRNA；而 L 链仅编码 1 种多肽、8 种 tRNA。mtDNA 具有两个复制起始点，分别起始复制 H 链、L 链（图 8-1）。

考点：mtDNA 的遗传学特征

二、mtDNA 的遗传学特征

（一）半自主性

mtDNA 编码线粒体中部分蛋白质和全部的 tRNA、rRNA，能够独立自主地复制、转录和翻译，但维持线粒体结构和功能的大部分蛋白质是由核 DNA 编码的，故其功能又受核基因的影响。因此线粒体是一种半自主细胞器，受线粒体基因组和核基因组两套遗传系统共同控制（图 8-2）。

（二）遗传密码与通用密码不完全相同

在线粒体遗传密码中，有多个密码子与核基因的通用密码不同（表 8-1）。

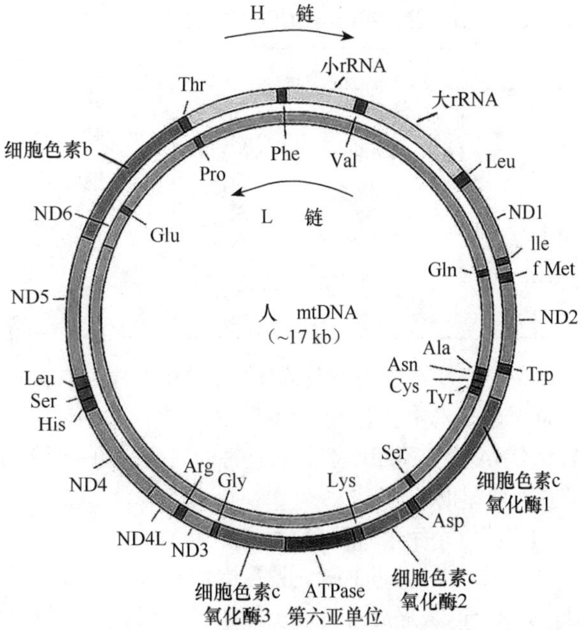

图 8-1　人类 mtDNA 结构示意图

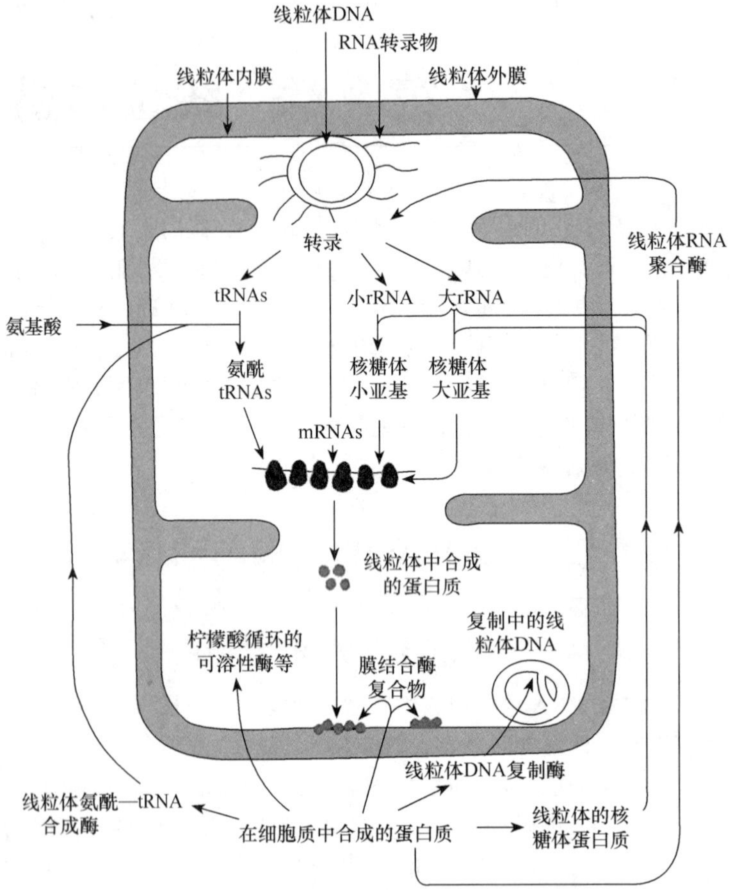

图 8-2 mtDNA 与核 DNA 的协同作用

表 8-1 线粒体遗传密码与通用密码的区别

密码子	核 DNA	mtDNA
UGA	终止	色氨酸
AGA，AGG	精氨酸	终止
AUA	异亮氨酸	甲硫氨酸
AAA	赖氨酸	天冬酰胺
CUU，CUC，CUA，CUG	亮氨酸	苏氨酸

（三）母系遗传

线粒体存在于细胞质中，在精卵结合时，受精卵的细胞质几乎完全来自卵子，所以只有女性能将其 mtDNA 传递给下一代，这种遗传方式称为母系遗传（maternal inheritance）（图 8-3）。

（四）高突变率

mtDNA 处于氧自由基的包围之中，缺少组蛋白的保护，同时线粒体缺乏 DNA 损伤修复系统，因而 mtDNA 的突变率比核 DNA 高 10～20 倍。高突变率造成个体及群体中 mtDNA 序列有极大的差异，任何两个人的 mtDNA，平均每 1000 个碱基对中就有 4 个不同。人群中存在多种中性到中度有害的 mtDNA 突变，且高度有害的 mtDNA 突变不断增多。但有害的突变会通过选择而消除，故线粒体遗传病并不常见，突变的基因型却很普遍。

（五）同质性与异质性

同质性（homogeneity）是指同一组织或细胞中具有相同 mtDNA 的现象。异质性（heterogeneity）是指同一组织或细胞中有具有不同 mtDNA 的现象。在有丝分裂和减数分裂时异质性细胞中的 mtDNA 进行复制，分离后随机分配到子代细胞，使子代细胞中的突变型和野生型

mtDNA 的比例发生改变，称为复制分离。经过多次分裂后，异质性细胞中的突变型 mtDNA 和野生型 mtDNA 的比例会发生漂变，向同质性方向发展。人类的每个卵母细胞中大约有 10 万个 mtDNA，经过减数分裂后只有随机的 2～200 个进入成熟卵细胞，这种现象称为遗传瓶颈效应。遗传瓶颈效应限制了下传的 mtDNA 的数量及种类，造成子代个体的异质性差异。通过"瓶颈"的 mtDNA 复制、扩增，构成子代的 mtDNA 种群类型。因此，即使核基因组完全相同的个体，如一卵双生，也可具有不同的细胞质基因型，从而表型有所不同。

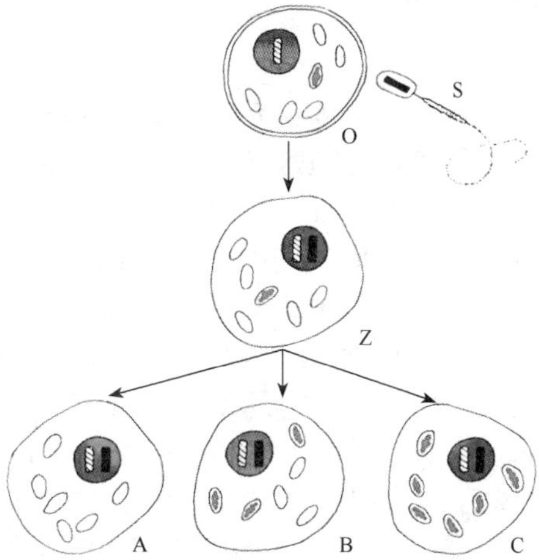

图 8-3　线粒体的母系遗传
O：卵子；S：精子；A、B、C：子代细胞；
深色为突变线粒体

（六）阈值效应

mtDNA 突变对表型的影响取决于细胞中突变型 mtDNA 和野生型 mtDNA 的相对比例以及该种组织对线粒体的依赖程度。突变 mtDNA 的数目达到某种程度时，可引起组织器官的功能异常，称为阈值效应。当 mtDNA 突变，ATP 产生减少，低于维持各组织、器官正常功能最低值时，临床就有异常表现。女性携带者因细胞中突变 mtDNA 未达到阈值或因核基因的影响而未发病，但可将突变 mtDNA 向后代传递，由于异质性和阈值效应，子女中得到较多突变 mtDNA 者将发病，得到较少突变 mtDNA 者不发病或病情较轻。另外，不同组织和器官对能量的依赖程度不同，如脑、骨骼肌、心脏、肾、肝等，对能量的依赖性渐次降低，受损程度一般也渐次减轻。

第 2 节　mtDNA 突变与人类疾病

一、线粒体基因突变类型

（一）错义突变

错义突变指编码 13 种多肽的基因发生的置换突变。由于这 13 种多肽大多是呼吸酶的亚单位及 ATP 酶的亚单位，所以这些突变与脑、脊髓、神经疾病有关，如 Leber 遗传性视觉神经病、神经肌肉疾病。

（二）蛋白质生物合成基因突变

蛋白质生物合成基因突变指线粒体 tRNA 基因突变，突变导致 tRNA 携带氨基酸的功能改变，使蛋白质合成功能受到影响，如线粒体脑病肌病伴乳酸中毒及中风样发作综合征等。

（三）缺失插入突变

缺失突变更为多见，mtDNA 缺失发生的原因往往由于 mtDNA 的异常重组或在复制过程中异常滑动所致，存在于许多神经性疾病及一些退化性疾病中，如 KSS 综合征。

（四）拷贝数目突变

拷贝数目突变指 mtDNA 拷贝数太少引起呼吸障碍或乳酸中毒等，仅见于一些致死性婴儿呼吸障碍、乳酸中毒或肾衰竭的病例。

无论上述哪种类型的突变，实际上都会削弱线粒体产生能量的功能，进而影响这些组织器官的功能。同时，氧化磷酸化过程中的 5 种酶复合物是由 mtDNA 和核 DNA 共同编码的，因此编码这些酶的核基因突变也可以产生类似线粒体遗传病的症状。

二、线粒体遗传病

线粒体遗传病（mitochondriopathy）是指因 mtDNA 突变引起的线粒体代谢酶的缺陷，导致 ATP 合成障碍、能量来源不足而出现的一组多系统疾病，也被称为线粒体细胞病（mitochondriopathy）。每个细胞中线粒体 DNA 拷贝数目可多达数千，每个线粒体中有若干个 DNA 分子。因此，由线粒体 DNA 突变所引起的细胞病变就不可能像核 DNA 突变引起的细胞病变那么简单。缺失多发生于体细胞中，引起的疾病常为散发，无家族史。突变 mtDNA 随年龄增长在组织细胞中逐渐积累，故诱发的疾病在一定的年龄阶段表现并进行性加重。mtDNA 缺失的大小、位置与疾病的生化表现和严重程度是否相关尚无定论；发生在生殖细胞中的 mtDNA 突变引起母系家族性疾病。对 mtDNA 分子病理学的研究证实，mtDNA 突变在许多疾病中存在，包括具有母系遗传特征的疾病和中老年时发病的一些退化性疾病，甚至衰老本身。从目前研究来看，由 mtDNA 突变引起的线粒体病主要涉及神经系统和肌肉组织。如果病变以中枢神经系统为主，称为线粒体脑病，如 Leber 遗传性视神经病、帕金森病；如果病变以骨骼肌为主，称为线粒体肌病，如线粒体心肌病；如果病变同时侵犯中枢神经系统和骨骼肌，则称为线粒体脑肌病，如肌阵挛性癫痫伴碎红纤维病。另外，尚有大量中间类型。目前还发现 2 型糖尿病、肿瘤、冠心病及衰老等也与线粒体功能障碍有关。线粒体疾病通常累及多个系统，表现型有高度差异。下面介绍其中几种：

（一）Leber 遗传性视神经病

Leber 遗传性视神经病（Leber hereditary optic neuropathy，LHON）是被证实的第一种母系遗传疾病，至今尚未发现一个男性患者将此病传给后代。LHON 为一种双侧视神经严重萎缩引起的急性或亚急性双侧中心视力丧失，可伴有神经、心血管、骨骼肌等系统异常，如头痛、癫痫及心律失常等。男女病人比例为 5∶1，好发年龄为 18～30 岁。

诱发 LHON 的 mtDNA 突变均为点突变。1988 年，Wallace 最先发现 mtDNA 的 11778G→A 的点突变导致编码 NADH 脱氢酶亚单位 4（ND4）中第 340 位的 Arg→His，从而影响线粒体能量的产生，大约 50% 的 LHON 病例由该位点突变引起。除此之外还发现 10 多个点突变可导致该病的发生，它们分布于 ND1、ND2、ND3、ND4、ND6、Cytc 基因位点内。利用 mtDNA 的 11 778 点突变可对 50% 的 LHON 家系进行基因诊断。

（二）神经病伴共济失调和视网膜色素变性

神经病伴共济失调和视网膜色素变性（neuropathy，ataxia，and retinitis pigmentosa，NARP）是一种罕见的异质性线粒体病，该病临床症状为发育迟缓、肌无力、痴呆、抽搐、视网膜色素变性和感觉功能减退。发病原因是线粒体 ATP6 基因 8993 位置发生突变，当突变基因的异质性水平达到 70%～90% 时，就会出现上述症状；如果 8993 位置突变的异质性超过 90%，就会发生一种致命的疾病，称 Leigh 综合征（LS）。LS 发生于婴儿期，主要病理学特征是基底神经节和脑干部神经元细胞退化。

（三）肌阵挛性癫痫伴碎红纤维病

肌阵挛性癫痫伴碎红纤维病（myoclonus epilepsy and ragged-red fibers，MERRF）是一种异质性母系遗传病。临床症状表现为：骨骼肌不自主阵挛，全身性的强直 - 阵挛发作与失神发作，轻度痴呆、耳聋，晚期出现精神异常。该病 90% 是由于 mtDNA 的 8334 A→G 点突变引起的，突变位于赖氨酸特异环，导致线粒体蛋白质翻译障碍。

（四）线粒体脑肌病伴乳酸中毒及中风样发作综合征

线粒体脑肌病伴乳酸中毒及中风样发作综合征（mitochondrial encephalo-myopathy with lactic acidosis and stroke-like episodes, MELAS）是一种常见的母系遗传病。约 80% 患者的

mtDNA 编码 tRNA 的基因 3243 位点存在 A→G 点突变，也有其他位点突变，使得 mtDNA 转录活性降低并影响线粒体功能。主要是丙酮酸代谢受影响，大量丙酮酸生成乳酸积累在血液与体液中，导致丙酮酸中毒。患者常在 40 岁以前出现如下异常：突发呕吐、复发性休克、肌肉组织病变等，少数患者伴痴呆、耳聋、偏头痛、肌无力等。MELAS 患者在脑和肌肉的小动脉和毛细血管壁中有大量形态异常的线粒体。

（五）非胰岛素依赖性糖尿病

2 型糖尿病患者具有明显的遗传背景，其中部分患者糖尿病的发生与线粒体基因的突变有关，mtDNA 点突变或缺失可选择性地破坏 B 细胞，导致特殊类型糖尿病中的 B 细胞遗传性缺陷疾病。

mtDNA 突变可通过以下机制诱导糖尿病：①胰脏 B 细胞能感受血糖值，以葡萄糖为底物产生 ATP，影响 K^+ 通道，进一步借助电位感受性的 Ga^{2+} 通道使其分泌胰岛素。突变使 B 细胞变得不能感受血糖值，呼吸链复合体酶活性下降，ATP 合成不足，胰岛素分泌降低。②使 B 细胞不稳定性增高，诱发自身免疫介导的 B 细胞损坏。③导致糖原异生增加。④使脂肪细胞对胰岛素的反应减弱，糖耐量减退，出现高血糖。

（六）线粒体心肌病

线粒体心肌病累及心脏和骨骼肌，病人常有严重的心力衰竭，临床表现为劳动性呼吸困难，心动过速，全身肌无力伴全身严重水肿，心脏和肝脏增大等症状。

mtDNA 的突变与缺失与某些心肌病有关，例如，位于 ATP 酶 6 和 D 环区之间有长达 7.5kb 的缺失，另外 3260 位点的 A→G 突变可引起母系遗传的线粒体疾病和心肌病；4977 位点的缺失多见于缺血性心脏病、冠状动脉粥样硬化性心脏病等；扩张性心肌病和肥厚性心肌病均可见 7436 位点的缺失等。

心肌细胞内 mtDNA 突变发生率将随年龄增大而升高，这种趋势在 35 岁以后更明显。这是由于年老后冠状动脉硬化，使心肌缺血缺氧，mtDNA 易发生突变，突变后线粒体功能受到影响，从而反过来加重心肌缺氧，呈恶性循环趋势。

（七）Kearns–Sayre 综合征和慢性进行性眼外肌瘫痪

Kearns-Sayre 综合征（Kearns-Sayre syndrome，KSS）和慢性进行性眼外肌瘫痪（chronic progressive external ophthalmoplegia，CPEO）是同一疾病的两种不同类型，CPEO 患者以眼外肌麻痹为主要症状，伴眼睑下垂、四肢无力，常在青春期或成年发病；KSS 除进行性眼肌麻痹外，还具有色素视网膜炎、心脏传导功能障碍、听力丧失、共济失调、痴呆等症状，常在婴儿、儿童或青春期发病。

KSS 和 CPEO 主要是由于 mtDNA 的缺失引起的，缺失类型多样，一般缺失长度为 0.5～8kb，最常见的类型是 5.0kb 的“普遍缺失”。缺失部位多发生在重链和轻链两个复制起始点之间，缺失区两侧有同向重复序列。缺失的 mtDNA 具有明显的复制优势，突变型 >60%，可抑制线粒体翻译，使酶活性下降。由于涉及多个基因的缺失，患者可出现不同程度的线粒体蛋白质合成缺陷，影响四种呼吸链复合体。此外，偶尔可见的 8334 位点（tRNALeu）与 3242 位点（tRNALeu）的点突变也可引起 CPEO。

KSS 和 CPEO 病情严重程度取决于缺失型 mtDNA 的异质性水平和组织分布。异质性程度低时，仅表现为眼外肌麻痹，肌细胞中缺失型 mtDNA>85% 时，表现为严重的 KSS。

三、其他与线粒体基因有关的病变

（一）衰老

线粒体病的迟发和渐进过程提示线粒体功能随着年龄的增加而退化，在正常生理状态下，机体自身的防御系统（如超氧化物歧化酶、过氧化氢酶、过氧化物酶、维生素 C 等）

可及时清除能量代谢过程中产生的氧自由基。在个体衰老进程中，抗氧化防御系统作用减弱，线粒体内自由基不能有效地清除而累积，从而导致线粒体的氧化性损伤，包括生物膜损伤、破坏核苷酸类辅酶及 mtDNA 损伤等。

研究证实，衰老与线粒体氧化磷酸化酶活性降低及分裂终末的组织中突变 mtDNA 积累密切相关。mtDNA 突变类型包括缺失、点突变、插入、重复等，在衰老组织中可几种同时存在，大大增加突变型 mtDNA 的比例。突变型 mtDNA 可累及脑、心肌、肝、肾、肺、骨骼肌、皮肤、卵巢、精子等多种组织器官，积累到一定程度时，线粒体发生生物学变化，生成的能量低于维持正常细胞功能的阈值，致使细胞死亡，引起衰老和多种老年退化性疾病。

（二）帕金森病

帕金森病（Parkinson disease，PD）又称震颤麻痹，是一种晚年发病的神经系统变性疾病，患者表现为运动失调、震颤、动作迟缓等，少数病人有痴呆症状。帕金森病患者的脑组织特别是黑质中存在一段 4977bp 长度的 DNA 缺失，缺失区域从 ATPase8 基因延续到 ND5 基因，结果导致多种组织细胞内的线粒体复合体Ⅰ、Ⅱ、Ⅲ甚至Ⅳ都存在功能缺陷，进而引起神经元中能量代谢障碍。帕金森病往往在中年以后发病，可能是由于 mtDNA 突变有累加效应所致。

（三）肿瘤

有些因素的作用可使 mtDNA 游离出线粒体膜外（如细胞内线粒体受损伤崩解），而细胞内核酸降解酶活性下降，不能有效地清除游离于胞质中的 mtDNA 分子，mtDNA 有可能像致瘤病毒那样通过核膜，随机整合到核 DNA 中，激活原癌基因或抑制抗癌基因，使细胞增殖分化失控，导致癌变。

（四）冠心病

在冠状动脉狭窄、心肌细胞缺血和反复出现低血氧时，可使 mtDNA 出现不可逆损害，产生永久性心肌细胞氧化功能障碍，因此心肌缺血与 mtDNA 突变互为因果关系。冠心病患者 mtDNA 5.0kb 片段的缺失是正常人的 7～220 倍，7.4kb 片段和 10.4kb 片段的缺失率也比正常人高。

一个娃能有两个亲生母亲

据报道美国俄勒冈健康科技大学的科学家们首次成功培育出包含 2 名女子和 1 名男子遗传基因的胚胎，他们一共培育出大约 12 个拥有一父两母的人类早期胚胎。培育方法即将一个未受精的卵子的细胞核取出，植入另一个已经事先取出细胞核的卵子内，再将这个卵子人工授精，培育成胚胎，从生物学上说，这些胚胎拥有一个父亲和两个母亲。在美国每年 5000 个孩子中大约有一个会因线粒体 DNA 问题患上遗传疾病，其症状表现包括脑卒中、痴呆、失明、耳聋、肾衰竭及心脏病等。所以如果这种替换卵子线粒体 DNA 的技术能够被投入实际应用，将在预防遗传疾病方面发挥重大作用。然而这种技术也引发了激烈的伦理道德争论。

链接

小 结

本章详细介绍了线粒体基因组的结构特点和线粒体 DNA 的遗传学特征、线粒体 DNA 突变的类型，以及一些常见的人类线粒体遗传病。线粒体是细胞内相对独立而且重要的能量转换细胞器，内含 DNA 分子。线粒体是一种半自主细胞器，受线粒体基因组和核基因组两套遗传系统共同控制。线粒体的遗传特点表现为非孟德尔遗传方式。线粒体 DNA 编码线粒体中部分蛋白质和全部的 tRNA、rRNA。绝大部分蛋白质亚基和其他维持线粒体结构与功能的蛋白质都依赖于核 DNA 编码。因此，核 DNA 与线粒体 DNA 基因突变均可导致线粒体病。线粒体 DNA 突变引起人类的疾病，已日渐受到人们的重视。

目标检测

一、名词解释

1. 线粒体病　　2. 母系遗传
3. 阈值效应

二、填空题

1. 线粒体是细胞中能量______和______的场所，它提供生命活动所需要的能量。
2. 线粒体是一种半自主细胞器，受________和______两套遗传系统共同控制。
3. 线粒体基因组全长________bp，不与组蛋白结合，呈裸露________，重链富含________，轻链富含________。
4. mtDNA 含有 37 个基因，编码________种多肽，________种 tRNA 和________种 rRNA。
5. 线粒体疾病主要指_______突变所导致的疾病。编码线粒体蛋白的核 DNA 突变也可引起线粒体病，但这类疾病表现为_______遗传方式。
6. 在精卵结合的受精过程中，合子中几乎所有的 mtDNA 都来自于________。
7. 线粒体遗传病的传递方式不符合孟德尔遗传定律，而是表现为________，即母亲将 mtDNA 传递给她的儿子和女儿，但只有________能将其 mtDNA 传递给下一代。

三、选择题

1. 下列关于线粒体遗传的叙述，不正确的是（　　）
   A. 线粒体遗传同样是由 DNA 控制的遗传
   B. 线粒体遗传的子代性状受母亲影响
   C. 线粒体遗传是细胞质遗传
   D. 线粒体遗传同样遵循基因的分离规律
   E. 线粒体遗传的表现度与突变型 mtDNA 的数量有关
2. 符合 mtDNA 结构特点的是（　　）
   A. 全长 61 569bp
   B. 与组蛋白结合
   C. 呈闭环双链状
   D. 重链（H 链）富含嘌呤
   E. 轻链（L 链）富含嘧啶
3. mtDNA 中编码 mRNA 基因的数目为（　　）
   A. 37 个　　B. 22 个
   C. 17 个　　D. 13 个
   E. 2 个
4. 下列关于线粒体异质性的描述不正确的是（　　）
   A. 可分为序列异质性和长度异质性
   B. 同一细胞甚至同一线粒体内有不同的 mtDNA 拷贝
   C. 同一个体在不同的发育时期产生不同的 mtDNA
   D. 不同组织中异质性水平的比率和发生率各不相同
   E. mtDNA 的异质性仅表现在编码区
5. mtDNA 高突变率的原因不包括（　　）
   A. 缺乏有效的修复能力　B. 基因排列紧凑
   C. 易受氧化损伤　　D. 缺乏组蛋白保护
   E. 复制频率过低
6. 不同的组织器官对能量的依赖程度依次为（　　）
   A. 中枢神经系统＞骨骼肌＞心脏＞胰腺＞肾脏＞肝脏
   B. 肝脏＞心脏＞中枢神经系统＞骨骼肌＞胰腺＞肾脏
   C. 骨骼肌＞肝脏＞心脏＞中枢神经系统＞胰腺＞肾脏
   D. 心脏＞肝脏＞中枢神经系统＞骨骼肌＞胰腺＞肾脏
   E. 心脏＞中枢神经系统＞骨骼肌＞肝脏＞胰腺＞肾脏
7. 线粒体疾病随年龄渐进性加重是因为（　　）
   A. 突变 mtDNA 积累　B. 机体免疫能力减退
   C. 对能量的需求增加　D. 异质性漂变
   E. mtDNA 的突变率激增
8. 发病具有性别差异，一般男性患者人数是女性患者 5 倍的疾病是（　　）
   A. 遗传性小脑性运动共济失调
   B. Leber 遗传性视神经病
   C. 红绿色盲
   D. 抗维生素 D 佝偻病
   E. 唐氏综合征

四、简答题

1. 说明线粒体的遗传特点。
2. 简述人类线粒体基因组的结构和功能。

（杨　翔）

第9章　生化遗传学

生化遗传学（biochemical genetics）是研究遗传物质的理化性质，以及对蛋白质生物合成和机体代谢调节控制的学科。人类生化遗传学的研究将最终阐明人类遗传的一些本质问题，包括人类的基因及其对蛋白质合成的控制，以及蛋白质（或酶）的多态现象及其起因。人类的一切形态特征和生理生化特性都是通过基因控制蛋白质（或酶）的合成而决定的。基因发生突变，改变多肽链的质和量，导致蛋白质发生缺陷而引起的疾病称为生化遗传病（biochemical genetics disease）。这类疾病分为分子病和酶蛋白病（遗传性代谢缺陷）。

第1节　分　子　病

分子病（molecular disease）的概念由Pauling于1949年在研究镰形细胞贫血症时首先提出，是由遗传性基因突变或获得性基因突变使蛋白质的分子结构或合成量的异常直接引起机体功能障碍的一类疾病。它包括血红蛋白病、血浆蛋白病、结构蛋白缺陷、受体病、膜转运载体蛋白病、免疫球蛋白缺陷和胶原蛋白病等。近年来随着现代医学进入分子医学时代，一些非遗传性疾病也列入分子病之中。

一、血红蛋白病

血红蛋白（hemoglobin，Hb）是红细胞中具有重要生理功能的蛋白质，血红蛋白分子结构或合成量异常引起的疾病称为血红蛋白病（hemoglobinopathy）。习惯上将其分为异常血红蛋白病和地中海贫血（珠蛋白生成障碍性贫血）两大类。异常血红蛋白病表现为血红蛋白的珠蛋白肽链结构异常；而地中海贫血是珠蛋白肽链合成速率降低，导致α链和非α链合成不平衡，在临床上表现为溶血性贫血。上述两类疾病的分子机制是相同的，都是珠蛋白基因突变或缺陷所致。全世界至少有1.5亿人携带血红蛋白病基因，主要分布在非洲、地中海地区和东南亚，我国南方为高发区。

（一）正常血红蛋白分子的结构及发育变化

1. 血红蛋白的分子结构　血红蛋白是血液中红细胞运输氧气和二氧化碳的载体。它是一种由珠蛋白肽链和血红素辅基构成的结合蛋白。珠蛋白肽链分为类α链和类β链，类α链包括α链和ζ链，由141个氨基酸组成；类β链包括ε、$^{G}\gamma$、$^{A}\gamma$、β和δ链，由146个氨基酸组成。一条珠蛋白肽链和一个血红素辅基结合构成一个单体，血红蛋白分子是由两对单体（亚基）组成的四聚体，其中一对单体由两条相同的类α链各结合一个血红素组成；另一对单体则由两条相同的类β链各结合一个血红素组成（图9-1）。

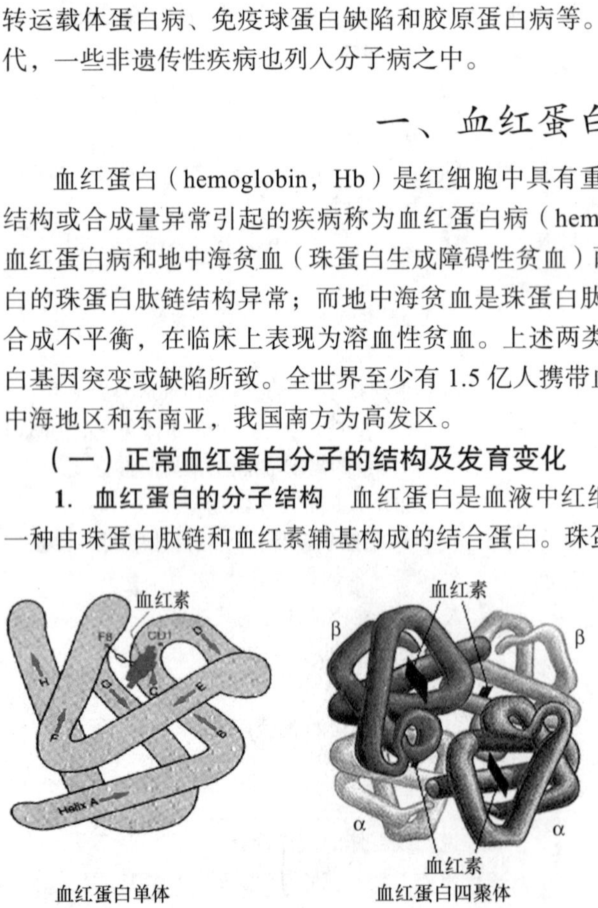

图9-1　血红蛋白的结构

在人类个体发育的不同阶段，类

α 链和类 β 链的不同组合，构成了人类常见的六种血红蛋白（表 9-1）。

表 9-1 正常人体血红蛋白

发育阶段	血红蛋白	分子组成
胚胎	Gower Ⅰ	$\zeta_2\varepsilon_2$
胚胎	Gower Ⅱ	$\alpha_2\varepsilon_2$
胚胎	Portland	$\zeta_2{}^G\gamma_2$、$\zeta_2{}^A\gamma_2$
胎儿（8 周至出生）	F	$\alpha_2{}^G\gamma_2$、$\alpha_2{}^A\gamma_2$
成人	A（95%）	$\alpha_2\beta_2$
成人	A_2（2%～3.5%）	$\alpha_2\delta_2$
成人	F（小于 1.5%）	$\alpha_2{}^G\gamma_2$、$\alpha_2{}^A\gamma_2$

六种血红蛋白先后出现，其合成呈现严格的消长，有规律地相应更替。在胚胎发育早期，首先合成 ζ 链和 ε 链，大约同时或稍晚合成 α 链和 γ 链。由这些肽链组合成胚胎血红蛋白：Hb Gower Ⅰ（$\zeta_2\varepsilon_2$）、Hb Gower Ⅱ（$\alpha_2\varepsilon_2$）、Hb Portland（$\zeta_2\ \gamma_2$）及胎儿血红蛋白 HbF（$\alpha_2\ \gamma_2$），HbF 是胎儿期的主要血红蛋白。胚胎发育到第 8 周时开始合成 β 链，36 周以后 β 链合成速率迅速增高，γ 链合成速率降低；出生后不久大致合成等量的 β 链和 γ 链；出生后 3 个月 β 链合成速率加快，γ 链合成迅速降低，所以成人血中 HbF 含量极少（少于 1.5%），主要是 HbA（95%），其次是 HbA_2（$\alpha_2\delta_2$，2%～3.5%）。

2. 珠蛋白基因及其表达特点 人类珠蛋白基因分为两类：一类是类 α 珠蛋白基因簇，包括 ζ 和 α 基因；另一类是类 β 珠蛋白基因簇，包括 ε、γ（$^G\gamma$、$^A\gamma$）、δ 和 β 基因。类 α 珠蛋白基因簇位于 16 号染色体短臂上（16p13.33—p13.11）。每条 16 号染色体上有 2 个 α 基因，1 个 ζ 基因及假基因。按 5′→3′ 方向的排列顺序是：5′-ζ_2—$\psi\zeta_1$—$\psi\alpha_1$—α_2—α_1— θ -3′（图 9-2）。类 β 珠蛋白基因簇位于 11 号染色体短臂（11p15.5），按 5′→3′ 方向的排列顺序是：5′-ε—$^G\gamma$—$^A\gamma$—ψβ—δ—β-3′（图 9-3）。每个能表达的珠蛋白基因有三个外显子和两段间隔顺序（内含子），即 $Ⅰ_1$ 和 $Ⅰ_2$。转录形成的 mRNA 前体在加工过程中切除间隔顺序，并把外显子连接在一起，构成一条成熟的 mRNA 分子，由此翻译成类 α 链或类 β 链。

（二）常见的血红蛋白病

据统计，全世界共发现 675 种异常血红蛋白，半数以上并不致病，较常见具有临床意义的有镰状红细胞贫血、血红蛋白 M 病和不稳定血红蛋白病等。

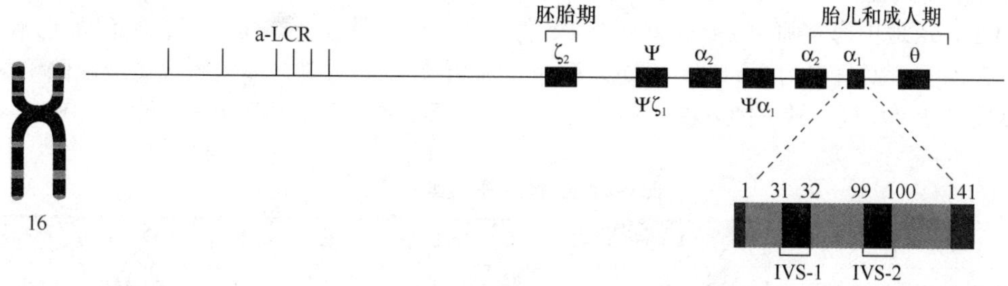

图 9-2 类 α 珠蛋白基因簇和 α 珠蛋白基因的结构

$\psi\zeta_1$、$\psi\alpha_1$、θ：假基因；α–LCR：α 位点控制区

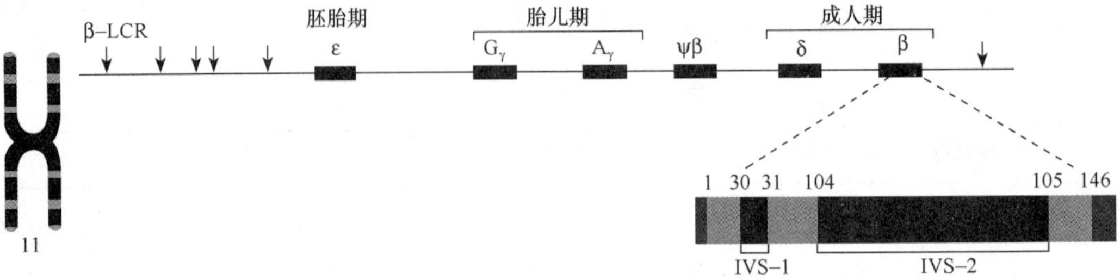

图 9-3 类 β 珠蛋白基因簇和 β 珠蛋白基因的结构

ψβ：假基因

考点： 镰状细胞贫血症

1. 镰状细胞贫血症（sickle cell anemia） 本病为常染色体隐性遗传，是因 β 珠蛋白基因突变引起的一种疾病。突变部位在编码 β 珠蛋白 N 端第 6 位氨基酸的密码由正常的 GAG 变成 GTG（A→T），结果血红蛋白 β 链 N 端第 6 位氨基酸由正常的谷氨酸变成了缬氨酸，形成 HbS。这种血红蛋白分子表面电荷改变，出现一个疏水区域，导致溶解度下降。在氧分压低的毛细血管中，溶解度低的 HbS 聚合形成凝胶化的棒状结构，使红细胞变成镰刀状，引起血黏性增加，易使微细血管栓塞，造成散发性的组织局部缺氧，甚至坏死，产生肌肉骨骼痛、腹痛等痛性危象。同时镰状细胞的变形能力降低，通过狭窄的毛细血管时，受挤压易破裂，导致溶血性贫血等症状（图 9-4）。杂合体（HbA/HbS）不表现临床症状，但在氧分压低时可引起部分细胞镰变。本病主要分布在非洲，应用分子生物学诊断技术可以对镰状细胞贫血进行诊断。

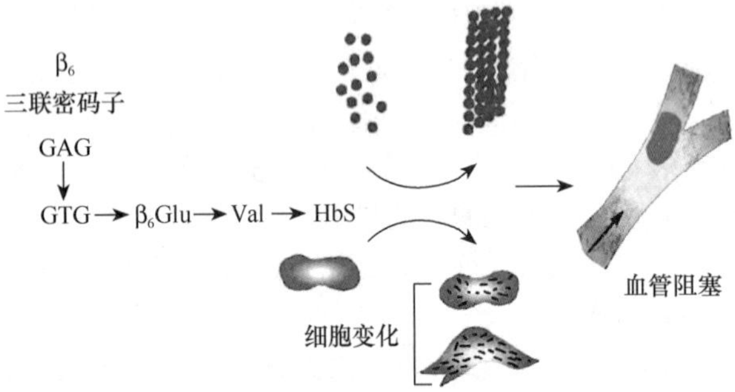

图 9-4 镰状细胞贫血症的发病机制

2. 血红蛋白 M 病（hemoglobin M disease） 本病为常染色体显性遗传，又称遗传性高铁血红蛋白血症。由于血红蛋白肽链上某个能与血红素中的铁原子结合的特定氨基酸被其他氨基酸取代，部分血红素的二价铁离子（Fe^{2+}）变成高价铁离子（Fe^{3+}），形成高铁血红蛋白，丧失了血红素与氧结合的能力，导致组织缺氧，出现发绀和继发性红细胞增多。杂合子 HbM 的含量通常在 30% 内，可出现发绀症状。

3. 地中海贫血（thalassemia） 患者由于某种或某些珠蛋白链合成速率降低，一些肽链缺乏，另一些肽链相对过多，出现肽链数量的不平衡，导致溶血性贫血。按照合成速率降低的珠蛋白链类型不同，地中海贫血分为 α- 地中海贫血和 β- 地中海贫血等。

（1）α- 地中海贫血（α thalassemia）：主要分布在热带和亚热带地区，在我国也常见，尤其在南方，发病率为 2.64%。不同类型的 α- 地中海贫血患者，体内缺失（或缺陷）的 α 基因数目各不相同，缺失的 α 基因越多，病情越严重。常见的有以下几种（表 9-2）：

表 9-2 α- 地中海贫血的类型

名称	基因型简写	α 链的合成	缺失或失活的基因数目	临床表现
Hb Bart 胎儿水肿综合征	– –/– –	0	4	胎儿缺氧，水肿致死
血红蛋白 H 病	α –/– –	25%	3	中度溶血性贫血

续表

名称	基因型简写	α 链的合成	缺失或失活的基因数目	临床表现
标准型（轻型）α- 地中海贫血	α –/α – α α/– –	50%	2	轻度溶血性贫血或贫血不明显
静止型 α- 地中海贫血	α –/α α	75%	1	无溶血性贫血等临床症状

1）Hb Bart 胎儿水肿综合征：胎儿期发病，α- 地中海贫血基因的纯合子，即 4 个 α 基因均缺失（– –/– –），不能合成 α 珠蛋白链，结果表达的 γ 珠蛋白链会自身形成 γ 四聚体（γ_4），称为 Hb Bart。γ_4 具有很高的氧亲和力，在氧分压低的组织中，不易释放出氧，组织缺氧严重，胎儿全身水肿、肝脾大、四肢短小，并伴有腹水等症状。水肿胎儿多于妊娠 30～40 周时死亡或早产后半小时死亡。

2）血红蛋白 H 病：患者有三个 α 基因丧失功能（α –/– –），只能合成少量 α 珠蛋白链，而 β 链相对过剩，形成 β 四聚体 HbH（β_4）。HbH 的氧亲和力是 HbA 的 10 倍，β_4 在生理条件下不易释放出氧，且易氧化解离成 β 单链，沉积于红细胞膜上，使红细胞失去柔韧性，在经脾脏等器官时易被挤压破裂，致慢性溶血性贫血。HbH 病患儿在出生时几乎无症状，只有轻度贫血，但在一周岁左右便出现 HbH 病的症状。

3）标准型（轻型）α- 地中海贫血：患者基因型为（α α/ – – 或 α–/α–），缺失两个 α 基因，前一种类型在我国较多见，后一种类型多见于黑色人种。由于能合成相当量的 α 珠蛋白链，所以仅表现出轻度溶血性贫血或无症状。

4）静止型 α- 地中海贫血：患者只缺失或突变一个 α 基因，无明显临床症状，仅在出生时血液中含有 1%～2% 的 Hb Bart，可以通过血红蛋白电泳检出。

（2）β- 地中海贫血（β thalassemia）：是一组由于 β 珠蛋白基因异常或缺失，以血红蛋白 β 珠蛋白链合成减少（β^+）或缺失（β^0）为特征的遗传性溶血性贫血。患者 11 号染色体上的两个 β 基因缺失或失活，不能合成 β 珠蛋白链者为 β^0- 地中海贫血；基因异常，但能合成少量 β 链则称 β^+- 地中海贫血。临床上根据患者溶血性贫血的严重程度，将 β 地中海贫血分为重型、中间型和轻型三种类型（表 9-3）。

表 9-3　常见的β-地中海贫血类型（$\delta\beta^0$、$\delta\beta^+$为融合基因）

临床类型	基因型	β 链	Hb	临床表现
重型	β^0/β^0　β^+/β^+ β^0/β^+　$\delta\beta^0/\delta\beta^0$	无或少	无或少量 HbA，HbF 增多	严重贫血，依赖输血，地中海贫血面容
中间型	β^+/β^+　$\beta^+/\delta\beta^+$	少	少量 HbA，HbF 明显增多	中度贫血，可不输血
轻型	β^0/β^A　$\delta\beta^0/\beta^A$ β^+/β^A	较多	多数为 HbA	轻度贫血或无症状

1）重型 β- 地中海贫血：患者不能合成或仅能合成少量 β 链，α 链过剩而沉降到红细胞膜上，引起膜的性能改变，发生严重溶血反应。同时，α 链可与代偿性合成的 γ 链组合成 HbF（$\alpha_2\gamma_2$），患儿出生几个月后便可出现溶血。由于组织缺氧，促进红细胞生成素分泌，刺激骨髓增生，骨质受损变得疏松，可出现特殊的“地中海贫血面容”。

2）中间型 β- 地中海贫血：患者的症状介于重型和轻型之间，有贫血症状，但不需要输血。患者的两个 β 基因均异常，但其中 1 个或 2 个 β 基因突变比较轻微，仍能产生一定量 β 珠蛋白链，并伴有 HbF（$\alpha_2\gamma_2$）的明显升高。

3）轻型β-地中海贫血：此型仅有轻微溶血性贫血，患者的2个β基因有一个是正常的，可以合成相当量的β珠蛋白链。

二、血浆蛋白病

血浆蛋白病（plasma protein disease）是血浆蛋白遗传性缺陷所引起的一组疾病，以血友病较常见。血友病（hemophilia）是一类遗传性凝血功能障碍的出血性疾病。包括A、B、C三型及血管性假血友病，其中血友病A发病率较高。

（一）血友病A

血友病A（hemophilia A）又称甲型血友病或第Ⅷ因子缺乏症。本病为X连锁隐性遗传，男性发病率高（1/10 000～1/5000），约占血友病总数的85%。患者主要表现为反复自发性出血或轻微损伤后出血不止，并出现因出血引起的压迫症状和并发症。本病多为慢性持续性出血，大出血罕见，出血部位广泛。

研究表明，凝血因子Ⅷ是一个复合分子，由三种成分构成：①抗血友病球蛋白（AHG）；②因子Ⅷ相关抗原；③促血小板黏附血管因子。血友病A是因AHG遗传缺陷所致，AHG基因位于Xq28，长约186kb，几乎占X染色体的0.1%，由26个外显子和25个内含子组成。AHG基因的突变有高度遗传异质性，已发现有300多种突变型。近年发现约40%血友病A患者是由于AHG基因第22内含子的倒位所致。

（二）血友病B

血友病B（hemophilia B）是由于凝血因子Ⅸ缺乏或其凝血功能降低所致的凝血障碍性疾病。其临床症状与血友病A基本相同，但发病率较低，为1/100 000～1.5/100 000，X连锁隐性遗传。人类Ⅸ因子基因定位于Xq27，全长35kb，由8个外显子和7个内含子组成，成熟的Ⅸ因子由415个氨基酸构成。

（三）血友病C

血友病C（hemophilia C）是血浆第Ⅺ凝血因子缺乏引起的凝血障碍疾病，常染色体隐性遗传，基因定位于15q11。本病症状较血友病A和血友病B轻。

（四）血管性假血友病

血管性假血友病（von Willebrand disease）也称Von Willebrand病，是一种与Ⅷ凝血因子有关的遗传性凝血障碍。本病主要是由于血浆中的一种大分子量糖蛋白von Willebrand因子（vWF）缺乏所致的常染色体显性或常染色体隐性遗传病。vWF基因定位于12p13，含52个外显子。vWF由血管内皮细胞分泌，为Ⅷ凝血因子的载体，可增强Ⅷ因子的稳定性。因此本病患者有明显的出血倾向，但症状较轻。

三、结构蛋白缺陷病

这类分子病是构成细胞的基本结构和骨架的蛋白质遗传缺陷而导致的一类结构蛋白缺陷病。包括胶原蛋白病、肌营养不良症等。

（一）胶原蛋白病

胶原蛋白（collagen）约占人体蛋白质总量的20%以上，是人体中含量最丰富的蛋白质。在不同的组织中分别由成纤维细胞、平滑肌细胞、成骨细胞、软骨细胞和某些上皮细胞合成分泌。胶原蛋白分子是由三条相同或不同的α多肽链（α_1、α_2、、α_3）缠绕而成的螺旋结构，每条α链约有1000个氨基酸残基，并含有较多的甘氨酸、脯氨酸及羟脯氨酸。

目前已发现组织中的胶原蛋白类型有许多种，是不同结构基因的产物。常见的胶原蛋白类型及分布主要为：Ⅰ型胶原蛋白存在于皮肤、肌腱和韧带中，具有很强的抗压能力；Ⅱ

型胶原蛋白局限于透明软骨、椎骨髓核及眼的玻璃体中，有较强的抗压能力；Ⅲ型胶原蛋白分布于伸展性较大的组织，如血管壁、胎盘等处。

胶原蛋白病（inherited disorders of collagen）也称结缔组织遗传病，是由于胶原基因转录和翻译过程中的缺陷或翻译后多种修饰酶缺陷引起的一类分子病。主要包括 Marfan 综合征、成骨不全和 Ehlers-Danlos 综合征等。

1. Marfan 综合征（Marfan syndrome） 也称 Marchesani 综合征、蜘蛛指（趾）征，群体发病率约为 4/100 000。本病为弹力纤维缺损，亦有胶原代谢异常，是一种以结缔组织为基本缺陷的遗传性疾病，呈常染色体显性遗传。1991 年 Dietz 等将本病基因定位于 15q15—q21.3，其特征是周围结缔组织营养不良、骨骼异常、内眼疾病和心血管异常。结缔组织纤维是机体组织结构中很重要的成分，当它发生异常时，便会影响全身的脏器（中胚层组织），尤以骨骼和心血管系统更为显著，患者躯体长骨细长，身高超过 180cm，呈高瘦型，有蜘蛛指及凹陷的胸部或舟状胸部，有眼的异常、升主动脉扩张、慢性主动脉夹层瘤形成，心脏瓣膜呈黏液性水肿性改变等，病理改变以心血管系统最显著，并具有代表性。

2. 成骨不全（osteogenesis imperfecta） 是一组因Ⅰ型胶原异常而引起的遗传异质性疾病，患者表现为骨质疏松、易骨折并伴有骨骼畸形等症状。患病率约为 1/15 000，是最常见的一种常染色体显性遗传病。其可分为 4 种类型，较常见的是Ⅰ型和Ⅱ型（表 9-4）。

表 9-4　成骨发育不全的类型

类型	临床特征	遗传方式	分子变化	遗传缺陷
Ⅰ型	轻型：蓝巩膜、易骨折但无骨畸形	AD	Ⅰ型胶原结构正常但量减少 50%	突变致 Proα_1（Ⅰ）mRNA 合成量下降
Ⅱ型	围生致死型：严重骨折畸形、黑巩膜，生后一周内死亡	AD	Ⅰ型胶原结构变异（特别是羧基端）	编码甘氨酸的密码子突变（包括 α_1 或 α_2 基因）
Ⅲ型	进行性畸变：进行性骨畸变、畸形蓝巩膜、听觉丧失	AD	Ⅰ型胶原结构变异（特别是氨基端）	同Ⅱ型
Ⅳ型	正常巩膜性畸变：轻度畸形、矮小、听觉丧失	AD	同 Ⅲ 型	①同Ⅱ型；② α_2 基因外显子跳跃突变

（二）肌营养不良症

肌营养不良症（muscular dystrophy，MD）是一种肌膜蛋白病，由于附在肌膜上的抗肌萎缩蛋白（或称肌营养不良蛋白）遗传性缺乏所致。常见的有 Duchenne 型肌营养不良症（DMD）和 Becker 型肌营养不良症（BMD）。DMD 患者常于幼年（3～4 岁）发病，多为男性。患者的肌萎缩和肌无力进行性加重，开始为行走困难，呈鸭行步态、特殊的爬起站立姿势，12 岁左右已无法行走，大多伴有腓肠肌假性肥大和心肌损害，20 岁前后死于呼吸衰竭和心力衰竭。该病属 X 连锁隐性遗传，基因定位于 Xp21.2。全长约 2300kb，含 70 个外显子。BMD 和 DMD 属于同一基因同一类型突变，但 BMD 基因缺失范围较小，症状较轻，患者可存活过生育期。

四、受体蛋白病

受体是位于细胞膜、细胞质或细胞核内的一类具有特殊功能的蛋白质，由这类蛋白的遗传性缺陷导致的疾病称为受体病（receptor disease）。现以家族性高胆固醇血症为例说明这类疾病的发生机制。

家族性高胆固醇血症（familiar hypercholesterolemia，FH）为遗传性高脂蛋白血症中的一个类型，遗传性高脂蛋白血症患者血浆中的胆固醇和三酰甘油增高，从而导致冠心病、心肌梗死等心血管疾病。家族性高胆固醇血症是由于细胞膜上的低密度脂蛋白（LDL）受体缺陷而致病。正常情况下，LDL 与细胞膜上的 LDL 受体结合，通过内吞作用进入细胞，被溶酶体吞噬，并被溶酶体酸性水解酶水解，释放出游离胆固醇。游离胆固醇在细胞内可激活酯酰辅酶 A，将游离胆固醇酯化；游离胆固醇同时可抑制细胞内的 β- 羟基 -β- 甲基戊二酰辅酶 A 还原酶，从而减少细胞内胆固醇的合成（图 9-5）。

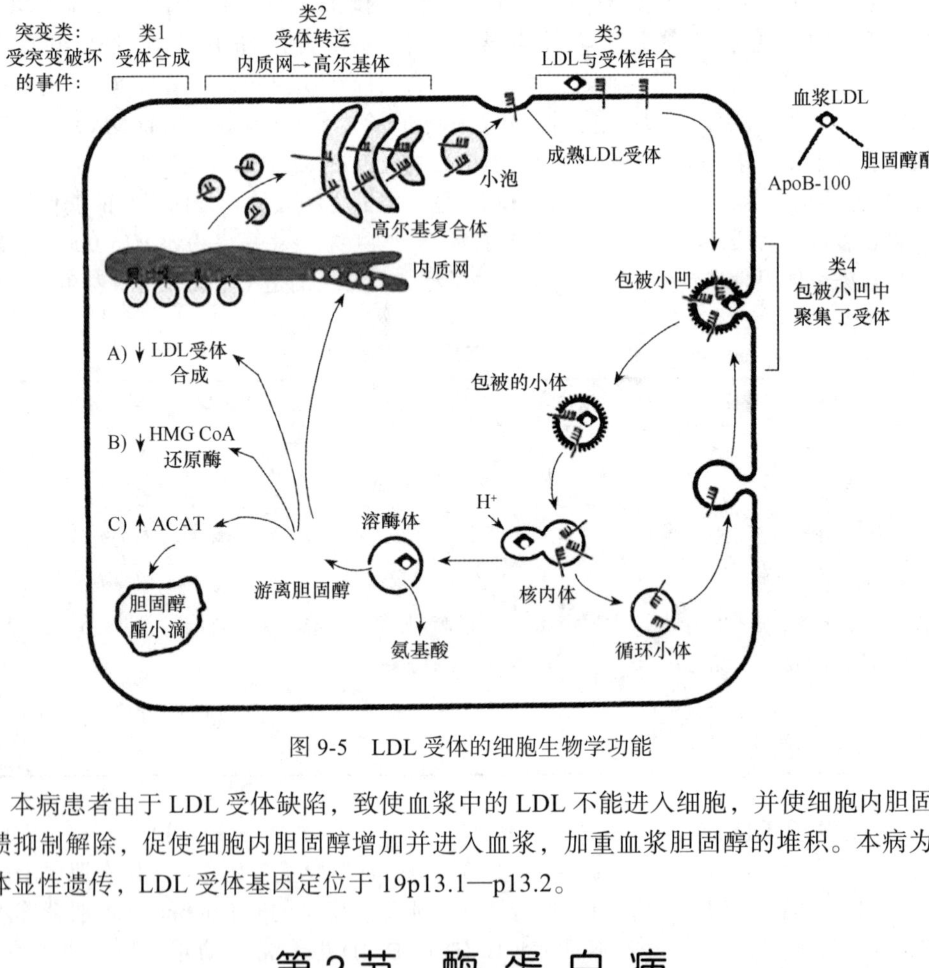

图 9-5 LDL 受体的细胞生物学功能

本病患者由于 LDL 受体缺陷，致使血浆中的 LDL 不能进入细胞，并使细胞内胆固醇的反馈抑制解除，促使细胞内胆固醇增加并进入血浆，加重血浆胆固醇的堆积。本病为常染色体显性遗传，LDL 受体基因定位于 19p13.1—p13.2。

第 2 节 酶 蛋 白 病

酶蛋白病（hereditary enzymopathy）是指基因突变所引起的酶蛋白分子的结构或数量异常所引起的疾病，也称遗传性酶病或遗传性代谢缺陷（inborn errors of metabolism）。迄今已发现 2000 多种遗传性代谢缺陷，其中明确酶缺陷的遗传性代谢缺陷有 200 多种，大多为常染色体隐性遗传。

一、酶蛋白病的发病机制

人体正常代谢是由许多代谢反应交织成网而形成的平衡体系，每步反应都需要酶参与调节。如果基因突变引起酶缺乏或活性异常，便会影响相应的生化过程，进而引起一系列连锁反应的异常，打破正常的平衡，引起某种代谢过程的中断或紊乱而致病。

人体某代谢过程如图 9-6 所示，A 物质在一系列酶（酶 1、酶 2、酶 3）的催化下，经中间产物（B、C）最终变成终产物 D。同时终产物 D 可能对相关酶（如酶 3）起反馈抑制作用。如果编码酶 3 的基因突变，造成酶 3 活性降低或丧失，会引起一系列不良后果；如果基因突变引起酶活性升高，也会引起异常反应。酶基因突变导致的酶活性异常可通过不同方式引起疾病，主要有：①代谢底物积累，如糖原贮积症、黏多糖贮积症；②代谢中间产物积累，如半乳糖血症、尿黑酸尿症；③代谢副产物积累，如苯丙酮尿症；④代谢终产物缺乏，如白化病；⑤反馈抑制减弱，如自毁容貌综合征；⑥代谢产物增加，如痛风等。

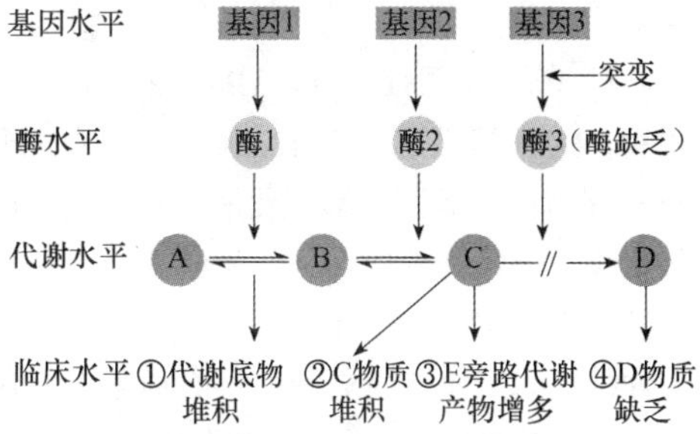

图 9-6　酶蛋白病发病过程示意图

二、常 见 疾 病

酶蛋白病可分为：糖代谢遗传病、氨基酸代谢遗传病、核酸代谢遗传病、脂类代谢遗传病、维生素代谢遗传病、金属代谢遗传病、药物代谢遗传病等类型。

（一）糖代谢遗传病

糖代谢遗传病主要包括半乳糖血症、葡萄糖 -6- 磷酸脱氢酶缺乏症、黏多糖贮积症和糖原贮积症等。

1. 半乳糖血症（galactosemia） 正常情况下乳类所含乳糖经消化道乳糖酶分解产生葡萄糖和半乳糖，半乳糖先后经半乳糖激酶和半乳糖 -1- 磷酸尿苷酰转移酶（GPUT）催化，生成 1- 磷酸半乳糖和 1- 磷酸葡萄糖，供组织细胞进一步代谢利用。本病患儿因半乳糖 -1- 磷酸尿苷酰转移酶（GPUT）基因缺陷使该酶缺乏，出生后喂给乳汁几天后即出现症状，患儿主要表现为对乳糖不耐受，婴儿哺乳后呕吐、腹泻，继而出现白内障、肝硬化、黄疸、腹水、智力发育不全等。本病致病基因定位于 9p13，为常染色体隐性遗传，发病率约为 1/50 000。新生儿筛查可早期诊断，确诊后应立即停乳，代之豆浆等。

2. 糖原贮积症（glycogen storage disease，GSD） 是由于酶的缺陷，使糖原在肝及肌肉中的代谢缺陷所致，是一类比较罕见的遗传代谢病。此病多数是糖原分解酶缺乏，糖原在组织中分解障碍而沉积过多；极少数则是由于糖原合成酶缺乏，表现为组织中糖原储存过少。本病累及多器官组织，主要为肝脏、肾脏、心脏和肌肉，大多表现为低血糖。现已发现 13 种糖原贮积症，以 I 型最为常见。

糖原贮积症 I 型又称 von Gierke 病或肝肾型糖原贮积症，由 von Gierke 于 1929 年首次报告。患者肝、肾和肠组织完全缺乏葡萄糖 -6- 磷酸（glucose-6-phosphate，G6P）酶，该酶缺乏使葡萄糖 -6- 磷酸不能转变成葡萄糖供组织利用，糖原分解代谢受阻，通过可逆反应合成过多的肝糖原，肝糖原在肝细胞中积聚导致患儿肝大，发育迟滞；同时葡萄糖 -6- 磷酸可循糖酵解途径代谢，产生大量丙酮酸和乳酸，导致酸中毒；当患儿不进食时极易出现低血糖，由于动用脂肪动员，可出现酮血症。本病为常染色体隐性遗传，男女均可发病。致病基因 GSD1 定位于 17q21，长 12.5kb，包含 5 个外显子，第 2 外显子 88 位密码子由 CGC 突变为 TGC，使相应氨基酸由精氨酸变为半胱氨酸，即可导致糖原贮积症。

考点： 氨基酸代谢病

（二）氨基酸代谢病

氨基酸代谢病是指由于氨基酸分解代谢过程中酶的先天缺陷，使体内氨基酸代谢异常的一类代谢病。

1. 苯丙酮尿症（phenylketonuria，PKU） 本病是一种严重的常染色体隐性遗传氨基酸代谢病，疾病基因定位于12q24.1。首次发现于1934年，因病人尿中排泄大量苯丙酮酸而得名。PKU患者由于苯丙氨酸羟化酶（PAH）基因突变使患者肝脏内PAH缺乏，苯丙氨酸不能转变为酪氨酸而转化为苯丙酮酸、苯乳酸和苯乙酸等并在体内累积，导致血液和尿液中苯丙氨酸及其衍生物排出增多。临床上表现为智力发育迟缓，皮肤、毛发和虹膜色素减退，患儿尿、汗液有一种特殊的鼠尿样腐臭味。目前临床上常在婴儿出生后立即进行PKU的筛查，一经确诊，喂食低苯丙氨酸水解蛋白等。此病国外发病率为1/100 000～1/4500，我国发病率约为1/16 500。

2. 白化病（albinism） 患者酪氨酸酶基因缺陷，体内酪氨酸酶缺乏，不能有效地催化酪氨酸转变为黑色素前体，导致代谢终产物黑色素缺乏。患者皮肤、毛发缺乏黑色素，全身白化；虹膜和瞳孔呈现淡红色，畏光，视物模糊；日晒皮肤易灼伤，易患皮肤癌。本病为常染色体隐性遗传，致病基因定位于11q14—q21。

3. 尿黑酸尿症（alkaptonuria） 本病呈常染色体隐性遗传，致病基因定位于3q21—q23，患者尿黑酸氧化酶缺陷，尿中含有的尿黑酸（alkapton）遇氧后变为黑色，故称黑尿病。患者成年后除尿黑酸大量沉积于关节与软骨外，一般无明显的临床表现。

伽罗特与黑尿病

黑尿病是人类较早认识到的一种代谢缺陷病。1908年，英国医生伽罗特（A.E.Garrod）观察到黑尿病患者的尿里含有大量的尿黑酸，分析可能在患者体内一系列的化学反应在某个地方被阻断了，尿黑酸不能沿正常的代谢途径转化为其他物质而排出体外；他发现患者同胞兄弟姊妹中往往还有人患此病，患者的父母正常，但通常是近亲结婚。在著名遗传学家贝特森（William Bateson）的帮助下，他用孟德尔式的隐性遗传规律来说明这种遗传现象。1914年，伽罗德的一位合作者证明，所有正常人血清中都能分离出尿黑酸氧化酶，而所有病人血清中却没有。伽罗德的工作清楚地表明，代谢的障碍与基因之间存在着确定的关系。

链接

（三）核酸代谢病

由于核酸代谢酶的遗传缺陷，使体内核酸代谢异常而产生的疾病称核酸代谢病。主要有次黄嘌呤鸟嘌呤磷酸核糖转移酶缺陷症（Lesch-Nyhan sydrome）和着色性干皮病（xeroderma pigmentosum，XP）等。

次黄嘌呤鸟嘌呤磷酸核糖转移酶缺陷症，即自毁容貌综合征（self- mutilation），是一种由于次黄嘌呤 - 鸟嘌呤磷酸核糖转移酶（HGPRT）缺陷所致的疾病。HGPRT是体内核酸补救合成途径的关键酶，它的缺陷使黄嘌呤、鸟嘌呤向相应核苷酸的转化受阻，底物在体内堆积，特别是在神经系统中的堆积，进而引起发病。患者一般为男性，出生3～4个月开始出现神经系统症状，激惹不安，烦躁，运动发育迟缓；约1岁后出现舞蹈样手足徐动，肌张力高，下肢呈剪刀样交叉；2～3岁起，表现强迫性自我摧残行为，精神发育迟滞。本病为X连锁隐性遗传，基因定位于Xp26—p27.2。

小结

生化遗传学是研究遗传物质的理化性质，以及对蛋白质生物合成和机体代谢调节控制的学科。生化遗传病迄今发现在人类有数千种，大多数为常染色体隐性遗传，也有少数为 X 连锁隐性遗传。生化遗传病可分为分子病和酶蛋白病。分子病是基因突变导致蛋白质分子结构或合成量的异常从而直接引起机体功能障碍的一类疾病。包括血红蛋白病、血浆蛋白病、结构蛋白缺陷、受体病、膜转运载体蛋白病、免疫球蛋白缺陷和胶原蛋白病等。酶蛋白病则是基因突变造成酶蛋白质分子结构或数量的异常，使机体代谢过程紊乱而引起的疾病。酶蛋白病可分为：糖代谢遗传病、氨基酸代谢遗传病、核酸代谢遗传病、脂类代谢遗传病、维生素代谢遗传病、金属代谢遗传病、药物代谢遗传病等类型。

目标检测

一、名词解释

1. 生化遗传学　　2. 分子病
3. 血红蛋白病　　4. 酶蛋白病

二、填空

1. 人类胎儿期血红蛋白主要是 HbF，其分子组成为 ________；成人期主要是 HbA，其分子组成为 ________。
2. 镰状细胞贫血症是由 ________ 珠蛋白基因缺陷所引起的一种疾病，呈现 ________ 遗传。
3. α- 地中海贫血是由于 _______ 珠蛋白基因突变或缺失，_______ 链合成速率降低或完全被抑制，致使 _______ 链相对过剩而引起的。
4. 重型 β- 地中海贫血的基因型可能为 _______、________、________ 和 ________。
5. 假肥大型肌营养不良（DMD）表现为 _______ 遗传方式，它是由于 _______ 蛋白遗传缺陷所致。
6. 苯丙酮尿症患者肝细胞的 _________ 酶（PAH）有遗传性缺陷，该病的遗传方式为 ________。

三、选择题

1. α 珠蛋白基因位于几号染色体上（　　）
   A. 6　　B. 11
   C. 14　　D. 16
   E. 22
2. 引起镰状细胞贫血的珠蛋白基因突变的方式是（　　）
   A. 移码突变　　B. 错义突变
   C. 无义突变　　D. 终止密码突变
   E. 同义突变
3. 属于受体病的分子病是（　　）
   A. 镰状细胞贫血
   B. Hb Bart
   C. 血友病 A
   D. 家族性高胆固醇血症
   E. β- 地中海贫血
4. 血友病 A 缺乏的凝血因子是（　　）
   A. Ⅷ　　B. Ⅸ
   C. Ⅺ　　D. vWF
   E. Ⅹ
5. 属于转运蛋白缺陷的分子病是（　　）
   A. 镰状细胞贫血
   B. Hb Bart
   C. 血友病 A
   D. 家族性高胆固醇血症
   E. 囊性纤维性变
6. 缺乏苯丙氨酸羟化酶而引起的疾病是（　　）
   A. 白化病　　B. 半乳糖血症
   C. 黏多糖贮积症　　D. 苯丙酮尿症
   E. 着色性干皮病
7. 正常人与重型 β- 地中海贫血患者结婚，其子女患轻型 β- 地中海贫血的可能性是（　　）
   A. 0　　B. 1/8
   C. 1/4　　D. 1/2
   E. 1
8. 由于缺乏酪氨酸酶而引起的疾病是（　　）
   A. 白化病　　B. 半乳糖血症
   C. 黏多糖贮积症　　D. 苯丙酮尿症
   E. 着色性干皮病

四、简答题

1. 何谓血红蛋白病？它分几大类？
2. 以镰状细胞贫血为例，阐述分子病的发病机制。
3. 简述遗传性代谢缺陷病的发病机制。

（杨　翔）

第 10 章　肿瘤遗传学

人们对恶性肿瘤遗传背景的关注始于法国外科医生皮埃尔·保尔·布罗卡在 1886 年发现其妻子家系中的 24 名女性成员中有 10 例乳腺癌患者及其他癌症患者。20 世纪 60 年代，费城 1 号染色体的发现启发人们开始用细胞遗传学的方法探寻恶性肿瘤和染色体畸变的关系。20 世纪 80 年代初，遗传工程和哺乳动物细胞体外转化技术的应用，细胞癌基因的发现及其功能的逐渐阐明，使肿瘤遗传学的研究有了突破性的发展，肿瘤遗传学的研究不仅可以为肿瘤的发生提供理论基础，也可以为恶性肿瘤的诊断和防治提供线索。

第 1 节　肿瘤发生的遗传现象

人类肿瘤虽然有 80%～90% 是由环境因素所引起，但仍有一些肿瘤其发生与遗传因素有关，人类肿瘤与遗传因素的关系，一般认为有如下五种形式。

一、肿瘤发生的种族差异

肿瘤发生中的种族差异相当明显，如欧美国家乳腺癌发生率高，亚洲地区胃癌发生率高。我国南方几省特别是珠江三角洲地区的鼻咽癌发病率居全球首位。甚至移居国外的华侨其鼻咽癌发生率也明显高于当地人。致癌相关基因在家族中的稳定遗传可能是鼻咽癌高危家族存在的主要原因，这说明，种族与鼻咽癌的发生有一定关系，但也不能排除与生活习惯和环境的关系，因为移民在第三代以后，鼻咽癌的发病率有明显的下降趋势。

二、肿瘤的家族聚集现象

某些肿瘤具有家族史，其家族成员中肿瘤的发病率比一般人群高，发病年龄一般比较早，肿瘤发生的部位也不局限于某一器官或组织，这样的家族称癌家族。他们的共同特征是：①发病年龄早；②某类肿瘤（如腺癌）发病率高；③通常按常染色体显性方式遗传。

G 家族（图 10-1）是医学史上一个闻名的癌家族，也是医学家们第一个大规模调查的癌家族。在这个家族中最早一对夫妻，丈夫于 1856 年死于癌症后，他的子孙后代中陆续出现了很多癌症患者。1895 年，临床医生 Warthin 开始调查这个家族，前后经过 80 多年共 5 次调查，一直到 1976 年结束。这个家族发展到 10 个支系 842 名后裔，其中有 95 名癌症患者，癌症发生率大大超出一般人群，其中患结肠癌的有 45 人，患子宫内膜癌的有 18 人等。这 95 人中有 13 人的肿瘤为多发性。另外，医学家也发现和调查了其他一些癌家族，如闻名的 N 家族等。

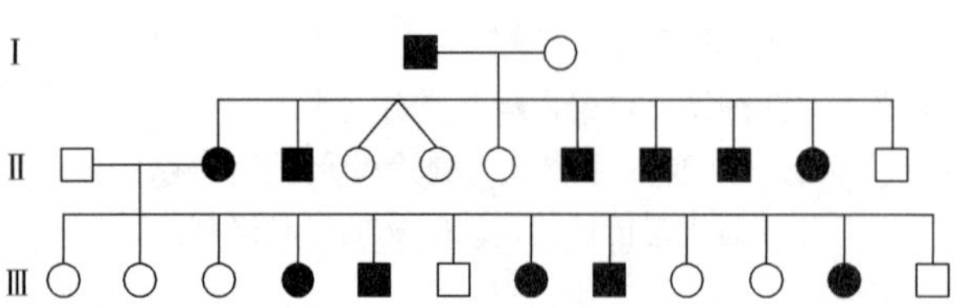

图 10-1　G 家族系谱

另外，有些癌也有家族聚集现象。一个家族内多个成员出现的同一种癌称家族性癌，家族性癌大多数是散发的，只有少数有家族聚集现象，表现为近亲发病率比一般人群高。例如，结肠癌便是一种家族性癌，在临床病例中 12%～25% 的患者有结肠癌家族史。

三、单基因病与肿瘤

多数肿瘤是遗传与环境因素相互作用的结果，但也有一些肿瘤是一对等位基因突变所导致的，是遗传因素在起决定作用，如视网膜母细胞瘤、肾母细胞瘤，神经母细胞瘤、结肠多发性腺瘤性息肉等少见的家族性肿瘤，都属于单基因遗传病。

四、多基因病与肿瘤

多基因遗传的肿瘤大多是一些常见的恶性肿瘤，这些肿瘤的发生是遗传因素和环境因素共同作用的结果。例如，多基因遗传的乳腺癌、胃癌、肺癌、前列腺癌、子宫颈癌等，患者的一级亲属的发病率显著高于群体的发病率。

五、肿瘤的遗传易患性

遗传因素不决定肿瘤的发生，只决定肿瘤的易患性，易患性高的个体，在环境因素的影响下容易发生某种肿瘤。例如，着色性干皮病患者，在日光暴晒下易发生皮肤癌或黑色素瘤，这种患者由于 DNA 内切酶缺乏，不能修复因紫外线造成的 DNA 损伤从而导致细胞发生癌变。

第 2 节　染色体异常与肿瘤

染色体异常是肿瘤细胞的特征之一，自 20 世纪 60 年代在慢性粒细胞白血病患者肿瘤细胞中发现了 Ph 染色体后，肿瘤遗传学作为医学遗传学的一个分支在肿瘤的临床诊断、鉴别、预后和指导治疗方面起了重要的作用。在遗传因素和环境因素的影响下，肿瘤细胞处于不断变异中，在同一个肿瘤中，各瘤细胞的染色体也不尽相同，甚至差别较大，但大多数肿瘤都可以见到 1、2 个变异群体占主导地位，但各细胞群体的百分比并不固定，也有少数肿瘤没有明显的占主导地位的细胞群体，细胞变异较为分散。

一、肿瘤的染色体异常

肿瘤常见的染色体异常见表 10-1。

表 10-1　肿瘤常见的染色体异常

病名	染色体异常
慢性粒细胞白血病	Ph，即 t（9；22）
Burkitt 淋巴瘤	t（8；14），t（2；8），t（8；22）
小细胞肺癌	t（8；14），t（4；11），+21
卵巢乳头状腺癌	t（4；11），+12
慢性淋巴细胞白血病	t（8；21），t（15；17），t（9；22）
急性淋巴细胞白血病	t（11；14），+12
神经母细胞瘤	14q+，+12
脑膜瘤	del（3）（p14—23）
Wilms 瘤	t（6；14）

（一）肿瘤的染色体数目异常

正常人体细胞是二倍体，有 46 条染色体。肿瘤细胞的变异有两种类型，一是整倍体变异，

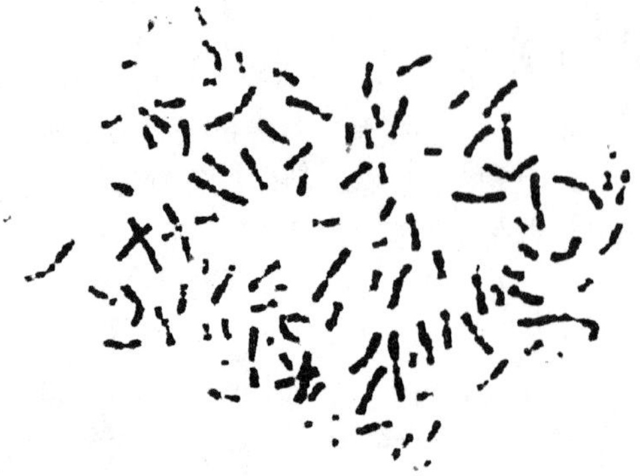

图 10-2　一个癌细胞的异常染色体

即染色体数目成倍地增减，可变异为三倍体、四倍体，但多表现为不是完整倍数的高异倍性，多数实体肿瘤细胞染色体数在46条上下，或为3～4倍体，少数肿瘤细胞染色体数变化极大。二是非整倍体变异，即染色体数目在二倍体的基础上有增有减，且瘤细胞染色体的增多或减少并不随机，比较常见的是第8、9、12和21号染色体的增多，第7、22、Y染色体的减少，见图10-2。

（二）肿瘤的染色体结构异常

断裂、易位、缺失、重复、环状染色体和双着丝粒染色体等结构异常现象在肿瘤细胞中高频出现。肿瘤细胞中结构异常的染色体称为标记染色体（marker chromosome）。标记染色体分为两种：一种是非特异性标记染色体，这种染色体只出现于少数肿瘤细胞，对整个肿瘤来说不具有代表性；另一种是特异性标记染色体，这种染色体结构异常频繁出现在某一肿瘤细胞，对该肿瘤具有代表性。

二、标记性染色体的发现及其意义

Ph染色体（费城染色体）是一种特异性标记染色体。它首先由诺维尔（Nowell）和亨格福德（Hungerford）在美国费城（Philadelphia）从慢性粒细胞白血病（chronic myelogenous leukemia，CML）患者的外周血细胞中发现，故命名为Ph染色体。Ph染色体是一种比G组染色体还小的近端着丝粒染色体，由第22号染色体长臂缺失大段后剩余的部分易位到9号染色体长臂的末端形成（图10-3），核型多为t（9；22）（q34；q11）。易位使9号染色体长臂（9q34）上的基因和22号染色体（22q11）上的基因重新组合，基因重组后增加了酪氨酸激酶活性，这是慢性粒细胞性白血病的发病原因。在临床病例中，大约95%的慢性粒细胞性白血病病例都是Ph阳性，即Ph染色体对CML是有特异性的，所以可作为确诊CML的主要依据。根据Ph染色体的有无，还可鉴别与CML临床表现相似的血液病，如骨髓纤维化（Ph阴性）。另外，Ph染色体可在发病前5年就出现在患者的骨髓细胞中，故有早期诊断的价值。还有报告指出，Ph染色体出现率可随病情的转变而变化：病情严重，Ph染色体出现率高；病情好转，Ph染色体出现率下降甚至消失。故Ph染色体也可作为衡量治疗效果的指标之一，具有重要的临床意义。

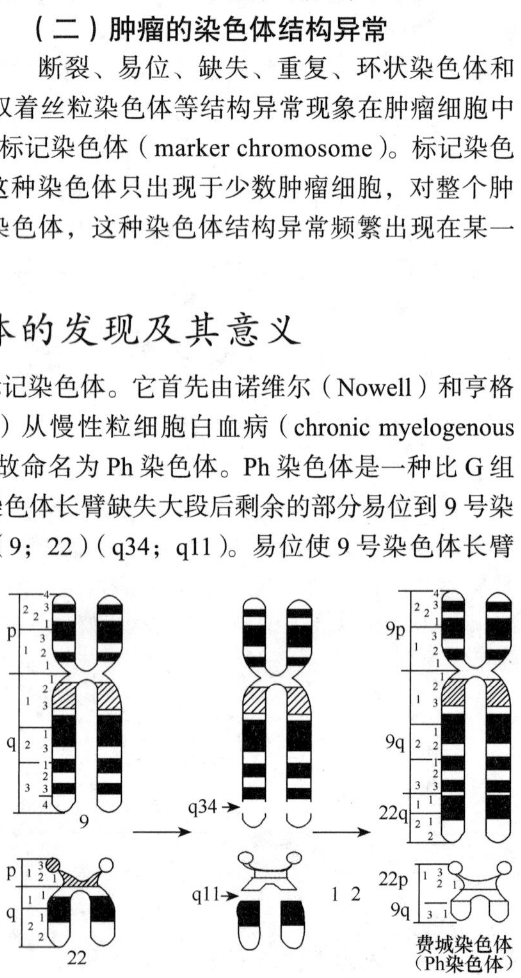

图 10-3　Ph 染色体的形成

尽管人们很早就认识到染色体异常在肿瘤发生中可能起重要的作用，但只是在癌基因和肿瘤抑制基因发现后，其作用机制才逐渐明确。

考点：
肿瘤发生的遗传机制

第3节　肿瘤发生的遗传机制

肿瘤是机体在各种致癌因素作用下，局部组织在基因水平上失去对其生长的正常调控，导致其克隆性异常增生而形成的新生物。

一、单克隆起源假说

人体细胞一生处于不断的分裂增生和新旧更替之中，在这一过程中不可避免地发生体细胞突变，每昼夜大约有 106 个体细胞发生突变，其中一部分将会导致恶变细胞的产生。恶变细胞具有强大的分裂增殖能力，获得了增殖优势的恶变细胞最终有可能形成肿瘤，在此基础上，产生了肿瘤起源的单克隆假说，它认为多数肿瘤的产生是体细胞突变的结果，肿瘤起源于单个突变细胞。许多肿瘤细胞群都具有相同的染色体畸变和同工酶，就是肿瘤发生的单克隆起源假说的证据。

二、癌基因理论

基因的改变是肿瘤起源和发展的分子基础，在人体细胞中发现有与病毒癌基因同源的 DNA 顺序，称为原癌基因。已知的原癌基因有近 100 种，原癌基因在个体发育或细胞分裂的一定阶段十分重要，但在成体或平时却不表达或表达受到严格的控制。通常，原癌基因在正常人体中多处于不表达或仅有低度表达，但当受到病毒入侵或遇到物理、化学等因素作用时，就可能被激活，突变为癌基因。原癌基因被活化成为癌基因后便大量地转录，或者发生突变后便转录出异常的产物，这两种情况都会导致细胞癌变。

三、肿瘤抑制基因理论

肿瘤转移是临床上许多恶性肿瘤常见的继发现象，是恶性肿瘤治疗失败和患者死亡的主要原因。肿瘤转移是指肿瘤细胞脱离原发部位，进入细胞外基质、血管或淋巴管，并在远处适宜的组织中生长。与原癌基因编码的蛋白质促进细胞生长相反，细胞内存在另一类肿瘤抑制基因，它们的功能是抑制癌细胞的生长和促进细胞的分化。抑癌基因缺失或突变即处于失活状态时，细胞就会因正常的抑制被解除而转化为肿瘤细胞。所以，肿瘤的发生可能是癌基因的激活与肿瘤抑制基因失活共同作用的结果。

四、肿瘤发生染色体不平衡假说

该假说认为染色体异常是癌变的原初变化，各种因素造成细胞的不对称分裂而使子细胞内遗传物质分布不平衡，从而影响基因的正常功能，是肿瘤发生的原因。肿瘤细胞遗传学的研究表明，除慢性粒细胞白血病的 Ph1 染色体等是特征性的染色体外，一般肿瘤细胞的染色体变化较大，在同一种肿瘤的不同细胞系有不同的核型组成，但是通过同一肿瘤细胞大量显带核型分析，仍然可以看到一些结构异常染色体在某种肿瘤内出现是非随机的。

五、肿瘤的多步骤遗传损伤学说

肿瘤的发生是一个长期的、多因素造成的分阶段的过程，近年来关于癌基因和肿瘤抑制基因的研究为此提供了更加有力的证明。细胞癌变往往需要多个癌相关基因的协同作用，要经过多阶段的演变，其中不同阶段涉及不同的癌相关基因的激活与失活，它们的异常，或增强细胞生长和增殖，或去除正常的生长抑制，结果都会导致肿瘤发生。以结肠癌的发生为例，在从结肠上皮过度增生到结肠癌的演进过程中，关键性的步骤是癌基因的激活及肿瘤抑制基因的丧失或突变。这些阶段性积累起来的不同基因分子水平的改变，可以在形态学的改变上反映出结肠癌发生的各个阶段和肿瘤相关基因的异常（图 10-4）。

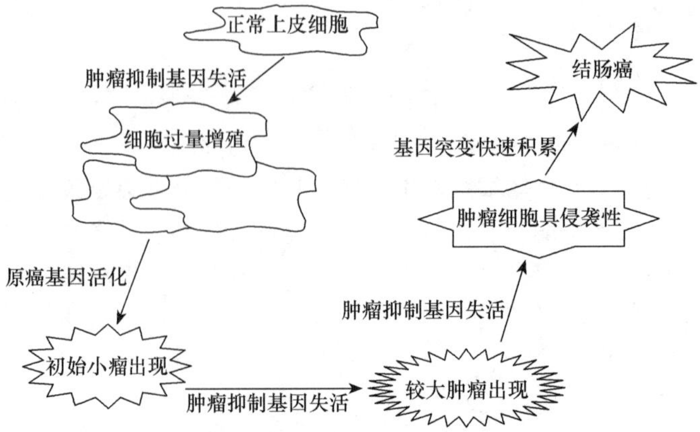

图 10-4 结肠癌的多步骤损伤

第 4 节 遗传性恶性肿瘤★

由于遗传性原因导致的染色体和基因异常，特别是常染色体上的基因受累，而使患某些肿瘤的发病率增加，称为遗传性肿瘤综合征（表 10-2）。癌症本质是一种基因性疾病，是由不同基因座上的遗传性或体细胞获得性突变积累的结果，大多数癌的基因突变发生在体细胞，即只出现在患者的癌细胞中。但大约 1% 的癌发生在有明确遗传性癌综合征的个体中，根据患者受累基因的不同，分为常染色体显性遗传的恶性肿瘤综合征和常染色体隐性遗传的恶性肿瘤综合征。

表 10-2 部分遗传性恶性肿瘤综合征

综合征	受累基因	染色体定位	基因产物的功能	相关肿瘤
家族性视网膜母细胞瘤	RB1	13q14.3	调节细胞周期，转录，结合 F2F	视网膜母细胞瘤，骨肉瘤
家族性腺瘤性息肉病（FAP）	APC	5q21	调节 β- 连环蛋白，结合微管	结、直肠癌
Li Fraumeni 综合征	P53	17p12—13	转录因子，细胞周期的调控、DNA 修复、细胞分化、凋亡	肉瘤，乳腺癌，脑肿瘤，白血病
肾母细胞瘤（Wilms 瘤）	WT1	11p13	抑制转录	肾母细胞瘤
家族性黑素瘤	p16	9p21	CDK4 和 CDK6 的抑制物	黑素瘤，胰腺癌，异型增生痣，非典型性黑痣
家族性乳腺癌 1	BRCA1	17p21	与 Rad51 蛋白质相互作用，修复双链 DNA 断裂	乳腺癌，卵巢癌
家族性乳腺癌 2	BRCA2	13q12	与 Rad51 蛋白质相互作用，修复双链 DNA 断裂	乳腺癌，男性乳腺癌，胰腺癌等
着色性干皮病	XPA，XPB 等	9q34，2q21 等	DNA 修复解旋酶，核苷酸修复，对紫外线照射引起的 DNA 嘧啶二聚体的切除修复	皮肤癌，血管瘤，脑瘤，肺癌，胃癌，白血病等
毛细血管扩张性共济失调症	ATM	11q12	DNA 修复、诱导	淋巴瘤，白血病

续表

综合征	受累基因	染色体定位	基因产物的功能	相关肿瘤
蝴蝶状红斑（Bloom）综合征	BLM	15q26.1	DNA 解旋酶，修复	白血病，实体肿瘤
先天性再生不良性（Fanconi）贫血	FACC，FACA	9q22.3，16q24.3	DNA 修复	白血病
Wilms 瘤	WT1	11p13	识别、结合特异的目标 DNA 并调节转录	Wilms 瘤

一、常染色体显性遗传的恶性肿瘤综合征

常染色体上的显性基因受累而使患某些肿瘤的发病率增加，称为常染色体显性遗传的恶性肿瘤综合征。例如，视网膜母细胞瘤、肾母细胞瘤、肾上腺或神经节的神经母细胞瘤。还有一些癌前疾病，如结肠多发性腺瘤性息肉病、神经纤维瘤病等本身并不是恶性疾病，但恶变率很高。这些肿瘤和癌前病变都属于单基因遗传，以常染色体显性遗传的规律出现。其发病特点为儿童期发病，肿瘤呈多发性，常累及双侧器官。

二、常染色体隐性遗传的恶性肿瘤综合征

常染色体上的隐性基因受累而使患某些肿瘤的发病率增加，称为常染色体隐性遗传的恶性肿瘤综合征。例如，Bloom 综合征易发生白血病和其他恶性肿瘤；毛细血管扩张共济失调症患者易发生急性白血病和淋巴瘤；着色性干皮病患者经紫外线照射后易患皮肤基底细胞癌和鳞状细胞癌或黑色素瘤。这些肿瘤易感性高的人群常伴有某种遗传性缺陷，以上三种遗传综合征均累及 DNA 修复基因。

第 5 节 遗传与环境★

绝大多数肿瘤是环境因素与遗传因素共同作用的结果。不同肿瘤受遗传因素和环境因素的影响不同。肿瘤分布的地域差异、移民流行病学调查、动物致癌实验及人类细胞体外恶性转化实验结果等都支持环境因素是大多数肿瘤的病因，环境因素包括化学因素、生物因素与物理因素。

一、化学因素

在环境因素引起的人类癌症中，化学致癌因素占主要地位。许多化合物具有致癌性。例如，亚硝胺盐是一类致癌性较强，能引起动物多种癌症的化学致癌物质，其在变质的蔬菜及食品中含量较高，能引起消化系统、肾脏等多种器官的肿瘤；香烟中含有的苯并芘也具有强烈的致癌作用，可以引起皮肤癌和肺癌；黄曲霉污染食品产生的黄曲霉毒素可能引发肝癌；砷可引起皮肤癌、肺癌和肝癌。目前公认的化学致癌物还有石棉、铬、镍、煤焦油、芥子气、矿物油与二氯甲醚等。

二、生物因素

肿瘤的发生还受生物因素的影响，由生物因素引起的肿瘤占人类肿瘤总数的 18%。致瘤病毒通过转导和插入突变将遗传物质整合到宿主细胞 DNA 中，并使宿主细胞发生转化致

瘤，RNA 致瘤病毒如人 T 细胞白血病病毒 -1（HTLV-1）和 HTLV-2 病毒可以引起白血病、淋巴瘤等；DNA 致瘤病毒如人类乳头状瘤病毒（HPV）与人类上皮性肿瘤尤其是子宫颈和肛门生殖器区域的鳞状细胞癌发生密切相关。流行病学调查乙型肝炎与肝细胞性肝癌有密切的关系。幽门螺杆菌引起的慢性胃炎与胃低度恶性 B 细胞性淋巴瘤发生有关。

三、物理因素

自然界、工业、医学及其他来源的电离辐射如紫外线、X 射线、γ 射线、粒子形式的辐射等都有致癌作用。X 射线、γ 射线等可引起白血病、乳腺癌和甲状腺癌等恶性肿瘤；骨、造血系统、呼吸系统等对放射线敏感；热辐射因能使染色体发生断裂、易位和点突变，导致癌基因激活或者肿瘤抑制基因灭活也有一定的致癌作用；强烈的紫外光照射可以引起皮肤癌。

小结

一般认为，肿瘤的发生是遗传因素和环境因素共同作用的结果，肿瘤的发生有种族差异，有家族聚集现象。有些肿瘤的发生遗传因素起决定性的作用，但大多数肿瘤的遗传因素不决定肿瘤的发生，只决定肿瘤的易患性，易患性高的个体，在化学因素、生物因素、物理因素的影响下更容易发生癌变。肿瘤的发生机制尚不明确，有单克隆起源假说，癌基因理论，染色体不平衡假说，多步骤遗传损伤学说等。

目标检测

一、名词解释

1. 单克隆起源假说　2. 标记染色体
3. 遗传性肿瘤综合征

二、选择题

1. Ph 染色体的结构是（　　）
A. $22q^+$　B. $22q^-$
C. $9q^+$　D. $9q^-$
E. t（9；22）（q34；q11）

2. 神经母细胞瘤属于 ________ 的肿瘤。
A. 多基因遗传　B. 染色体畸变引起
C. 单基因遗传　D. 遗传综合征
E. 遗传易感性

3. 慢性粒细胞性白血病的特异性标志染色体是（　　）
A. Ph 染色体　B. 13q 缺失
C. 8、14 易位　D. 11p 缺失
E. 11q 缺失

4. 大多数恶性肿瘤细胞的染色体为 ________，而且在同一肿瘤内染色体数目波动的幅度较大。
A. 二倍体　B. 假二倍体
C. 多倍体　D. 整倍体
E. 非整倍体

5. 在恶性肿瘤细胞内常见到结构异常的染色体，如果一种异常的染色体较多地出现在某种恶性肿瘤的细胞内，就称为（　　）
A. 染色体畸变　B. 染色体变异
C. 染色体脆性　D. 标志染色
E. 异常染色体

6. 特异性标志染色体是经常出现于同一种肿瘤内的标志染色体。比较突出的例子是慢性粒细胞性白血病（CML）中的（　　）
A. Ph 染色体　B. Barr 小体
C. $5p^-$　D. $^+8$
E. t（8；14）（q24；q32）

7. 关于对肺癌的研究表明，吸烟为本病的主要诱因，但也与 ________ 有关。
A. 环境污染　B. 微生物感染
C. 遗传因素　D. 物理辐射
E. 精神因素

三、简答题

1. 简述肿瘤发生的遗传机制。
2. 简述肿瘤遗传现象。

（武红霞）

第 11 章　免疫遗传学

血型通常指红细胞抗原在个体间的差异，是以血液抗原形式表现出来的一种遗传性状，是对血液分类的方法。现已知道除红细胞外，对于白细胞、血小板乃至某些血浆蛋白，个体间也存在着抗原差异。因此，广义的血型还包括血液各成分的抗原在个体间的差异。现已发现并为国际输血协会承认的血型系统有 30 种，其中最重要的两种为“ABO 血型系统”和“Rh 血型系统”。血型对输血具有重要意义，以不相容的血型输血可能导致溶血反应的发生，造成溶血性贫血、肾衰竭、休克以至死亡。因此，血型在人类遗传学、法医学、临床医学等学科都有广泛的实用价值和临床意义。

第 1 节　红细胞抗原遗传

考点：ABO 血型系统

一、ABO 血型系统

ABO 血型系统由 9 号染色体上 I^A、I^B、i 三个等位基因控制，其中 I^A、I^B 是显性基因，i 是隐性基因。红细胞具有某一种抗原，且血清中同时具有与之对应的抗体，就会发生凝集反应。例如，红细胞上有 A 抗原，血清中有 A 抗体，便会发生凝集。根据这个原理，ABO 血型系统输血时凝集情况如表 11-1 所示。

表 11-1　ABO 血型系统输血时凝集情况

受体 / 供体	A 型	B 型	AB 型	O 型
A 型	不凝集	凝集	凝集	不凝集
B 型	凝集	不凝集	凝集	不凝集
AB 型	不凝集	不凝集	不凝集	不凝集
O 型	凝集	凝集	凝集	不凝集

二、Rh 血型系统

Rh 是恒河猴（Rhesus Macacus）外文名称的头两个字母，Rh 血型源于兰德斯坦纳等科学家在 1940 年做动物实验时，发现恒河猴和多数人体内的红细胞上存在 Rh 血型的抗原而命名的。它是继 ABO 血型发现后临床意义最大的一种血型，也是最复杂的血型系统之一。凡是人体血液红细胞上有 Rh 抗原（又称 D 抗原）的，称为 Rh^+；相反，红细胞无 Rh 抗原的则称为 Rh^-。这就使具 ABO 血型系统的人，又都分别被划分为 Rh^+ 和 Rh^- 两种。Rh^+ 血型在我国汉族及大多数民族人中约占 99.7%，Rh^- 血型只占 0.3%。Rh^-A 型、B 型、O 型、AB 型的比例是 3 : 3 : 3 : 1。在国外的一些民族中 Rh^+ 血型的人约为 85%，其中在欧美白色人种中，Rh^- 血型人约占 15% 。

Rh^- 者不能接受 Rh^+ 者血液，因为 Rh^+ 者血液中的抗原将刺激 Rh^- 人体产生 Rh 抗体。如果再次输入 Rh^+ 血液，即可导致溶血性输血反应。但是，Rh^+ 者可以接受 Rh^- 者的血液。

第 2 节　白细胞抗原遗传★

一、HLA 复合体的结构及其基因产物和功能

白细胞抗原（human leucocyte antigen，HLA）是人类细胞抗原中最重要的类别之一。与红细胞血型相比，人们对白细胞抗原的了解较晚，目前已知 HLA 抗原有 144 种以上，其编码基因位于 6p21.3，全长 4000kb，是由 200 个以上的基因座位组成的基因复合体。人类白细胞抗原分为 A、B、C、D、DR、DQ 和 DP 7 个系列，HLA 和红细胞血型一样都受遗传规律的控制，每个人分别可从父母获得一套染色体，所以一个人可以同时查出 A、B、C、D、DR、DQ 和 DP 7 个系列中的 5～10 种白细胞型，因此表现出来的各种白细胞型有上亿种之多，在无血缘关系的人群中找出 HLA 相同的两个人是很困难的，但同胞兄弟姊妹之间总是有 1/4 概率为 HLA 完全相同或完全不同，因此法医鉴定亲缘关系时，HLA 测定是最有力的方法。

HLA 抗原是一种糖蛋白，HLA 分子由 4 条肽链组成，含 2 条轻链和 2 条重链，重链上连接 2 条糖链。HLA 分子部分镶嵌在细胞膜的双脂层中，其插入膜的部分相当于免疫球蛋白 IgG 的 Fc 区段，轻链为 β- 微球蛋白。由于分子结构上与免疫球蛋白极相似，故 HLA 与有保卫功能的免疫防御系统密切相关。

二、HLA 配型与器官移植

在组织或器官移植中，供体与受体间相容与否都是由它们的组织特异性决定的。这种代表个体特异性的组织抗原称组织相容性抗原，一套这样的在移植反应中起主要作用的抗原系统称主要组织相容性系统（major histocompatibility system，MHS）。编码 MHS 的基因群称为主要组织相容性复合体（major histocompatibility complex，MHC），即指某一染色体上一群紧密连锁的基因群。人的 MHC 就称 HLA 复合体，因此 HLA 又称移植抗原，在进行移植手术时人类白细胞抗原决定组织相容性，同种异体移植（单卵双生除外）的排斥反应是移植成功的最大障碍。贡献者和接受者的人类白细胞抗原越相似，排异反应就越小，在遗传学中，MHC 是作为一个单位来遵循孟德尔遗传定律的，因此同胞之间有 HLA 相同、半相同和不同三种情况。实践证明，HLA 相同的同胞为供体的器官移植，90% 以上效果良好，半相同的供体，效果明显下降；不同者则很少存活。HLA 本质和功能的揭示，为移植配型提供了重要的理论依据。

三、HLA 与疾病关联

现已证实，多种疾病与特定的 HLA 相关，多数寻常性银屑病患者携带 HLA-B13 或 HLA-B17，而脓疱性银屑病则不然；HLA-B27 抗原见于大约 90% 的强直性脊椎炎病人，青少年性胰岛素依赖型糖尿病与 HLA-B8、HLA-Bw15 和 HLA-B18 相关，而晚期发作型糖尿病并无这种相关。因此，特定类型的 HLA 便成为某些疾病的遗传标志。再如，常染色体隐性遗传的肾上腺皮质增生症是由于 21- 羟化酶缺乏引起的，应用 HLA 抗原多态性作群体关联分析和家系连锁分析，发现有两个羟化酶位点 21-OHA、21-OHB 与 HLA-B、DR 紧密连锁。依此，可用 HLA 作出产前诊断，在优生学中，可以根据现有资料，推算出某些孩子患某种疾病的相对风险率。

第 3 节　抗体遗传★

抗体是机体免疫细胞被抗原激活后，B 细胞分化成熟为浆细胞后所合成、分泌的一类能与相应抗原特异性结合的具有免疫功能的球蛋白。抗体主要分布在体内血清中或外分泌液中，对体液免疫应答起主要作用。目前已发现的人免疫球蛋白有五类，分别为 IgG、IgA、IgM、IgD 和 IgE。

一、抗体分子的基本结构

免疫球蛋白最显著的特点是与抗原特异性结合及其分子的不均一性。各种不同类别的免疫球蛋白分子都含有四条多肽链组成的基本结构单位，即由两条重链（heavy chain，H 链）和两条轻链（light chain，L 链）通过不同数目的二硫键结成"Y"形（图 11-1）。在抗体分子的 N 端，不同抗体分子的氨基酸组成和顺序都是不同的，此区为"多变区"（variable region，V 区），它是抗体分子与抗原决定簇的结合部位，由于抗体多变区这一结构特点，决定了它对抗原分子"识别功能"的多样性；不同抗体分了的 C 端结构基本恒定，称为"稳定区"（constant region，C 区）。当抗原与抗体结合时，抗体分子发生变构效应和集聚作用，使稳定区的某些部位暴露出来，并立即发生一系列免疫生理效应，如固定补体，促进对抗原分子的吞噬、溶解和清除作用等。

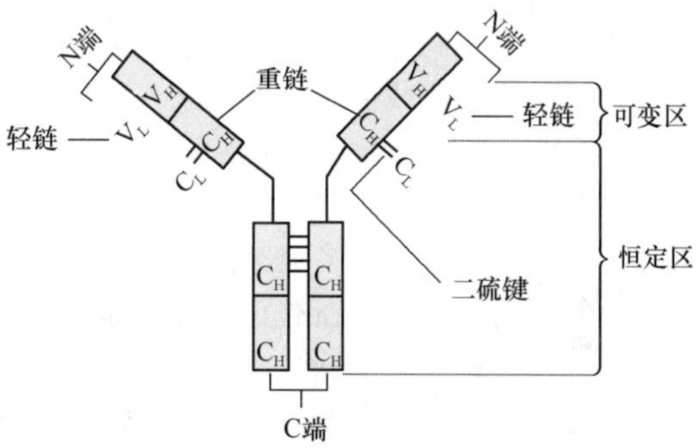

图 11-1　抗体分子的基本结构

免疫球蛋白反应的特异性和分子的多样性受基因支配；一条肽链的 C 区和 V 区分别由 C 基因和 V 基因编码。任何一个 B 细胞都有 3 个独立的 Ig 基因簇：1 个 H 链基因簇和 2 个 L 链基因簇（κ 和 λ），构成 Ig 的结构基因；在 B 细胞分化成熟过程中进行基因重排，进而转录、翻译，最终形成抗体。

二、抗体基因结构与基因重排

（一）Ig 基因的结构

1. 重链基因　人类重链基因位于第 14 号染色体上，基因结构非常复杂，分为 4 个不连续的基因节段，从着丝点 5′末端起依次为：可变区基因（VH）、多样性区基因（DH）、接合区基因（JH）和稳定区基因（CH）。

2. 轻链基因　比重链的基因结构简单，仅有 V 区、J 区、C 区而无 D 基因节段。κ 链和 λ 链的基因互不相同。人类 κ 链基因位于第 2 号染色体上，λ 链基因位于第 22 号染色体上。

（二）Ig 基因重排

Ig 基因重排指淋巴细胞发育中免疫球蛋白可变区基因片段经重组而形成完整可变区序列的过程。重链可变区基因由 V、D、J 各 1 个基因片段组成，轻链可变区基因由 V、J 各 1 个基因片段组成，VDJ 基因均有多个拷贝，各片段通过随机组合（即重排）而形成多样性的抗体可变区。胚系状态的 Ig 基因，无论是重链基因还是轻链基因，都不能作为一个独立的单位进行表达，只有经过重排以后才能成为具有表达功能的基因。在重链，还可以发生类型转换。重链类型转换是指抗体可变区不变，即结合抗原的特异性相同，但其重链的恒定区发生改变。每个B细胞开始时一般均表达IgM，但随后可通过抗体类别转换表达和产生IgG、IgA、IgE，抗体类型转换主要由Ig恒定区基因重组或其重链mRNA的不同拼接所导致，类转换只变换Ig的类别，不改变抗体的特异性。

三、抗体多样性的产生机制

Ig基因在表达时存在等位排斥（allelic exclusion）和同型排斥（isotypic exclusion）现象。所谓等位排斥是一个B淋巴细胞中发生V-J和V-D-J重排时，只有一种重组类型出现，产生一种轻链和一种重链。淋巴细胞中产生免疫球蛋白的基因位于两条同源染色体上，而免疫球蛋白基因的表达只发生在其中一条上，这种因为一条染色体上的基因表达而抑制另一条染色体上相同基因表达的现象称为等位排斥。而同型排斥则是指B淋巴细胞的轻链表达时，只生成κ链或λ链中的一条，不可能同时表达κ链和λ链。等位排斥和同型排斥使B淋巴细胞无性系只表达一种特异抗体的事实得到了很好的解释。

一个机体何以能产生多达10^6～10^8种具有不同抗体特异性的Ig分子，是因为抗体的κ链和λ链可以和各类、各亚类配合，重链、轻链本身又有各种异型，如此构成的抗体会有多样性，同时在细胞表面有很多的抗原决定基，不同的抗原决定基可以刺激机体产生不同的抗体，由于抗原决定基具有多样性，所以抗体也具有多样性。因此，抗体的结构、抗体的分类及抗原的多样性共同决定了抗体的多样性。

第4节　免疫缺陷病★

一、抗体免疫缺陷病

抗体免疫缺陷病特征为抗体生成及抗体功能缺陷。患者一般有血清免疫球蛋白的减少或缺乏。

（一）X–连锁无丙种球蛋白血症

病人均为男性，生长发育正常。多数病例出生后6～9个月内表现正常，1～2岁后开始反复感染。累及呼吸系统、神经系统、皮肤、大关节等部位，常见病原菌为葡萄球菌、肺炎球菌、链球菌、嗜血流感杆菌和脑膜炎球菌。实验室检查发现血清与组织各类免疫球蛋白明显降低。IgG<2g/L。周围血淋巴细胞正常，但几乎全为T淋巴细胞,B细胞缺如或减少。用抗原刺激不能引起明显的抗体反应，细胞免疫功能一般完善，淋巴结、肝、扁桃体和肠道相关淋巴组织生发中心发育不良，浆细胞缺如或罕见。治疗原则是用替代疗法补充病人不能产生的抗体，早期给予免疫球蛋白治疗者，多数预后良好，有持续肠病毒感染或恶性组织细胞病者预后较差。

（二）常见变异型免疫缺陷病

本病男女均可发病，通常6岁以后开始有症状，20～30岁明显加重。主要表现是病人反复感染。常有慢性腹泻、乳糖耐受不良、吸收不良和蛋白质丢失性肠病。贾第鞭毛虫感染是腹泻的常见原因。部分病人胃酸减少，其中半数缺乏内因子，此外尚有脾大及贫血和白细胞数减少、血小板减少。抗体免疫缺陷病自身免疫性疾病发病率较高，如溶血性贫血、血小板减少性紫癜、甲状腺炎和类风湿关节炎。

（三）选择性IgA缺乏

本病多数病人无症状，偶尔在检查时发现。有的则有明显症状，多在10岁内出现，均因 IgA 缺乏，呼吸道、胃肠道、泌尿道等部位局部免疫功能降低，容易发生感染，也可发生过敏反应。此外，类风湿关节炎、系统性红斑狼疮、甲状腺炎与恶性贫血等自身免疫疾病发生率增高。

（四）婴儿暂时性低丙球蛋白血症

本病男女均可发病，一般病程持续 6～18 个月。婴儿发育正常，有的婴儿无明显症状，有的可发生反复感染，其表现类似 X 连锁无丙球蛋白血症，但程度较轻。

二、联合免疫缺陷病

联合免疫缺陷病是指一组兼有抗体免疫缺陷和细胞免疫缺陷的临床表现的疾病。其特点是先天性和遗传性 B 细胞与 T 细胞系统异常。患者有细胞免疫功能的缺陷，又有体液免疫功能缺陷。

联合免疫缺陷病的病因，有的是先天致畸因素引起的，如骨髓多能造血干细胞发育不全；有的为常染色体或伴性染色体隐性遗传所致，如 SCID、Wiskott-Aldrich 综合征等。这些患者既表现了细胞免疫功能的缺陷，又表现了体液免疫功能缺陷，其具体的临床病症有以下三种类型。

（一）严重联合免疫缺陷病

患儿多于出生后 3 个月内开始出现感染、生长发育障碍。查体一般不见浅表淋巴结和扁桃体。胸部 X 线检查不见婴儿胸腺阴影，网状组织发育不全，T、B 系统免疫缺陷与严重粒细胞缺乏。大多因链球菌脓毒血症而于生后一周内死亡。实验室检查体液与细胞免疫功能均明显异常。通常：IgG、IgA 与 IgM 很低，部分病例血液和淋巴组织 B 细胞减少，细胞免疫试验均异常，外周血 T 细胞数明显减少，T 细胞功能试验亦明显异常。用骨髓移植进行免疫重建对治疗本病有效。另外，每周肌内注射一次大剂量聚乙烯乙二醇治疗 ADA（PEG-ADA）也有较好的效果。

（二）伴有血小板减少及湿疹的免疫缺陷病

本病患者为男性。出生后即有血小板减少的现象，常以出血为首发症状，6 个月后发生感染者多见，且随年龄而加重。湿疹常在 1 岁左右发生，常伴发过敏性疾病及自身免疫疾病，如幼年型类风湿关节炎、血管炎及溶血性贫血。10 岁以上儿童还可发生恶性疾病，如淋巴瘤和急性淋巴细胞性白血病。实验室检查 IgM 降低，IgA 及 IgE 升高，IgG 正常或轻度降低。细胞免疫检查可有不同的异常。皮肤试验无反应，血小板减少，中性粒细胞减少，嗜酸粒细胞增多。可有贫血。配型骨髓移植效果最好，可完全纠正血小板及免疫学异常。输血或输血小板，可对血小板减少行脾切除术。

（三）共济失调毛细血管扩张症

患儿一般 9～12 个月可出现共济失调，3～6 岁时毛细血管扩张，随年龄的增长，神经系统症状和免疫缺陷也随之加剧。儿童期可出现鼻窦和呼吸道反复感染。青春发育期很少出现第二性征，大多数患者有智力发育障碍。有的患者可发生抗胰岛素的糖尿病，常并发淋巴网状系统恶性肿瘤和其他肿瘤。实验室检查 T、B 细胞免疫功能有不同程度异常，可有淋巴细胞减少。40% 患者血清缺乏 IgA，也有 IgG4、IgG2 和 IgA2 缺乏或 IgE 减少者。脑电图、肌电图异常。血清甲胎蛋白增高，肝功能异常，血清中可检出自身抗体。除抗感染和物理治疗外，目前尚无特效疗法。

三、吞噬细胞功能缺陷病

吞噬功能是机体防御感染的第一道防线。吞噬细胞在清除入侵病原体中起到十分重要的作用。吞噬细胞功能不足的病因多为遗传性的，如慢性肉芽肿病为X连锁隐性遗传，少数为常染色体隐性遗传。患者大多在幼年发病，淋巴结、肝脾显著肿大，致病菌多为表皮葡萄球菌、金黄色葡萄球菌、沙雷菌、大肠埃希菌和假单胞菌等。病人一般发育延迟。实验室检查白细胞计数因感染而可能增高，根据不同的致病菌给予积极的抗菌治疗，严重病例可予骨髓移植。一般预后差，很少能存活至20岁以上。

四、补体缺陷病

在补体系统的组成成分中，几乎每一种都有遗传缺陷的可能。大多数补体遗传缺陷属常染色体隐性遗传，少数为常染色体显性遗传。当患者反复发生细菌感染，尤其是化脓性细菌感染或奈瑟菌感染时应考虑到补体缺陷的可能。补体缺陷并发感染时对抗生素治疗的反应良好，但根本治疗应在于纠正补体缺陷。

第5节　自身免疫病★

一、系统性红斑狼疮

系统性红斑狼疮（systemic lupus erythematosus，SLE）是一种多发于青年女性的累及多脏器的自身免疫性炎症性结缔组织病，相关资料显示遗传、内分泌、感染、免疫异常和一些环境因素与本病的发生有关。

本病累及男女之比为1 ∶ 8，发病年龄以20～40岁为最多。在遗传因素、环境因素、雌激素水平等各种因素相互作用下，导致T淋巴细胞减少、T抑制细胞功能降低、B细胞过度增生，产生大量的自身抗体，并与体内相应的自身抗原结合形成相应的免疫复合物，沉积在皮肤、关节、小血管、肾小球等部位。在补体的参与下，引起急慢性炎症及组织坏死，如狼疮肾炎，或抗体直接与组织细胞抗原作用，引起细胞破坏如红细胞、淋巴细胞及血小板壁的特异性抗原与相应的自身抗体结合，分别引起溶血性贫血、淋巴细胞减少症和血小板减少症，从而导致机体的多系统损害。

二、类风湿关节炎

类风湿关节炎（rheumatoid arthritis，RA）是一种病因未明的慢性、以炎性滑膜炎为主的系统性疾病。其特征是手、足小关节的多关节、对称性、侵袭性关节炎症，并经常伴有关节外器官受累及血清类风湿因子阳性，可以导致关节畸形及功能丧失。本病女性好发，发病率为男性的2～3倍。可发生于任何年龄，高发年龄为40～60岁。可伴有体重减轻、低热及疲乏感等全身症状。常呈对称性多关节炎，易受累的关节有手、足、腕、踝及颞颌关节等，有手和足的畸形病变，关节可有发热、类风湿结节、类风湿血管炎及淋巴结肿大。此病常伴有心脏、肺、肾脏及神经系统的病变。

三、重症肌无力

重症肌无力（myasthenia gravis，MG）是一种由神经-肌肉接头处传递功能障碍所引起的自身免疫性疾病，女性患病率大于男性，约为3∶2，各年龄段均有发病，儿童1～5岁居多。重症肌无力发病初期患者往往感到眼或肢体酸胀不适，或视物模糊，容易疲劳，天气炎热或月经来潮时疲乏加重。随着病情发展，骨骼肌明显疲乏无力，显著特点是肌无力于下午或傍晚劳累后加重，晨起或休息后减轻，呈现“晨轻暮重”的现象。重症肌无力的发病原因分两大类，第一类是先天遗传性，极少见，与自身免疫无关；第二类是自身免疫性疾病，最常见，发病原因尚不明确，普遍认为与感染、药物、环境因素等有关。

小 结

免疫遗传学的主要内容是研究抗原、抗体及它们之间相互作用的遗传本质。同时揭示了免疫应答过程中遗传调控和抗原、抗体、抗原受体、补体等各种免疫活性物质的基因调控及免疫缺陷的遗传问题，是临床输血和器官移植、新生儿溶血症的理论基础。

目标检测

一、名词解释

1. 等位排斥 2. 同型排斥
3. 移植抗原

二、选择题

1. 同胞之间 HLA 完全相同的可能性是（ ）
A. 0 B. 1/4
C. 1/2 D. 3/4
E. 1
2. 父子之间 HLA 完全相同的可能性是（ ）
A. 0 B. 1/4
C. 1/2 D. 3/4
E. 1
3. 新生儿溶血症多见于（ ）
A. HLA 不相容 B. ABO 血型不相容
C. Rh 不相容 D. 缺乏 γ 球蛋白
E. 细胞免疫缺陷
4. 主要组织相容性复合体在人类又称为（ ）
A. HLA B. MHA
C. MHA 复合体 D. HLA 系统
E. 人类白细胞抗原复合体
5. 生过 Rh 溶血病患儿的母亲，再次妊娠时，父亲为 Rh 阳性纯合子，胎儿再发风险是( )
A. 0 B. 3/4
C. 1/2 D. 1/4
E. 1
6. 在进行器官移植时，首先应该在同胞中寻找 HLA 抗原完全相同的供体，其次在同胞中寻找（ ）
A. 完全相同者 B. 1/2 相同者
C. 1/4 相同者 D. 3/4 相同者
E. 完全不同者
7. 在排斥反应中，起最重要作用的是（ ）
A. Rh 血型系统 B. HLA 系统
C. 红细胞血型系统 D. 免疫系统
E. 以上都不是

三、简答题

1. 简述抗体分子的结构。
2. 简述抗体基因的结构。

（武红霞）

第 12 章　药物遗传学

药物遗传学（pharmacogenetics）是药理学与遗传学相互结合的交叉学科，是研究人体药物反应遗传基础的科学。它研究遗传因素对药物代谢动力学的影响，尤其是在发生异常药物反应中的作用。

药物遗传学始于 20 世纪 50 年代，当时研究者发现有些药品不良反应（adverse drug reaction，ADR）是由决定酶活性的基因改变引起的。例如，给予琥珀酰胆碱后肌松作用延长是由于先天性血浆胆碱酯酶的缺乏；抗疟药引起的溶血的原因被认为是遗传性 6- 磷酸果糖脱氢酶的变异；某些人先天性乙酰化异烟肼能力的改变是其发生周围神经病变的原因。给予抗心律失常药和催产素司巴丁后，病人出现的眩晕、复视、视物模糊以及给予抗高血压药异喹胍后引起的非容量性直立性低血压这些异常的药物反应于 1957 年被 A.G. 莫图尔斯基首先指出与遗传缺陷有关。1959 年 T. 福格尔正式提出药物遗传学这一名称。1962 年 W. 卡洛发表了与药物遗传学有关的著作。1973 年世界卫生组织发表了关于药物遗传学的技术报告，综述了药物遗传学的基本内容。

药物遗传学揭示了许多药物异常反应的遗传基础和生化本质，这对于指导临床医生正确掌握用药的个体化原则，防止各种与遗传有关的药物反应都具有指导价值。

第 1 节　药物反应的遗传基础

药物被摄入机体后，需要经过吸收、分布、代谢与排泄等一系列的过程。每个过程都有相应的代谢酶、受体或蛋白质的参与。例如，膜蛋白参与药物的吸收，血清蛋白参与药物的分布，受体蛋白分子则与药物作用有关，一些代谢酶参与药物转化与降解。而这些代谢酶、受体或蛋白质都是基因表达的产物，如果编码它们的基因出现了变异或缺陷，势必导致相应药物反应过程产生异常，这是形成药物反应特异性的重要原因，也是药物反应的遗传基础。

正常治疗量的同一药物，绝大多数人在给予相同剂量、相同给药方法和相同给药次数的条件下，均会达到预期的相似的治疗效果，这是药物防病治病的主要依据；然而，在实验研究和临床工作中，人们会观察到个体间的甚为明显的药理效应和不良反应的差异，例如，个别人用药后，会出现预想不到的后果，如耐受性（tolerance）、高敏性（hypersensitivity）、特异质（idiosyncrasy）等。例如，人群中异烟肼、普萘洛尔等药物的体内血药浓度彼此可相差几倍到几十倍。现在已知遗传因素是影响个体差异的决定因素之一。

考点：
遗传因素对药物药动学、药物药效学的影响

一、遗传因素对药物药动学的影响

药物动力学亦称药动学，是应用动力学原理与数学模式，定量地描述与概括药物通过各种途径（如口服给药、静脉注射、静脉滴注等）进入体内的吸收、分布、代谢和排泄，即吸收、分布、代谢、排泄过程的“量 - 时”变化或“血药浓度 - 时”变化的动态规律的一门科学。简单来说药物动力学就是研究药物在动物体内的含量随时间变化规律的科学。

遗传因素对药动学的影响，是指遗传因素影响药物在机体内的吸收、分布、代谢及排泄，从而造成药效学上的变异，也称药代动力学缺陷。

（一）对药物吸收过程的影响

由于先天性缺乏某种内因子，或者由于分泌功能有缺陷的内因子，导致小肠对药物吸收功能有缺陷。例如，少年型恶性贫血是由于胃内缺乏内因子，使维生素 B_{12} 在肠内不能被吸收。这种病人在使用维生素 B_{12} 时，注射方可有效。该病属常染色体隐性遗传。

（二）对药物分布的影响

某些遗传因素导致被机体吸收后的药物异常分布，可引起某些疾病。例如，由于甲状腺素结合蛋白异常，使得甲状腺素与甲状腺素结合蛋白的亲和力发生改变，影响甲状腺素分布而引起的 Turner 综合征（X- 染色体连锁遗传）；由于铜代谢异常而沉积于组织，导致含铜蛋白在血浆中缺乏或不足，影响铜在体内分布而引起的威尔逊病。

（三）对药物代谢的影响

遗传因素能够影响到体内药物代谢的许多方面，主要有药物的氧化、水解反应、乙酰化等。

1. 氧化　细胞色素 P450 酶（cytochrome P450, CYP）是一个超级大家族，迄今为止在人体已发现近 50 种 P450 酶。该酶主要存在于肝细胞中，也有一些在胃肠道、肾、脑组织中，其功能主要是催化内源和外源物质的代谢。P450 酶参与药物在体内的氧化代谢，药物在体内的氧化代谢途径主要包括羟化、去甲基化、去烷基化、脱氨氧化等。由于 P450 酶与人体药物氧化代谢关系密切，当它的活性降低或缺陷时，就会影响很多药物的代谢反应过程。

2. 水解　假性胆碱酯酶（血浆胆碱酯酶、伪胆碱酯酶）存在于血浆中，能够迅速水解外科常用的骨骼肌松弛剂琥珀胆碱等药物，使其肌肉松弛时间仅持续 2～3 分钟。如果假性胆碱酯酶有遗传缺陷时，琥珀胆碱等药物就不能被迅速消除，而产生长时间的肌肉松弛作用，并可伴有可能长达数小时的呼吸暂停，甚至危及生命。现在已知假性胆碱酯酶缺陷主要是药物与酶的亲和力降低及假性胆碱酯酶数量不足所致。假性胆碱酯酶缺陷属单基因常染色体隐性遗传。

3. 乙酰化　经典的遗传性药物代谢功能缺陷的例子就是某些药物的乙酰化代谢多态性。最早发现这一现象是通过观察一线抗结核药物异烟肼的血药浓度的双峰分布得到的。异烟肼主要在肝脏中通过 N- 乙酰化代谢反应而得到消除，根据异烟肼血药浓度半衰期或通过测定血浆及尿中异烟肼的乙酰化与未乙酰化的比例，将其个体分为慢乙酰化者和快乙酰化者。研究表明：异烟肼的乙酰化能力是受遗传因素控制的。某些药物在肝脏 N- 乙酰转移酶作用下进行乙酰化代谢。由于不同的个体肝脏中 N- 乙酰转移酶的数量存在很大的差异，使这些药物的代谢速度参差不齐：N- 乙酰转移酶的数量多的，药物代谢速度快，药物被迅速转化为乙酰化产物，导致血药成分迅速改变，影响疗效；N- 乙酰转移酶的数量少的，药物代谢速度慢，易造成药物蓄积。

N- 乙酰转移酶的生成是由常染色体等位基因所控制的，快乙酰化者和慢乙酰化者有所不同：慢乙酰化者为常染色体隐性基因所调控的纯合子，快乙酰化者为显性基因所控制的纯合子或杂合子，即慢乙酰化是常染色体隐性遗传疾病。

慢乙酰化者和快乙酰化者存在着显著的（5%～90%）种族差异和地理起源差异：在欧洲高加索和北美，约 50% 的人是快乙酰化者，而亚洲人和加拿大的爱斯基摩人则几乎 100% 为快乙酰化者。

乙酰化多态性影响许多药物的代谢，如磺胺二甲嘧啶、磺胺吡啶及其他的磺胺类药物，还有肼屈嗪、普鲁卡因胺、氨苯砜、氨鲁米特、咖啡因等。

（四）对药物排泄的影响

尽可能排除其他因素的影响，在给予健康、成年同卵和异卵双生子同一剂量的同一药物后，发现单卵双生子间对药物消除的差异远远小于异卵双生子间对药物消除的差异。在不相关个体间服用药物后，药物的消除速率差别：双香豆素10倍；保泰松4倍；安替比林4倍；氟烷3倍；乙醇2倍。

然而，多基因研究要远比单基因研究复杂得多，因为多基因遗传因素对药物的影响往往是和非遗传因素相互交织的结果。

二、遗传因素对药物药效学的影响

遗传因素对于药效学的影响是指由于机体效应器官、组织细胞或受体存在着遗传性缺陷，而影响到药物对于机体的作用。

遗传因素对于药物作用的影响，主要有以下五种疾患表现。

（一）华法林耐受性

遗传因素调控的华法林耐受性是在一位71岁的心肌梗死患者服用抗凝药物后首次发现的，患者体格和实验室检查除了发现凝血酶原浓度降低到正常的60%左右外，并无其他异常。抗凝药物起初受到抑制是由于患者当时处于低凝血酶原状态。一个月后再次服用抗凝药物，患者则已经对双香豆素产生了耐受性，而不再敏感。要把凝血酶原浓度降低到治疗浓度，每日必须用145mg的药物（即将近高出平均剂量50个标准差）。更为详细的研究表明：药物在消化道吸收正常，动力学和结合试验也都表现正常。即使给予很高剂量的华法林，华法林也不会丝毫不变地从尿液和粪便中排出，并且从该缺陷的患者尿液中回收的代谢物和正常人尿液中回收的代谢物相似。该类患者还对双香豆素和茚满二酮、苯茚满二酮耐受，但是对于肝素不耐受。华法林耐受性此类缺陷的机制被认为是由于酶或受体位点对维生素K或抗凝药物的亲和力改变。患者的三代以内五个其他的家族成员（男女均有）也表现出华法林耐受性，表明该疾患为常染色体显性遗传。

（二）葡萄糖6-磷酸脱氢酶（G-6-PD）缺陷（蚕豆病）

G-6-PD催化葡萄糖6-磷酸氧化为6-磷酸葡糖酸，并生成戊糖5-磷酸，它是还原型NADP（NADPH）的重要来源。NADPH是电子供给体，它能够使氧化型谷胱甘肽转化为能够对各种细胞蛋白质氧化起到保护作用的还原型谷胱甘肽，尤其是可以保护细胞膜上的巯基免受氧化，从而对细胞起到保护作用。当红细胞缺乏G-6-PD时，NAPDH生成减少，使氧化型谷胱甘肽产生蓄积，只要红细胞和某些具有氧化作用的药物（阿司匹林、伯氨喹或磺胺类等）接触时，由于红细胞膜上的巯基被氧化，即产生溶血现象。

G-6-PD缺陷是最常见的X-连锁不完全显性遗传性人类酶功能异常疾病，全世界患者多达4亿人，在库尔德犹太人中发病率可达50%以上。通常只有男性纯合子表现出显著的药物相关性溶血。对于女性的影响则要小得多，这与Lyon的假说（认为在女性的两条X染色体中，仅仅有一条是有功能的，另一条在早期是不活跃的）预测相一致。

在黑色人种中常常可见由于G-6-PD变异缺陷而导致的较缓和的自限性贫血，他们可以毫无危险地重复用药，因为只是可疑的、衰老的红细胞被溶血从血液循环中清除，而它们很快就被新生的有抵抗力的细胞所替代。在众多的地中海G-6-PD变异中，溶血对红细胞数目影响很大，只要服用很小剂量的药物，就会发生溶血。溶血的严重程度不仅和变异的G-6-PD活性有关，而且和它的其他性质（包括稳定性）有关。G-6-PD缺陷的根本原因在于基因突变。目前发现的生化变异型有400多种，基因突变型有98种，且绝大多数为1或2个碱基的点突变。

（三）药物敏感性血红蛋白

一个两岁的瑞士女孩和她的父亲在服用磺胺药物后，就患上了红细胞溶血症。两位患者血红蛋白含量都不正常，血红蛋白电泳迁移速率介于血红蛋白A和血红蛋白S之间。进一步研究表明：是血红蛋白的β链发生了异常，即在与血红素（亚铁原卟啉）结合的多肽链的 63 位精氨酸取代了原来的组氨酸。在他们的 65 位亲戚中，有 15 位是血红蛋白功能异常者，此病被命名为苏黎世血红蛋白症，它属于常染色体显性遗传。

另一种对药物敏感的血红蛋白是血红蛋白 H，血红蛋白 H 症是一种特殊形式的 α- 地中海贫血，血红蛋白 H 由 4 条 β 链组成，它对 G-6-PD 缺陷敏感的氧化性药物敏感。在某些地区，如泰国，纯合型的发生频率很高，可以高达约 1/300。现在已知至少有一百余种这类功能异常的血红蛋白，它们容易被氧化为高铁血红蛋白，而正常人在类似的条件下仅仅有 2% 左右的高铁血红蛋白产生且容易被高铁血红蛋白还原酶还原，而功能异常者却不能。其中以血红蛋白 M 最易受到影响，它也属于常染色体显性遗传。

（四）PTC 味觉障碍

PTC 味觉障碍（PTC 味盲）属于常染色体不完全显性遗传，味觉障碍者可以是纯合子，也可以是杂合子。

1932 年 Fox 合成了苯硫脲，当他把苯硫脲倒入容器中时，同室的同事抱怨该化合物粉尘的苦味，而他本人却没有觉察到。现在已有许多研究发现该缺陷多态性与甲状腺疾病有关。例如，给鼠服用 PTC 会导致鼠产生甲状腺肿。患者对于与 PTC 相关的具有 N－C＝S 基团的化合物如抗甲状腺药物甲硫氧嘧啶、丙硫氧嘧啶等化合物也同样表现出 PTC 味觉障碍。在 134 例结节性甲状腺肿中，41% 的患者有味觉障碍。在患有多种甲状腺瘤的男性患者中，发现味盲的发生频率显著增加，而味盲者则更易患甲状腺呆小症和腺瘤性甲状腺肿。

众多的实验资料表明：味盲者对于外部环境中致甲状腺肿的物质更为敏感，影响个体味觉差异的生化机制尚不很清楚。PTC 味觉障碍的发生率在非洲人为 3%，中国人为 16%，白色人种为 30%～43%，阿拉伯人为 37%。

（五）恶性高热和肌肉僵直

1962 年，一个家族中有 38 人使用全麻药物后施行外科手术，高热导致 10 人死亡。这是首次报道由于全麻药导致的恶性高热与遗传因素有关。自那以后有 200 多例恶性高热被证实有遗传基础。该病表现为心动过速、出汗、发绀、呼吸急促，尤其显著的是肌肉僵直、体温迅速升高，偶尔甚至可以上升到 46℃。约 2/3 的病人死于心搏停止，而不同病人之间肌肉僵直的程度差异较大，有时甚至可以没有。但是有时肌肉僵直现象特别明显，病人僵直得如同直板，进行性地成为僵尸。此病发生率在全麻病人中约为 1/20 000，不表现为性连锁，但是年轻人发病率要比老年人高。能够导致该病发作的药物有：亚硝基化合物、氟烷、甲氧氟烷、琥酰胆碱、乙醚、环丙烷等。现在已知该病属于常染色体显性遗传。

第 2 节 环境因子反应的遗传基础★

一、乳糖不耐受症

乳糖在人体中不能直接吸收，需要在乳糖酶的作用下分解才能被吸收，缺少乳糖分解酶的人群在摄入乳糖后，未被消化的乳糖直接进入大肠，刺激大肠蠕动加快，造成腹鸣、腹泻等症状称乳糖不耐受症。食用酸奶、低乳糖奶可以减缓乳糖不耐受症。

乳糖不耐症是一种隐性的遗传疾病，患者因制造乳糖酶的基因产生缺陷，而造成小肠绒毛细胞无法制造足够的乳糖酶。乳糖不耐症分为先天性乳糖酶缺乏症、继发性乳糖酶缺乏症、暂时性低乳糖酶症、成人性乳糖不耐受症四种。

由于患儿缺乏乳糖酶以致对母乳或牛乳中的乳糖不能完全分解。乳糖在肠腔被正常肠道菌群分解成乳酸，可再分解为二氧化碳和水，乳酸刺激肠壁，促进肠蠕动，大便次数增加，腹部不适而不安，乳糖酶缺乏的程度因人而异，因此症状轻重不一。

乳糖不耐症因为是基因原因导致，缺少消化乳糖的消化酶，目前还没有根治的方法，最根本的方法是限量食用奶制品，以及含有奶制品的食物。但是，后天的改善也能够很大程度地弥补。因为人类只有在幼年时期体内才会产生乳糖的消化酶，而长大后机体就失去了这个功能，如果早期没有或者极少接触牛奶、乳糖类食物，那么随着年龄的增长，极有可能发生乳糖不耐受。从另一个角度上来看，乳糖不耐受实际上是人类“正常”的状态，而耐受则是由于后天的接触和基因的突变两者相互作用实现的。

二、乙醇中毒

乙醇中毒即酒精中毒，是由于过量饮酒而引起的中枢神经系统兴奋及抑制状态。酒中的有效成分是乙醇（又称酒精），是无色、易燃、易挥发的液体，具有醇香的气味，易溶于水。不同酒类的乙醇含量各不相同，由谷类或水果发酵制成的酒类乙醇浓度较低，如啤酒为9%～11%，黄酒为15%～17%，葡萄酒为10%～25%；而由蒸馏形成的烈性酒，其浓度较高，如白酒、威士忌可达40%～60%。

乙醇在体内的代谢过程主要分为两步：第一步是乙醇在肝乙醇脱氢酶（alcohol dehydrogenase，ADH）的作用下被氧化为乙醛。乙醛可刺激肾上腺素、去甲肾上腺素等物质的分泌，从而引起面红耳赤、心率加快、皮肤升温等中毒症状。第二步是乙醛在乙醛脱氢酶（acetaldehyde dehydrogenase，ALDH）的作用下被氧化成乙酸。

$$C_2H_5OH + NAD^+ \xrightarrow{ADH} CH_3CHO + NADH + H^+$$

$$CH_3CHO + NAD^+ + H_2O \xrightarrow{ALDH} CH_3COOH + NADH + H^+$$

乙醇脱氢酶（ADH）是二聚体，主要有α、β、γ三种亚基。编码它们的基因分别为ADH_1、ADH_2、ADH_3，都定位于4q22。成人的ADH主要由ADH_2基因编码的β链二聚体（ββ）组成。

ADH_2基因具有多态性。主要有ADH_2^1、ADH_2^2两种类型。ADH_2^1为野生型，编码β_1亚基，ADH_2^2为突变型，编码β_2亚基。$\beta_1\beta_1$二聚体酶活性低；而$\beta_2\beta_2$二聚体酶活性高，约为$\beta_1\beta_1$二聚体的100倍。90%的黄色人种为ADH_2^2基因型，而大多数白色人种为ADH_2^1基因型，所以饮酒后黄色人种比大多数白色人种产生乙醛的速度更快，更容易导致乙醛蓄积，引起中毒。

乙醛脱氢酶（ALDH）为四聚体，主要有两种同工酶：$ALDH_1$与$ALDH_2$。$ALDH_2$为乙醛的主要代谢酶，其基因定位于12q24.2，也具有遗传多态性。50%的黄色人种$ALDH_2$基因因发生突变而导致$ALDH_2$功能缺失，而白色人种则几乎无$ALDH_2$功能缺失。

综上所述，乙醇敏感性主要由遗传因素所决定。具有ADH_2^1基因与未突变$ALDH_2$基因的人对乙醇最耐受；具有ADH_2^2基因与突变$ALDH_2$基因的人对乙醇最敏感。大多数白色人种饮酒后产生乙醛的速度慢，而乙醛氧化为乙酸的速度快，故不易产生乙醛蓄积中毒，大多数黄色人种则相反。

饮酒过量会对中枢神经系统产生先兴奋后抑制作用，重度中毒可使呼吸、心跳抑制而死亡。乙醇中毒的一般症状：恶心、呕吐；头晕、谵语、躁动；严重者昏迷、大小便失禁，呼吸抑制。

三、吸烟与肺癌

据世界卫生组织调查，在工业发达的国家中，占人口1/4的肺部癌症患者，吸烟的占90%；死于支气管炎的，吸烟的占75%；死于心肌梗死的，吸烟的占25%。吸烟不但给本人带来危害，而且还殃及子女，有学者对5200个孕妇进行调查分析，结果发现其丈夫每天吸烟的数量与胎儿产前的死亡率和先天畸形儿的出生率成正比。父亲不吸烟的，子女先天畸形的比率为 0.8%；父亲每天吸烟 1～10 支的其比率为 1.4%；每天吸烟 10 支以上的比率为 2.1%。孕妇本人吸烟数量的多少，也直接影响到婴儿出生前后的死亡率。例如，每天吸烟不足 1 包的，婴儿死亡危险率为 20%；每天吸烟 1 包以上的，婴儿死亡危险率为 35% 以上。同时吸烟作为一种成瘾性行为，也有一定的精神疾病。

香烟点燃后产生的对人体有害的物质大致分为六大类：醛类、氮化物、烯烃类，这些物质对呼吸道有刺激作用；尼古丁类，可刺激交感神经，让吸烟者形成依赖；胺类、氰化物和重金属，这些均属毒性物质；苯丙芘、砷、镉、甲基肼、氨基酚、其他放射性物质，这些物质均有致癌作用；酚类化合物和甲醛等，这些物质具有加速癌变的作用；一氧化碳能降低红细胞将氧输送到全身的能力。

流行病学调查表明，吸烟是肺癌的重要致病因素之一，特别是鳞状上皮细胞癌和小细胞未分化癌。吸烟者患肺癌的危险性是不吸烟者的 13 倍，如果每日吸烟在 35 支以上，则其危险性比不吸烟者高 45 倍。吸烟者肺癌死亡率比不吸烟者高 10～13 倍。肺癌死亡人数中约 85% 由吸烟造成。吸烟者如同时接触化学性致癌物质（如石棉、镍、铀和砷等）则发生肺癌的危险性将更高。烟叶烟雾中的多环芳香碳氢化合物，需经多环芳香碳氢化合物羟化酶代谢作用后才具有细胞毒和诱发突变作用，在吸烟者体内该羟化酶浓度较不吸烟者高。吸烟可降低自然杀伤细胞的活性，从而削弱机体对肿瘤细胞生长的监视、杀伤和清除功能，这就进一步解释了吸烟是多种癌症发生的高危因素。吸烟者喉癌发病率较不吸烟者高十几倍。膀胱癌发病率增加 3 倍，这可能与烟雾中的 β- 萘胺有关。此外，吸烟与唇癌、舌癌、口腔癌、食管癌、胃癌、结肠癌、胰腺癌、肾癌和子宫颈癌的发生都有一定关系。临床研究和动物实验表明，烟雾中的致癌物质还能通过胎盘影响胎儿，致使其子代的癌症发病率显著增高。

除此之外，吸烟还会对心、脑血管及呼吸道、消化道产生影响；吸烟妇女可引起月经紊乱、受孕困难、异位妊娠、雌激素低下、骨质疏松及更年期提前。孕妇吸烟易引起自发性流产、胎儿发育迟缓和新生儿低体重。其他如早产、死产、胎盘早期剥离、前置胎盘等均可能与吸烟有关。已经证明，尼古丁有降低性激素分泌和杀伤精子的作用，使精子数量减少，形态异常和活力下降，以致受孕机会减少。吸烟还可造成睾丸功能的损伤、男子性功能减退和性功能障碍，导致男性不育症。

据国际性的抽样调查证实，吸烟致癌患者中的 50% 是被动吸烟者。被动吸烟是指生活和工作在吸烟者周围的人们，不自觉地吸进烟雾尘粒和各种有毒物质。被动吸烟者所吸入的有害物质浓度并不比吸烟者低，吸烟者吐出的冷烟雾中，烟焦油含量比吸烟者吸入的热烟雾中的多 1 倍，苯并芘多 2 倍，一氧化碳多 4 倍。研究发现，经常在工作场所被动吸烟的妇女，其冠心病发病率高于工作场所没有或很少被动吸烟者，而被动吸烟的男性，其阳痿发病率也明显高于没有或很少被动吸烟者。大量流行病学调查表明，丈夫吸烟的妻子，其肺癌患病率为丈夫不吸烟的 1.3～1.6 倍。孕妇被动吸烟可影响胎儿的正常生长发育。

1972 年，美国卫生总监报告提出被动吸烟危害健康，经过 40 多年的努力，全世界科学家经过上万个科学研究共同证实，被动吸烟的烟雾同样可引起肺癌等恶性肿瘤、慢性阻塞性肺疾病、心脑血管病等严重疾病，使非吸烟者的冠心病风险增加 25%～30%，肺癌风险提高 20%～30%。二手烟也可以导致新生儿猝死综合征、中耳炎和低出生体重等，尤其可危害孕妇、婴儿和儿童的健康。此外，由于二手烟包含多种能够迅速刺激和伤害呼吸道黏膜的化合物，因此即使短暂的接触，也会导致上呼吸道损伤，激发哮喘频繁发作；增加血液黏稠度，损伤血管内膜，引起冠状动脉供血不足，增加心脏病发作的危险等。

据医学家研究表明，青少年正处在生长发育时期，各生理系统、器官都尚未成熟，其对外界环境有害因素的抵抗力较成人弱，易于吸收毒物损害身体的正常生长。据美国 25 个州的调查，吸烟开始年龄与肺癌死亡率呈负相关。若将不吸烟者肺癌死亡率定为 1.00 时，15 岁以下开始吸烟者其死亡率为 19.68；20～24 岁为 10.08；25 岁以上为 4.08。说明吸烟开始年龄越早，肺癌发生率与死亡率越高。

四、α_1－抗胰蛋白酶缺乏症

α_1- 抗胰蛋白酶（α_1-antitrypsin, α_1-AT）缺乏症是血中抗蛋白酶成分 α_1- 抗胰蛋白酶缺乏引起的一种先天性代谢病，通过常染色体遗传。临床常导致新生儿肝炎，婴幼儿和成人的肝硬化、肝癌和肺气肿等。

正常人体内常存在外源性和内源性蛋白酶，如细菌毒素和白细胞崩解出的蛋白酶对肝脏及其他脏器有破坏作用，α_1-AT 可拮抗这些酶类，以维持组织细胞的完整性，α_1-AT 缺乏时，这些酶均可侵袭肝细胞，尤其是新生儿肠腔消化吸收功能不完善，大分子物质进入血液更多，α_1-AT 缺乏的婴儿肝脏更易受损害。此外，α_1-AT 还具有调节免疫应答、影响抗原 - 抗体免疫复合物清除、补体激活及炎症反应的作用，并可抑制血小板的凝聚和纤溶的发生。α_1-AT 缺乏时上述机体平衡的机制失调，导致组织损伤。

临床表现：在出生后第一周可有胆汁淤积性黄疸，大便呈陶土色，尿色深；查体可发现肝肿大；生化指标有梗阻性黄疸的指征。2～4 个月时黄疸往往消失，在 2 岁以后可现肝硬化。

在成年人，大多数 α_1-AT 缺乏症患者以突出的门静脉高压症为首发表现，患者常死于上消化道出血或肝昏迷，常发生肺气肿。男性肝硬化和肝癌的发病率高于女性。由 α_1-AT 缺乏导致肝硬化患者，肝脏肿瘤发病率很高，以起源于肝细胞者居多，部分起源于胆管。

患者易并发肝炎、胆汁淤积性黄疸、肝硬化、肝癌、肺气肿、上消化道出血或肝昏迷等。

第 3 节　药物基因组学★

一、药物基因组学的概念

药物基因组学是在药物遗传学基础上发展起来的以功能基因组学与分子药理学为基础的一门新兴学科。药物基因组学是在基因组水平上研究不同个体及人群对药物反应的差异，并探讨用药个体化和以特殊人群为对象的新药开发的学科。药物基因组学是实现个体化医疗的基础和前体，是依赖个体独特的遗传构成选择用药种类、剂量、组合的理想的药物治疗方法，同时对新药发现和临床试验的设计与病例选择具有直接的促进作用。

二、药物基因组学的研究内容和方法

药物基因组学区别于一般意义上的基因学，它不是以发现人体基因组基因为主要目的，而是相对简单地运用已知的基因理论改善病人的治疗。也可以这么说，药物基因组学以药物效应及安全性为目标，研究各种基因突变与药效及安全性的关系。

药物基因组学根据不同的药物效应对基因分类，有可能大大加速新药开发的进程。

由于基因组学规模大、手段新、系统性强，可以直接加速新药的发现。另外，由于新一代遗传标志物的大规模发现，以及将其迅速应用于群体，使流行病遗传学可以大大推进多基因遗传病和常见病（往往是多基因病）机制的基础研究，其研究成果可以为制药工业提供新的药靶。这里所谓的新一代遗传标志物，就是单碱基多态性（SNP）。个体之间的这种单碱基差异为 1/1000～1/100，目前找到一个有用的 SNP 要花 500～1000 美元，大规模分型

技术还有待完善。基因来自父母，几乎一生不变，但由于基因的缺陷，对一些人来说天生就容易患上某些疾病，也就是说人体内一些基因型的存在会增加患某种疾病的风险，这种基因就称为疾病易感基因。

全球每年有 750 万人死于不合理用药。位居死亡人数排行的第四位。我国因药物不良反应住院的病人每年约为 250 万人，直接死亡 20 万人。我国每年发生药物性耳聋的儿童为 3 万多人，在 100 多万聋哑儿童中，50% 左右是药物致聋。上海每年 1 万人因吃错药而死亡。

药物基因组学研究的方法主要有表型和基因型分析、基因表达连续分析、连锁分析、关联分析、单核苷酸多态性分析技术、多重荧光微测序标记药物代谢酶基因、复合基因型的特异质谱法测定、药物效应图谱、生物芯片技术等。同时，药物基因组学也要借助临床药理学的有关方法和药物流行病学中有关病因推论的方法。

三、药物基因组学的研究意义

人类基因的全面识别和功能分析正在使疾病研究和药物开发发生革命，它能使医生对个体罹患某一特殊疾病的风险作出可靠的估计，提高药物作用靶点的数目和特异性，解释药疗和毒性出现个体差异的原因。药物基因组学不仅从基因水平关注药物疗效及其安全性，还可以指导人们寻找新的药物和药物靶标，开发新的个性化药物。在对个体 ADR 危险因素的分析中，研究最为深入的是单一基因位点上突变的等位基因，其中包括 N- 乙酰转移酶基因、硫代嘌呤甲基转移酶基因、二氢嘧啶脱氢酶基因和细胞色素酶 P450 基因。基因型分析能预测这些情况的极端表型。然而，以上药物遗传学因素是如何与其他不同基因及环境因素（如吸烟、饮食等）共同作用而产生一种表型的，目前对此还知之甚少。个体对药物的反应在数量和质量上都有很大差异，而这种药物反应的先天性差异在很大程度上是由其遗传基因决定的，所以能伴随一生。整个基因组学为分析这些复杂的多因素情况和获取个体基因型提供信息和技术，使我们能够根据病人的基因谱设计与调整剂量，做到最大程度的个体化给药，从而达到提高疗效和预防 ADR 的目的。基因芯片技术通过对健康人群和疾病人群基因组比较从而使获得药物靶分子成为可能。药物基因组学的研究为新药的开发和研制也提供了科学依据，还可以依据不同的人群及不同个体的遗传学特点开发设计和创造新的药物。

小　结

药物在体内要经过吸收、分布、代谢和排泄，才能发挥药效。但是不同个体对相同药物的反应机制是不一样的，药物遗传学通过药物药动学、药物药效学两个方面的介绍帮助大家了解许多药物异常反应的遗传基础和生化本质，这对我们临床治疗疾病有很大帮助。

目标检测

一、名词解释

1. 药物遗传学　　2. 乙醇中毒
3. 药物基因组学

二、简答题

1. 遗传因素对药物药动学的影响分为哪四个方面？
2. 香烟中有哪些有害物质？吸烟与肺癌有哪些关系？

（左　祥）

第 13 章　遗传病的诊断与防治

目前遗传病的诊断与防治问题尚未得到根本解决，但已有一些诊断及防治措施可有效地减少遗传病的发生，缓解遗传病患者的痛苦，减少社会负担和提高人口素质。

第 1 节　遗传病的诊断

遗传病的诊断（diagnosis of genetic disease）是指临床医生依据患者的症状、体征及各种辅助检查，并结合遗传学分析，确定其是否患有遗传病，从而判断其遗传方式和遗传规律。遗传病的诊断是开展遗传咨询和遗传病防治的基础。目前，遗传病的诊断包括临症诊断、症状前诊断、产前诊断和植入前诊断。

考点： 孟德尔式遗传的系谱分析

一、临症诊断与症状前诊断

临症诊断是依据患者的各种临床表现进行检查、确诊和判断遗传方式。症状前诊断是对遗传上有异常的个体采用各种措施，在出现症状前从遗传上予以确认，既有助于在组织器官未出现器质性病变前的有效治疗，也有利于遗传咨询。

（一）病史采集

病史采集时通过采集对象的主观描述和相关个体的病案查询完成，还要收集家族史、婚姻史、生育史及发病时间等信息。在病史采集过程中要本着准确和详尽的原则，同时要详细了解疾病的始发年龄和病程特点等。

（二）症状与体征

遗传病除有与其他疾病同样的体征和症状外，还有遗传病本身特有的症状和体征。多数遗传病在婴儿或儿童期就有相应的体征和症状，因此，除了观察体貌特征外，还应注意患者的身体生长发育、智力发育、性器官及副性征的发育是否异常。

（三）系谱分析

系谱分析不仅有利于确定病人是否为遗传病患者，还可借系谱判断疾病的遗传方式，区分表型相似的遗传病和相同疾病的不同亚型，对遗传病的诊断至关重要。为了使绘制的系谱能准确地反映出该家系的发病特点，必须尽可能地从病人及其家族中获得完整、准确、详细、可靠的资料。因此，医生对家庭中发病成员应力求亲自诊查，不应只听咨询者的口述。系谱中的成员数目越多越有说服力，所以对家族性发病病例资料的搜集要有耐心，并注意病人家属的心理状态，以防他们提供不真实的资料，影响分析结果的正确性，在做遗传方式判断时，要注意有些遗传病存在遗传异质性或外显不全而呈“隔代”现象，或由于某些遗传病迟发表现等原因，以致系谱的遗传方式不够典型，这时应参照文献资料确定其遗传方式。

在系谱分析中要特别注意区分孟德尔式遗传、非孟德尔式遗传、遗传异质性及特殊的遗传现象。

1. 孟德尔式遗传病　单基因病符合孟德尔式遗传。系谱分析对这类疾病的分析十分实用，分析时应考虑一些疾病的遗传异质性、不规则外显、外显不全及延迟显性等情况。例如，引起先天性耳聋的原因中有 50% 是单基因病，其中常染色体隐性遗传占 43.5%，常染色体显性遗传占 6%，X 连锁隐性遗传占 0.5%；30% 是由于环境因素所致；特发的占 20%。

2. 非孟德尔式遗传病 有很多遗传病的传递规律不符合孟德尔遗传规律，现代分子生物学提供了答案。线粒体遗传病是由基因突变所引起的遗传病，只通过母系进行遗传，表现为晚发和进行性加重，而且女性患者的子女均可能患病。多基因病是较为常见的遗传病，多为出生缺陷和慢性晚发疾病，其表现的家族聚集性类似于孟德尔式遗传，但并不严格遵守孟德尔遗传规律。

3. 有特殊遗传方式的疾病 遗传印记，是指来自双亲的基因或染色体存在着功能上的差异，是一种依赖于配子起源的某些等位基因的修饰现象。一些基因在卵子形成过程中被印记，而一些基因在精子形成过程中被印记。被印记的基因的表达受到抑制，从而来自双亲的基因和染色体区域的表达是不等同的，虽然这些等位基因在遗传上符合孟德尔遗传规律，但在表达上受传递的双亲性别影响，由此产生母系印记或父系印记，在进行系谱分析时应特别注意。动态突变，一些遗传病的发生可能仅仅是脱氧三核苷酸串联重复的拷贝数大大增加所致，处于突变状态的基因在世代传递甚至在体细胞的世代传递中呈不稳定状态，其重复单元的数目可以发生改变。

（四）细胞遗传学检查

细胞遗传学检查是指染色体检查和性染色质检查，是较早应用于遗传病诊断的辅助手段，该方法是确诊染色体病的主要方法。在临床上染色体分析的指征难以掌握，染色体异常核型的检出率较低，近年应用荧光原位杂交（fluorescence in situ hybridization，FISH）技术，染色体病的诊断和定位准确率明显提高。

1. 染色体检查 也称为核型分析，染色体检查标本的来源，主要取自外周血、绒毛、羊水中脱落细胞和脐血、皮肤、手术切除的病理组织等。当患者有下列情形之一时，应建议进行染色体检查：

（1）有明显智力不全、生长迟缓或伴有其他先天畸形，如唇裂、腭裂或生殖系统畸形者。

（2）习惯性流产。由于一方是异常染色体携带者时都可能造成习惯性流产，所以应要求双方同时进行染色体检查。

（3）原发闭经和女性不育症。

（4）无精子症及男性不育症。

（5）两性内外生殖器畸形者。

（6）家族中已有染色体异常或先天畸形的个体，再次生育时要做染色体检查以进行产前诊断，避免再次生育患儿。

（7）35 岁以上的高龄孕妇，应做染色体检查以进行产前诊断。

（8）智力低下伴有大耳朵、大睾丸或多动症的患者。

2. 性染色质检查 包括 X 染色质检查和 Y 染色质检查。X 染色质检查可以取口腔黏膜、阴道黏膜上皮细胞或采集绒毛或胎儿脱落细胞，经硫堇或甲苯胺蓝染色，通过光镜检查 X 染色质数目，推算受检查者的 X 染色体数目。Y 染色质检查采用盐酸喹吖因荧光染料进行 Y 染色质数目检查。该检查适用于具有一个或多个 Y 染色体的个体或细胞群。

3. 荧光原位杂交（FISH）技术检查 FISH 技术是 20 世纪 80 年代在细胞遗传学、分子遗传学和免疫学相结合的基础上发展起来的一种新技术，应用不同荧光颜色标记的多种特异性 DNA 探针与玻片上的细胞中期染色体或间期 DNA 进行原位杂交。FISH 技术是应用已知核酸序列作为探针与靶 DNA 进行荧光原位杂交，仅仅需要观察荧光信号就可以做出诊断，检测更简单、客观、准确和可靠。FISH 技术既能检测中期分裂象，也可检测间期细胞核，只需统计相应信号的数目即可明确诊断，省去了细胞培养和染色体制备等过程，时间明显缩短。

（五）皮肤纹理分析

皮肤纹理（简称皮纹）是指人的手指、掌面、足趾、跖面的皮嵴和皮沟走向不同而形成的皮肤纹理图形。嵴纹是指皮肤表面凸起的条纹；沟纹是指两条嵴纹之间的凹陷。这些凹凸的纹理组成了各种皮肤的特征。每个人都有特殊的皮肤纹理，在胚胎的第 14 周就已形成，出生后定形且终生不变，说明皮纹具有重要的遗传基础。

从目前对皮纹与染色体病的关联的研究资料中可以发现，染色体病患者的皮肤纹理具有特异的变化（表 13-1）。例如，唐氏综合征病人的指纹以尺箕为多，1/3～1/2 病人的掌纹为通贯手。不过，正常人也出现“异常”皮纹，故皮纹仅可作为某些遗传病诊断的参考。

表 13-1　常见染色体病患者的皮肤纹理特征

皮纹特征	正常人群	21 三体	18 三体	13 三体	$5p^-$	45，X
指纹中弓形纹数多于 7 个	1%		80%	多见		
指纹中斗形纹数多于 8 个	8%				32%	
TRC 数值			低	低		≥200
第 5 指仅有 1 条指褶纹	0.5%	17%	40%			
通贯掌（双手）	2%	31%	25%	62%	35%	
三叉点 t′	3%	82%				多见
三叉点 t″	3%		25%	81%	80%	
A 主线指向大鱼际	11%			91%		57%
胫侧弓形纹	0.5%	72%				

弓形纹　　箕形纹　　斗形纹

图 13-1　指纹的类型

皮纹中以指纹和掌纹研究较多。指纹是手指端部的皮肤纹理。主要可分为弓形纹、箕形纹和斗形纹三类（图 13-1）。掌纹是手掌中的皮纹（图 13-2）。掌纹中比较重要的是轴三叉点（t）与 atd 角的测定（详见实验五）。

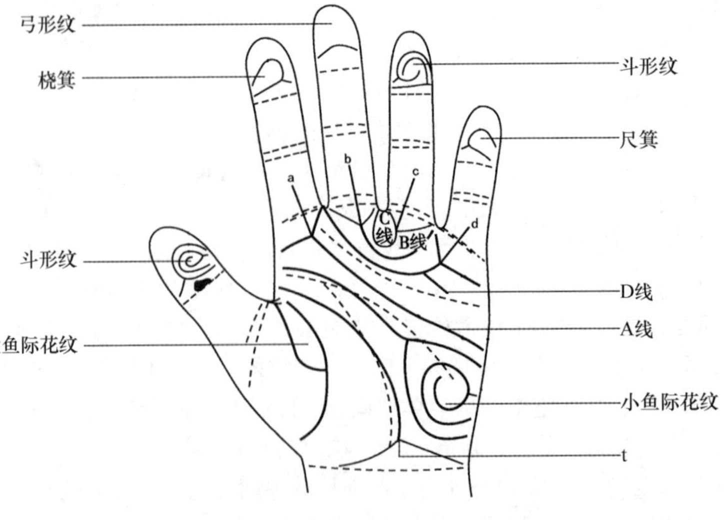

图 13-2　掌纹

（六）生化检查

生化检查是确诊单基因病的主要方法之一，因为基因突变的结果导致蛋白质合成受阻或结构异常及酶活性降低，故应用生化技术对蛋白质和酶进行定性定量分析就能测知某种基因是否受损。基因突变使催化机体代谢反应的某种特定酶类发生缺陷，以致机体代谢反应受阻，其代谢中间产物、底物、终产物或旁路代谢产物就会发生质和量的变化。因此检测这些代谢产物，也可间接地反映酶的变化，从而做出疾病的诊断。例如，苯丙酮尿症患者由于以上原因导致患者尿中苯丙酮酸或苯乙酸增加，故测定尿中苯丙酮酸或苯乙酸可诊断苯丙酮尿症。生化检查包括酶与蛋白质的分析和代谢产物的检测。

1．酶与蛋白质的分析 基因突变引起的单基因病主要是酶和蛋白质的质和量的改变，利用血液、组织和细胞对酶的活性及蛋白质的含量进行检测以确诊单基因病。常见方法有电泳技术、免疫技术、层析技术等。

2．代谢产物的检测 利用受检者的血液、尿液和羊水检测代谢产物的质和量。主要方法有血液滤纸片法和显色反应等。遗传代谢疾病常见的尿检测法见表 13-2。

表 13-2 遗传代谢疾病常见的尿检测法

方法	阳性反应	检出物	呈阳性反应的遗传代谢病
10% 三氧化铁	绿色	苯丙酮酸	PKU、尿黑酸尿症、高酪氨酸症
2，4- 二硝基苯肼试验	黄色沉淀	α- 酮酸	PKU、枫糖尿症、高酪氨酸血症、组氨酸血症
靛红反应	尿滤纸呈深蓝色	脯氨酸、羟脯氨酸	高脯氨酸血症、脯氨酸尿症、羟脯氨酸血症
银硝普钠试验	紫色	同型胱氨酸	同型胱氨酸尿症
甲苯胺蓝试验	尿滤纸呈紫色	硫酸软骨素	黏多糖贮积病各型、马方综合征
尿糖定性试验	由绿色转黄色	半乳糖、葡萄糖、果糖、戊糖	半乳糖血症、果糖不耐受症、特发性果糖尿症、乳糖不耐受症、戊糖尿症
邻 - 联甲苯胺反应	尿滤纸呈蓝色	铜	肝豆状核变性
碘反应	尿滤纸不脱色	胱氨酸、半胱氨酸、同型半胱氨酸、胱硫醚、蛋氨酸	胱氨酸尿症、同型半胱氨酸尿症、胱硫醚尿症、肝豆状核变性

（七）基因诊断

基因诊断（gene diagnosis）是指利用分子生物学技术检测 DNA、RNA 结构基因表达水平变化，从而对疾病做出诊断的方法。

1．基因诊断的特点 基因诊断也称为分子诊断，是利用分子生物学技术直接探测遗传物质的结构或表达水平的变化情况，对被检查者的状态和疾病做出诊断，不仅可以诊断遗传性疾病，也可诊断感染性疾病和肿瘤。基因诊断具有以下几个特点：①特异性强。以特定基因为目标，特异性地检测突变和表达信息。②灵敏度高。采用分子杂交技术和聚合酶链反应（polymerase chain reaction，PCR）技术具有信号放大的作业，微量样品就可诊断。③可用于群体筛查。可对尚未出现临床症状或出生前的胎儿进行诊断。④易获得检测标本。不受检测者发育阶段的限制和基因表达组织特异性的限制。

2．基因诊断的主要方法 常用的方法有分子杂交、聚合酶链反应和序列分析。

（1）分子杂交：是应用特异性探针在复杂的待检 DNA 中，依据碱基互补配对原理来鉴定其同源 DNA 分子的过程。分子杂交是最早应用于基因诊断检测遗传病基因缺陷的手段，是依据碱基互补配对原理，利用标记探针鉴定密切相关核酸序列的分子方法。

常用的分子杂交法是膜杂交法，在醋酸纤维膜或尼龙膜上固定靶 DNA，再用探针与其杂交，洗去溶液中未结合的探针，干燥后进行检测。在蛋白质、DNA 和 RNA 不同水平常用杂交方法有：Southern 印迹、Northern 印迹和 Western 印迹。Southern 印迹法是广泛的 DNA 杂交法，主要用于基因组 DNA 的分析；Northern 印迹法用于检测样品中 RNA 的种类和含量；Western 印迹法主要用于检测基因的表达程度。

（2）聚合酶链反应：PCR 是模拟体内 DNA 的天然复制过程，在体外扩增 DNA 分子的一种分子生物学技术，主要用于扩增位于两段已知序列之间的 DNA 区段。

限制性内切酶片段长度多态性（fragment length polymorphism，FLP）是发展最早的 DNA 标记技术。RFLP 是指基因型之间限制性片段长度的差异，这种差异是由限制性酶切位点上碱基的插入、缺失、重排或点突变所引起的。PCR-RFLP 技术是将 PCR 与 RFLP 结合的一种检测技术。由于 DNA 序列的差异，造成了内切酶位点的变化，或是新酶切位点的产生，原酶切位点的消失等。通过酶切后电泳图谱的判断，确定检测结果。

单链构象多态性（single-strand conformation polymorphism，SSCP）是一种检测核酸序列中点突变的技术。PCR-SSCP 技术是将 SSCP 与 PCR 联合应用，主要用于突变分子的初步筛查。

RT-PCR（reverse transcription-polymerase Chain reaction）即反转录 PCR，是将 RNA 的反转录（RT）和 cDNA 的聚合酶链式扩增反应（PCR）相结合的技术。

DHPLC 技术，即变性高效液相色谱分析（denaturing high performance liquid chromatography），具有高通量检测、自动化程度高、灵敏度和特异性较高、检测 DNA 片段和长度变动范围广、相对价廉等优点。与 SSCP 相比，DHPLC 有较多的优点。而 DHPLC 则高度自动化，可以自动取样，检测每个样品只需要 8 分钟左右。DHPLC 与其他检测 DNA 突变方法的最大不同在于，它能够纯化 DNA 片段。

（3）DNA 测序（DNA sequencing，或译 DNA 定序）：是指分析特定 DNA 片段的碱基序列，也就是腺嘌呤（A）、胸腺嘧啶（T）、胞嘧啶（C）与鸟嘌呤（G）的排列方式。RNA 测序则通常将 RNA 提取后，反转录为 DNA 后使用 DNA 测序的方法进行测序。目前用于测序的技术主要有 Sanger 等发明的双脱氧链末端终止法和 Maxam 与 Gilbert 发明的化学降解法。这两种方法在原理上差异很大，但都是根据核苷酸在某一固定的点开始，随机在某一个特定的碱基处终止，产生 A、T、C、G 四组不同长度的一系列核苷酸，然后在尿素变性的 PAGE 胶上电泳进行检测，从而获得 DNA 序列。

（4）基因芯片：又称 DNA 芯片、生物芯片，基因芯片技术就是顺应科学发展要求的产物。该技术系指将大量探针分子固定于支持物上后与标记的样品分子进行杂交，通过检测每个探针分子的杂交信号强度进而获取样品分子的数量和序列信息。通俗地说，就是通过微加工技术，将数以万计、乃至百万计的特定序列的 DNA 片段（基因探针），有规律地排列固定于 2cm 的硅片、玻片等支持物上，构成的一个二维 DNA 探针阵列，与计算机的电子芯片十分相似。基因芯片主要用于基因检测工作。

基因诊断是遗传病诊断的重要手段，随着科技的发展，基因诊断发展迅速，可诊断的疾病日益增多，并逐步向高效、准确、灵敏和无创伤方向发展。

二、产前诊断与植入前诊断

产前诊断（prenatal diagnosis）是用羊膜穿刺和绒毛取样等技术，对羊水、羊水细胞及绒毛进行遗传学和生化检查分析，从而对染色体和基因进行分析诊断，预防遗传病患儿出生的有效手段。

（一）产前诊断的对象

考点：产前诊断的方法

产前诊断主要针对高风险和危害较大的遗传病或者是目前已有对该病进行产前诊断手段的疾病。对于已经有先兆流产、妊娠时间过长和有出血倾向的孕妇不适宜做产前诊断。进行产前诊断的对象有：35 岁以上的孕妇；夫妇之一有染色体畸变或生育过染色体病患儿的夫妇；夫妇之一有开放性神经管畸形，或生育过有畸形患儿的孕妇；夫妇之一有遗传性代谢缺陷或生育过该类患儿的夫妇；羊水过多的孕妇；X 连锁遗传病致病基因携带者孕妇；有习惯性流产的孕妇；有致畸接触史的孕妇；有遗传病家族史，系近亲结婚的孕妇。

（二）产前诊断的方法

产前诊断的方法有无创伤的 B 超检查、孕妇血液检测、孕妇尿液检测、X 线、CT、磁共振和有创伤的羊膜穿刺、绒毛取样及胎儿镜检查等。下面介绍几种最常见的产前诊断方法。

1. B 超 是首选的安全无创伤的检测诊断方法，可对遗传病进行早期诊断，可以早期发现神经管缺陷、脑积水、无脑畸形；腭裂、唇裂、颈部淋巴瘤；先天性心脏病；肢体缺陷；先天性单侧肾缺陷、多囊肾；支气管及肺部发育异常，胸腔积液；先天性巨结肠；先天性幽门狭窄等疾病。

2. 羊膜穿刺术（amniocentesis） 一般在妊娠 15～17 周时进行。在 B 超的监护和引导下，于腹正中线或脐与前上棘连线的中点处，用已消毒的 20～22 号腰穿针穿刺，当出现两次落空感时，表明穿刺针已通过腹壁和子宫壁进入羊膜腔，抽取 20～30ml 羊水（图 13-3），对抽取的羊水进行细胞培养后，即可开展染色体分析、生化检测及基因检测。

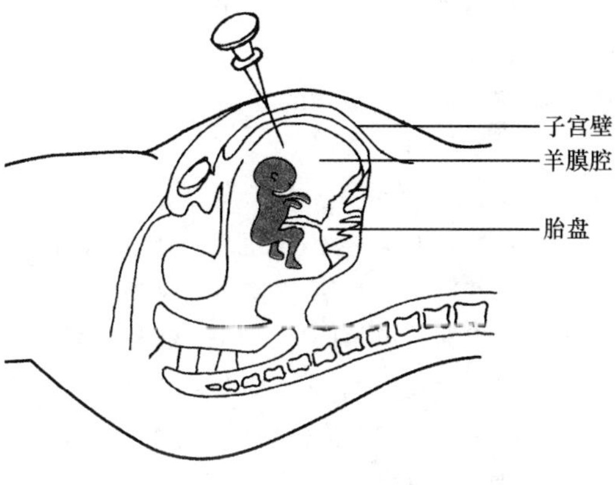

图 13-3 羊膜穿刺示意图

3. 绒毛吸取术（chorionic aspiration sampling，CVS） 是在妊娠早期诊断中最常见的取样方法，一般于妊娠 10～12 周进行。在 B 超的监护和引导下，用特制的取样器（长 25cm，直径 1.5cm 的塑料管，末端套有一个 20ml 的注射器），从阴道经子宫颈进入子宫，沿子宫壁到达取样部位，吸取绒毛（图 13-4）。所取得的绒毛可用于诊断染色体病、胎儿性别鉴定、代谢病、生化检测及 DNA 分析。

4. 脐带穿刺术（cordocentesis） 是在 B 超的监护下，用细针经腹壁、子宫壁穿入胎儿脐带，并抽取胎儿血液样本。一般是在妊娠 18 周时进行，主要作为因错过绒毛或羊膜穿刺取样的最佳时机或羊水检测失败的补救措施，也可检测胎儿血液系统疾病和先天性免疫缺陷病等。

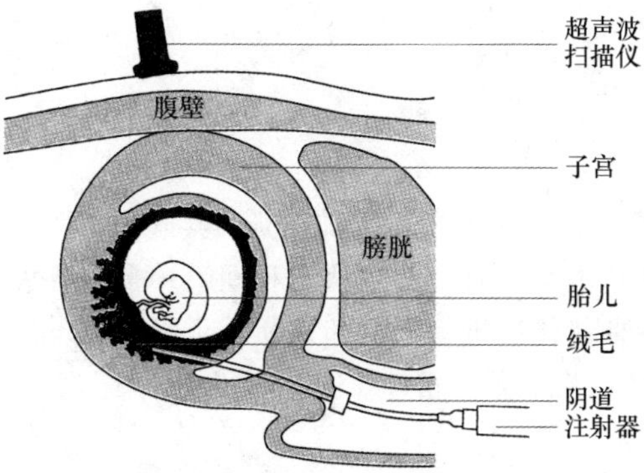

图 13-4 绒毛吸取术示意图

5. 胎儿镜检查 胎儿镜（fetoscope）是一种带有羊膜腔穿刺的双套管的光导纤维内镜。胎儿镜的最佳检查时间是妊娠 18～20 周。可直接观察胎儿畸形或取胎儿血样、活检、胎儿性别鉴定及进行遗传病的产前诊断等。由于操作困难和引起多种并发症，目前其尚未被广泛接受。

6. 孕妇外周血分离胎儿细胞 是一种非创伤性产前诊断技术，易被广泛接受。是自

20世纪90年代末开始探索的无创伤性的产前诊断方法，该方法是利用妊娠期少量的胎儿细胞通过胎盘进入母体血液，孕妇外周血中至少有滋养细胞、有核红细胞和淋巴细胞三种，采用流式细胞仪分离法、磁激活细胞分选法、显微镜操作分选法、免疫磁珠法及分子细胞遗传学技术等，分离和分析胎儿有核细胞、游离的DNA或RNA，由此进行产前诊断。

（三）植入前诊断

胚胎植入前遗传学诊断（pre-implantation genetic diagnosis，PGD）简称植入前诊断，是20世纪60年代由Edwards首先提出的设想。PGD技术是指在体外受精的胚胎，发育到4～8细胞期，通过显微操作技术取出单个卵裂球细胞，应用FISH、PCR等技术判断胚胎是否携带致病基因，确定正常后将胚胎植入母体子宫。该技术从源头上阻止了遗传病的传递和发生，避免了产前诊断出现的流产、出血和感染等问题。

第2节　遗传病的预防

绝大多数遗传病难以治疗或目前尚无有效的治疗措施和手段，而且多数遗传病发病早，困扰患者终生，因此针对遗传病主要是以预防为主。我国主要采取遗传咨询、产前诊断和遗传筛查来降低遗传病的发病风险。

一、遗 传 咨 询

考点：
①遗传咨询的概念；
②遗传咨询的原则

遗传咨询（genetic counseling）又称为遗传商谈，是应用遗传学和临床医学的基本原理和技术，解答遗传病患者及其亲属和有关社会服务人员提出的有关遗传病的病因、遗传方式、诊断、治疗和预后等问题，估计患者亲属特别是子女中的再发风险，提出建议及指导，以供患者及其亲属参考的全过程。其目的是确定遗传病患者和携带者，并对其后代患病的风险进行预测和估计，减少遗传病患儿的出生，降低遗传病的发病率，从而提高人口素质和质量。

（一）咨询者

本人或者子女患有遗传病，或意识到家庭成员可能有患有某种遗传病的风险，应当进行遗传咨询。遗传咨询可以分为婚前遗传咨询、孕前遗传咨询、产前遗传咨询、症状遗传咨询和新生儿遗传咨询。有下列情况应开展遗传咨询：

1. 高龄孕妇，即孕妇年龄在35岁及以上者。
2. 近亲婚配。
3. 反复发生自发性流产或有不孕不育史的夫妇。
4. 婚前男女，其中一方亲属有遗传病患者或有遗传病家族史者。
5. 曾经怀过或生育过遗传病患儿或先天畸形患儿的夫妇。
6. 性器官发育异常或行为发育异常者。
7. 接触致畸因素，并有生育愿望者。

（二）咨询医师

遗传咨询是由临床各科医生与医学遗传学专家一起组成的遗传咨询团队，共同承担咨询工作。咨询师应当对遗传学的基本理论、原理和基本知识有全面的认识和理解，掌握各种遗传病的诊断技术，能熟练运用遗传学理论对各种遗传病进行分析和判断及正确的复发风险估计，同时应具备必要的心理学知识，帮助患者减轻痛苦和精神压力。

（三）遗传咨询的过程

遗传咨询是一个复杂的过程，常常需要通过多次反复的咨询，方能对咨询者提出的各种问题予以回答，并对处理方法做出决策。遗传咨询的最终选择权是咨询者自主选择决定，咨询医师应当贯彻非指令性遗传咨询的原则，同时应最大限度地对咨询者进行关心和关爱。

1. 准确诊断　是遗传咨询的最基本的一步。首先是询问病史。详细询问先证者自觉症状、发病年龄、发病原因、有害因素接触史及父母双方的血缘关系，父母的职业，特别是母亲怀孕前 3 个月有无接触有害因素，如射线、农药、有害化学物质、有毒气体；有无慢性病史，如肝炎、糖尿病、肾病、高血压等；有无病毒感染史；有无缺氧、高热及用药史，如安眠药、四环素、氯霉素、烷化剂等。母亲是否生过畸形儿、遗传病儿、有无自然流产史等。通过询问家族史，并绘制系谱图。询问家族史时，应从患者的同胞开始问起，然后再分别沿父系和母系追问，尤其不要遗漏先证者的Ⅰ级亲属（Ⅰ级亲属是指父母、子女、同胞兄妹），将上述情况绘制成系谱图。系谱图中不仅要包括患病个体，也要包括全部的家族成员。其次，通过临床检查、染色体核型分析、生化检测及基因诊断等方法，尽可能做出准确的诊断。

2. 确定遗传方式　部分遗传病的遗传方式是已知的，明确诊断后即可确定该病的遗传方式，但对于有表型模拟和遗传异质性的疾病，要通过家系调查，分析其遗传方式。

3. 对再发风险的估计　不同种类的遗传病，其后代的再发风险率均有其各自独特的规律，在明确诊断并确定遗传方式以后，即可分别计算再发风险率。

4. 制定对策和措施　病人或其家属通过遗传咨询，希望得到明确答复和指导，这是他们的恳切愿望。因此，在准确诊断、评估出遗传病的再发风险后，医生应向咨询者提供建议和今后应采取的措施。此时应特别强调咨询医师只提出可供咨询者选择的若干方案，并陈述各种方案的优缺点，让咨询者本人做出抉择，而医生不应代替咨询者做出决定。这是因为在处理方法上往往存在多种选择，各有利弊，而这种选择又必须适应社会、家庭及个人的不同要求。如果咨询医师将某种方法强加于人，必然会引起不愉快的后果。但对于我国婚姻法及优生法规中带有强制性的条例，咨询医师应说服咨询者按国家有关规定执行。

在计算出再发风险的基础上，可以提出以下对策，供咨询者选择：

（1）产前诊断：在先证者所患遗传病较严重且难以治疗，再发风险高，患儿父母又迫切希望再生育一个健康的孩子的情况下，可运用产前诊断，进行选择生育。

（2）冒险再次生育：先证者所患遗传病的病损不太严重，且再次生育的发病风险在 4%～6% 时，可以选择再次生育。

（3）采用辅助生殖技术：辅助生殖技术包括人工授精、胚胎移植和体外受精。夫妇双方是常染色体隐性遗传病患者或男方是导致高风险可活畸胎出生的染色体平衡移位携带者或男方是常染色体显性遗传病患者等的夫妇可采用健康捐精者的精液进行人工授精技术。对于女方为常染色体显性遗传病患者、X 连锁遗传病患者、可导致高风险可活畸胎出生的染色体平衡移位携带者等情形的，可以采用健康捐卵者的卵子进行体外受精或子宫内植入的生殖技术。

（4）植入前诊断：对一些遗传病可以有目的地选择健康的受精卵进行植入前诊断，但对于植入后在胚胎发育过程中同样有可能发生染色体异常等疾病，因此应在妊娠早期做绒毛取样或在妊娠中期做羊水取样进行产前诊断。

（5）不再生育或领养：对一些危害严重、易致残或致死的遗传病，目前尚无有效的产前诊断技术或治疗措施，同时复发风险等级高的遗传病，应适宜采取这种对策。

（6）结婚但不生育：有高风险患病概率的准夫妇，可采取绝育的方式避孕，但需要慎重选择。

（7）终止结婚或离婚：对于准夫妇或已婚夫妇属于近亲婚配，又希望能有孩子的，可以采取这种对策。

对于咨询者决定采取某种对策后，咨询医师应帮助咨询者实施，并依据咨询记录进行及时的随访。

5. 随访与扩大咨询 为确认咨询者提供信息的真实性和可靠性，观察遗传咨询的效果和总结经验教训，有时需要对咨询者进行随访。咨询医师应利用随访的机会，在扩大的家庭成员中，就某种遗传病的遗传规律、有效治疗方法及预防对策等进行分析、解说和宣传，深入了解其他成员的患病情况，特别是查明家庭成员携带者的情况，可扩大预防效果。

（四）遗传咨询的原则

遗传咨询是一种特殊的医学服务，咨询过程中应遵循有利和公正的原则，对所有咨询者应做到一视同仁，公平对待。主要应遵循以下原则：

1. 关心咨询者 忧虑是咨询者在咨询过程中最主要的表现。咨询者或其家庭成员常出现恐惧或相互指责等极其复杂的心理状态。咨询医师应持关心态度，利用科学知识耐心解释，最大限度地减少咨询者及其家庭成员的忧虑、担心和恐惧。

2. 尊重隐私权 咨询者的隐私权应得到充分的尊重，咨询者的资料咨询医师不得向第三方泄露，对前来咨询的咨询者应当分别单独进行。

3. 尊重自主权 咨询医师务必尊重咨询者做决定的自主性和价值观，尊重和保护咨询者抉择的权利。非指令性原则是被世界卫生组织遗传咨询专家委员会所认可的，咨询医师必须遵循该原则。对于在决定中与生育和教养该孩子有关的所有人员应该达成共识，无法达成共识时，孩子的母亲是最主要的决定权。

4. 尊重知情同意权 当事人有权决定是否接受与遗传有关的医疗服务项目，应告知咨询者所有的相关信息。

二、产前诊断

产前诊断是对胚胎或胎儿在出生前是否患有某种遗传病或先天性畸形做出的诊断，是预防先天性和遗传病患儿出生的重要方法之一。目前可以进行产前诊断的遗传病有：染色体病、可进行 DNA 检测的部分遗传病、特定酶缺陷所致的遗传病、神经管缺陷及有其他明显形态改变的先天畸形（详见本章第 1 节中的产前诊断）。

三、遗传筛查

遗传筛查（genetic screening）是指将人群中具有风险基因型的个体检测出来的一种普查工作，通过筛查了解遗传性疾病在人群中的分布和影响分布的因素，估计遗传病的致病基因频率，分析遗传病的发病规律和特点，从而为预防遗传病提供依据。开展遗传筛查应当遵循的标准：疾病定义明确，有可靠的诊断标准；筛查方法简便、安全、成本低廉，有明显的经济价值和社会效益；检出率高，有配套的高敏感性和特异性确诊方法；疾病流行率较高，严重危害人类健康；对筛查阳性者能提供及时的遗传咨询和随访，并能及时提供治疗和预防措施。遗传筛查主要分为群体筛查（population screening）、新生儿筛查（newborn screening）、产前筛查（prenatal screening）和携带者筛查（carrier screening）。

（一）群体筛查

群体筛查是对某一区域或人群进行遗传病的普查，从而了解该区域或人群中存在的遗传病的病种、遗传方式、发病率、遗传异质性等。普查的人群应具有代表性，主要包括不同年龄、不同职业、不同生活环境的人。

（二）新生儿筛查

新生儿筛查是指对新生儿进行某些遗传病或先天畸形的筛查或诊断，一般以静脉血或尿作为检测标本。目前国内外主要是筛查新生儿苯丙酮尿症和先天性甲状腺功能低下。

（三）产前筛查

产前筛查是指采用简便、可行、无创的检查方法，对发病率高、病情严重的遗传性疾病或先天畸形进行的出生前筛查，检出子代有出生缺陷高风险的人群。对确诊的病例，可终止妊娠。

（四）携带者筛查

携带者筛查是指某种遗传病在某一群体中有较高发病率，采取低廉、准确可靠的方法，在群体中筛出携带者，并对其进行风险评估和生育指导。可进行携带者筛查的疾病应具备的条件：

1. 在特定群体中，遗传病的发病率较高。
2. 所筛查的遗传病能进行产前诊断。
3. 筛查技术经济有效，且假阳性和假阴性率很低。
4. 可以对携带者的群体开展遗传咨询。
5. 应得到拟进行筛查人群的接受和自愿参与。

第 3 节　遗传病的治疗

案例 13-1

患者，男，17 岁。因进行性加重智能障碍，肢体震颤 3 年入院。1 年前无明显诱因出现学习成绩下降，言语不清，动作笨拙，四肢不自觉抖动，以双上肢为主，行走呈摇摆蹒跚步态，逐步发展为生活自理困难。8 年前患者有肝炎病史，并以甲型肝炎治疗。

体格检查：表情淡漠，反应略显迟钝，右眼视力 0.5，左眼视力 1.0，双眼各方向运动正常。裂隙灯检查：双眼角膜周边后弹力层见棕绿色色素环，宽约 2mm，晶体可见轻度混浊，眼底朦胧，眼压正常。血清检查示血清铜蓝蛋白：4.09mg/dl（参考值：22.009～58.0mg/dl）。尿铜：3293.6μg/24h（参考值：0～60μg/24h）。诊断：肝豆状核变性。

问题与思考

1．该病是否属于代谢障碍遗传病?

2．该病应从哪些方面开展治疗?

遗传病主要还是以预防为主，随着科技的发展，特别是重组 DNA 技术在医学中的应用，遗传病的治疗取得了突破性的进展，从传统的手术治疗、饮食治疗和药物治疗的治标性治疗，跨入到应用基因治疗的根治性治疗领域。

一、手 术 治 疗

手术治疗是指利用外科手术对患者病损器官或形态缺陷的器官进行切除、修复或替换，从而达到减轻或改善遗传病的症状，减轻患者痛苦的目的。

（一）手术矫正

手术矫正是遗传病手术治疗的主要手段，对遗传病所产生的畸形以手术的方式进行矫正、修补或切除。例如，修补和缝合腭裂、唇裂，对先天性心脏畸形、两性畸形实施矫正手术。

（二）器官和组织移植

随着免疫学研究与技术的发展，免疫排斥得到控制，有针对性地开展组织或器官移植可以有效治疗一些遗传病。

1. 骨髓移植　对重型地中海贫血和部分免疫缺陷遗传病患者可以通过骨髓移植，重建免疫功能。

2. 胰腺移植 对患有胰岛素依赖性糖尿病患者可以实施胰岛细胞移植。

3. 肾移植 对多囊肾、遗传性肾炎、先天性肾综合征及淀粉样变性等均可进行肾移植。肾移植的不良反应较小，是目前器官移植中最为成功的。

4. 酶移植 同种异体移植可以持续提供酶或蛋白质，对部分先天性代谢遗传病进行器官移植，从而达到治疗的目的。例如，通过肾移植可治疗胱氨酸尿症。由于移植物可提供正常的酶源，所以将该移植称为酶移植。

案例 13-2

患者，17 岁，社会性别男。近 5 年双侧乳房增大，会阴尿道下裂。查体：身体细长，皮肤细腻，有胡须，喉结不明显，双侧乳房发育似女性，阴毛稀少，阴茎长约 5.0cm，阴囊发育差，左侧皮下环扩大，并可触及一哑铃形肿块，体积分别约 6ml 和 10ml，未触及附睾、输精管，但有一精索样物，右侧睾丸约 8ml，质地较软，附睾、精索及输精管正常。核型分析：46，XX。实验室检查：血睾酮 4.48nmol/L，泌乳素 28.85μg/L，促卵泡生成素 8.55U/L，促黄体生成素 3.48U/L。B 超检查未见子宫。尿道造影后尿道呈"Y"形，正常尿道后方有一 8.0cm×3.0cm 的盲腔。诊断：真两性畸形。

问题与思考

对两性畸形如何治疗？

二、药 物 治 疗

考点： 药物治疗的基本原则

药物治疗在遗传病治疗中只能起一定的辅助作用，缓解病情，减少痛苦。治疗的基本原则是"补充所缺，去其多余"。

（一）出生前治疗

在出生前对产前诊断患有遗传病的胎儿进行药物治疗，可大幅度减轻胎儿出生后的遗传病症状。例如，对确诊为维生素 B_{12} 依赖型癫痫的胎儿，在出生前给孕妇服用维生素 B_{12}，胎儿出生后不会出现癫痫。

（二）症状前治疗

对一些遗传病在症状出现前进行治疗，既可预防症状的发生，也可达到治疗的效果。例如，发现新生儿甲状腺功能低下，终身口服甲状腺素制剂，可防止发生智力和体格发育障碍。

（三）现症患者治疗

遗传病的症状出现，机体器官已经受到损害，其治疗只能是对症治疗。

1. 补充所缺 对于一些遗传病出现的症状，主要是由于缺乏某种酶或激素或维生素，治疗就是补充所缺乏的物质，使其症状得到缓解。

（1）激素疗法：对于一些遗传病可以补充激素，促使机体发育正常或缓解患者症状。例如，X 染色体畸变导致的女性疾病，可补充雌性激素；生长激素缺乏性侏儒症可补充生长激素等，使症状明显改善。

（2）酶疗法：遗传性代谢病是由于基因突变导致酶缺失或活性降低，治疗可采取酶诱导和酶补充的方法。酶诱导治疗是通过向患者给药，诱导所缺失的酶的产生。例如，新生儿非溶血性高胆红素Ⅰ型患者体内缺乏葡萄糖醛酸尿苷转移酶，胆红素在血液中滞留导致黄疸、消化不良等，给予患者苯巴比妥治疗，苯巴比妥能诱导肝细胞滑面内质网合成葡萄糖醛酸尿苷转移酶，从而使患者症状消失。酶补充疗法是向患者输入纯化酶制剂或将酶制剂装入载体后再输入给患者的治疗方法。如给脑苷脂病患者注射 β- 葡萄糖苷酶制剂，可使患者肝和血液中的脑苷脂含量降低，症状缓解；用辅酶 Q 或辅酶 Q 与琥珀酸协同治疗眼肌病。采用纯化酶制剂治疗遗传病见表 13-3。

表 13-3 用纯化酶制剂治疗遗传病一览表

疾病名称	使用的酶	注入途径
糖原贮积症Ⅱ型	酸性 α- 糖苷酶 A	静脉
神经节苷脂Ⅰ型	β- 氨基己糖酶 A	静脉
神经节苷脂Ⅱ型	β- 氨基己糖酶 A	静脉
Fabry 病	α- 半乳糖苷酶 A	静脉
Gaucher 病	β- 葡糖糖苷酶	静脉

（3）维生素疗法：部分遗传病是酶反应辅助因子合成不足或因酶与维生素辅助因子的亲和力降低造成的，治疗时给予相应的维生素即可纠正代谢异常。先天性叶酸不足和同型胱氨酸尿症可给予叶酸治疗；混合型羟化酶缺乏症给予生物素治疗。

2. 去其多余 一些遗传病是因为酶促反应障碍，引起体内贮积过多的代谢产物，采用各种理化方法将过多的产物排出或抑制其生成，促使患者的症状明显改善。

（1）排泄剂：应用排泄剂，促使多余代谢产物排出体外。例如，患有家族性高胆固醇血症，血清胆固醇超标，口服考来烯胺治疗，可以促进胆固醇转化为胆脂从而由胆道排出。

（2）代谢抑制剂：因为酶活性过高造成的代谢产物过剩，使用代谢抑制剂可抑制酶的活性，减少代谢产物的产生。例如，原发性痛风和自毁容貌综合征（Lesch-Nyhan 综合征）可采用别嘌醇治疗，抑制黄嘌呤氧化酶的活性。

（3）螯合剂：运用药物与患者体内多余的物质形成螯合剂，去除体内堆积的物质。例如，使用去铁胺 B 治疗地中海贫血患者因长期输血导致的含铁血黄素沉积症，去铁胺 B 与铁蛋白可以形成螯合物，去除多余的铁。

（4）血浆置换或血浆过滤：血浆置换可以去除含有毒物的血液，如重型高胆固醇血症、溶酶体贮积病等均可采用血浆置换。血浆过滤是将患者的血液引入含有特定亲和剂的容器内，由于亲和剂与血浆中的有害物质选择性结合后无法通过过滤器，而使患者的血液得到清理，然后再将血液重新输入到患者体内，从而达到治疗的目的。

（5）平衡清除法：对于一些溶酶体贮积病，因其沉积物弥散入血，并保持血与组织之间的动态平衡。如果把一定的酶制剂注入患者血液以清除底物，则平衡会被打破，组织中的沉积物会不断进入血液而被清除，周而复始，从而达到逐渐去除有害物质的目的。

三、饮食治疗

对因缺乏酶导致的底物或中间产物堆积的遗传病患者，可制定特殊的食谱或配以药物，以控制底物和中间产物的摄入，从而减少代谢产物的堆积，达到治疗的目的。饮食疗法的基本原则是禁其所忌。

考点： 饮食治疗的原则

（一）产前治疗

运用现代医学遗传学技术可以在胎儿出生前确诊多种遗传病，一旦确定即可在母亲妊娠期间进行饮食治疗，使患儿症状得到改善。例如，对半乳糖血症患儿的母亲的饮食限制乳糖和半乳糖的摄入量，采取食用其他的水解蛋白代替，在胎儿出生后禁用牛乳、羊乳和人乳喂养，患儿可正常发育。

（二）现症患者治疗

对已经确诊遗传病性代谢疾病的患者，可以减少患者无法代谢的物质的摄入或减少患者对不能代谢的物质的吸收，以达到治疗的目的。例如，对苯丙酮尿症患儿的治疗，可采取低苯丙氨酸饮食疗法，目前已有商品化的低苯丙氨酸奶粉。同时，对苯丙酮尿症患儿的治疗可以在常规进食后服用苯丙氨酸氨基水解酶胶囊，可将苯丙氨酸转化为苯丙烯酸。

四、基因治疗

基因治疗是运用DNA重组技术设法将外源正常基因导入靶细胞，以纠正或补偿缺陷基因的功能，或抑制基因的过度表达，使细胞恢复正常功能而达到治疗遗传性疾病的目的。

考点： 基因治疗的策略和方法

（一）基因治疗的策略

基因治疗包括生殖细胞基因治疗和体细胞基因治疗。生殖细胞基因治疗是将正常基因转移至有遗传缺陷的生殖细胞中，从而使个体发育正常。该治疗方法可使遗传病得到根治，但由于技术难度大和伦理学问题，目前很少采用这种方法。体细胞基因治疗是将正常基因转移到体细胞中，使其表达而产生产物，以达到治疗的目的。依据宿主病变的不同，基因治疗可分为以下几种：

1. **基因修正** 对突变的DNA进行原位修复，纠正致病基因中的异常碱基，保留正常部分，是基因治疗最理想的方法，但目前在技术上尚无法做到。

2. **基因替代** 去除整个变异基因，用有功能的正常基因取代有缺陷的基因，从而使致病基因得到永久更正。传统上所说的基因治疗实际就是基因替代疗法。

3. **基因增强** 将目的基因导入病变细胞或其他细胞，目的基因的表达产物可以补偿缺陷细胞的功能或使原有的功能得到加强。该法是不去除或修复缺陷基因。

4. **基因干预** 导入外源基因去干预、抑制有害基因的表达。例如，向肿瘤细胞内导入肿瘤抑制基因，以抑制癌基因的异常表达。

5. **"自杀基因"的应用** 在某些病毒或细菌中的某基因可产生一种酶，它可将原无细胞毒或低毒药物前体转化为细胞毒物质，将本身细胞杀死，这类基因被称为"自杀基因"。

6. **耐药基因治疗** 在肿瘤治疗时，为了提高机体耐受化疗药物的能力，把产生抗药物毒性的基因导入人体细胞，从而使机体耐受更大剂量的化疗。

7. **免疫基因治疗** 把产生抗病毒或肿瘤免疫力的对应于抗原决定簇的基因导入机体细胞，以达到治疗的目的。

（二）基因治疗的方法

1. **目的基因的转移** 基因的转移是基因治疗的关键和基础。基因的转移分为in vivo和ex vivo，in vivo称为直接活体转移，是将含外源基因的重组病毒、脂质体或裸露的DNA直接导入体内；ex vivo称为回体转移，是将外源基因克隆至一个合适的载体，首先导入体外培养的自体或异体（有特定条件）的细胞，经筛选后将能表达外源基因的受体细胞重新输回受体者体内。in vivo法操作简单，易于推广，是基因转移研究的方向，但是疗效短，存在免疫排斥和安全性等问题。对于遗传病理想的基因治疗是将遗传物质高效转移至个体细胞中，并整合到细胞基因组中，在细胞中长期表达，但目前的基因转移方法难以满足全部要求，基因转移方法是基因治疗一直研究的领域。目前基因转移的方法包括物理、化学和生物学等方法。

（1）物理方法：包括直接注射法、电穿孔法和微粒子轰击法。直接注射法是在显微镜视野下，向靶细胞核内注射外源基因，并使其在靶细胞内得以表达。该法一次只能注射一个细胞，工作量极大。电穿孔法是将靶细胞置于高压脉冲电场中，通过电击使细胞产生可逆性的穿孔，周围基质中的 DNA 可渗入细胞。微粒子轰击法是利用亚微粒的钨和金吸附 DNA，将其包裹起来形成微粒，通过物理途径（一般应用可调电压产生的轰击波）使其获得很高的速度，即基因枪技术，微粒瞬间即可进入靶细胞，达到转移基因的目的，同时还不损伤靶细胞原有的结构。

（2）化学法：应用磷酸钙沉淀法改变细胞膜透性，以加强细胞从培养液中摄取外源 DNA 的能力。该法转移效率低下，其成功率为 1/1000～1/100。

（3）受体载体转移法：将含有目的基因的重组质粒和某些细胞表面受体能识别的特异性多肽（配体）形成复合物，通过细胞内吞途径达到转移基因的目的。例如，将目的基因与去唾液酸糖蛋白偶联起来，使肝细胞能特异性地吸入，并在肝细胞中表达。

（4）膜融合法：利用人工脂质体或红细胞影泡、微细胞、原生质球等通过与靶细胞融合或直接注射到病灶区，令其内含的外源基因表达，从而达到基因治疗的目的。

（5）同源重组法：将外源性目的基因定位导入受体细胞的染色体上，通过与该座位的同源序列交换，使外源性 DNA 片段取代原位点上的缺陷基因，达到修复缺陷基因的目的。该法避免了因随机插入得不到调控和表达，以及激活或失活插入位点附近的基因等问题。该法是基因修正的主要方法。

（6）病毒介导转移法：是以病毒作为载体，将外源目的基因通过基因重组技术组装于病毒上，让重组病毒去感染受体宿主细胞。该法是目前最有效的基因转移方法。这类病毒称为病毒运载体，可以是反转录病毒，也可是 DNA 病毒，主要有 SV_{40}、牛乳头状病毒、单纯疱疹病毒Ⅰ型、巨细胞病毒、腺病毒等。

2. 靶细胞的选择 靶细胞是指接受转移基因的体细胞。靶细胞应该是在体内保持较长的寿命，并具有较强分裂能力的细胞。选择靶细胞的原则有：

（1）应当较为坚固，足以耐受处理，并易于由人体分离又便于输回体内。

（2）具有增殖优势，生命周期长，能存活几个月至几年，最后延续至病人整个生命周期。

（3）在选用反转录病毒载体时，目的基因表达最好选用具有组织特异性的细胞。

（4）易于受外源遗传物质的转化。

在基因治疗中造血干细胞和骨髓前体细胞是近年受到重视的靶细胞，但由于细胞比较小，不易获得及基因表达受限等。目前唯一能满足以上条件的细胞是骨髓细胞，而且骨髓的抽取、体外培养和再植入所涉及的技术已成熟，同时骨髓细胞还构成许多组织的前体。

3. 反义寡核苷酸技术 应用 DNA 和 RNA 的碱基互补，形成同源和异源双链的原理，将突变基因转录的 mRNA（DNA）阻断在翻译（或转录）前，使症状得到改善。该技术是人为制成反义核酸，使其与 mRNA 互补结合，阻止其翻译成蛋白质而达到治疗的目的。例如，人工合成或通过噬菌体 RNA 聚合酶产生靶基因的反义 RNA，通过微注射导入细胞达到抑制靶基因 mRNA 的目的。

4. 三链形成寡核苷酸（triplex-forming oligonucleotides，TFO） 是一段 DNA 或 RNA 寡核苷酸在 DNA 大沟中以 Hoogsteen 氢键与 DNA 高嘌呤区结合，形成三链结构。TFO 可与启动子区或结构基因结合而抑制基因转录。

5. 核酶与核酶介导的反式剪接 核酶是由 RNA 构成的具有催化功能的酶，可以作为基因表达和病毒复制的抑制剂，在肿瘤和 HIV 感染的基因治疗中有广泛应用。

6. RNA 干扰（RNA interference，RNAi） 发现于 1998 年，是一种由双链 RNA 始动的序列特异性基因沉默机制，在大多数生命体中均存在。Fire 和 Mello 发现意义链和反义链 RNA 共存抑制基因表达的效率比单一的意义链或反义链 RNA 高出 10 倍以上，这种双链 RNA 介导的转录后基因沉默现象称为 RNAi。应用 RNAi 技术可以关闭某些致命病毒的基因和在人体中引发恶性肿瘤等疾病的癌基因、致病基因。该技术治疗效果好，特异性强，使用方便，副作用小，且成本低廉。

7. 多抗药基因疗法 由于多抗药性（multidrug resistance，MDR）基因已被克隆，人们将 MDR 基因转移至干细胞，使其获得多药耐药性，然后输回至患者体内，由此被修饰的干细胞繁衍的白细胞具有多药耐药性，而肿瘤细胞未获得 MDR 基因，不具有耐药性或耐药性差，在患者加大化疗剂量或在持续长时间化疗时，即可大量杀死肿瘤细胞而白细胞受损较少，从而达到治疗肿瘤的目的。

8. 药物靶向治疗 机制是病毒导向酶的药物前体治疗，即用反转录病毒载体的外源基因转移到细胞内。该基因编码一种酶，此酶可以将无害的药物前体转变为细胞毒素复合物。带有这一基因的病毒载体只在特殊组织或肿瘤细胞中而不在正常细胞中表达。例如，胞嘧啶脱氨酶可将无害的 5- 氟胞嘧啶（5-fluorocytosine，5-FC）转变为细胞毒素 5- 氟胞嘧啶，此病毒可感染正常细胞和癌细胞，但将该酶基因连接到一种“分子开关”后，则只能在肿瘤细胞中表达。Sikora 等将酶基因连接到 erbB2 基因启动子的下游，此启动子活性增强，使 erbB2 在乳腺癌细胞中过多表达，将药物 5-FC 注入细胞后即转变为 5-FU 而导致癌细胞死亡。

9. 抑癌基因疗法 野生型抑癌基因的失活和肿瘤的发生密切相关，因此人们设想将正常的野生型抑癌基因导入肿瘤细胞以代替和补偿有缺陷的抑癌基因，从而抑制肿瘤的生长或逆转其表型。

（三）基因治疗面临的问题

1. 导入基因的持续性表达 由于外周血淋巴细胞和皮肤成纤维细胞都有一定的寿命限制，因此需要不断地向患者回输含目的基因的细胞。

2. 导入基因的高效表达 目前导入细胞中的目的基因表达的水平都不高。例如，血友病 B 的基因治疗，凝血因子Ⅸ的表达量只有正常人的 5%。

3. 提供更多可利用的基因 目前有治疗价值的基因太少，基因治疗是导入基因以达到治疗目的的新型医疗方法，有限的目的基因给基因治疗的开展带来较大的困难。

4. 缺乏定向整合的载体 目前基因治疗中导入的手段是低效率和无导向性。因此，基因的高效导入和定向导入是基因治疗面临的主要问题之一。

5. 导入基因的有效调控 理想的基因治疗是能够依据病变的性质和严重程度，调控治疗基因在适当的组织器官内和以适当的水平或方式表达，但实际并非如此，导入的基因缺乏可控性。

6. 安全性问题 虽然目前已有的临床试验尚未出现野生型病毒感染，但反转录病毒基因转移系统的安全性问题必须引起重视。同时目前的基因治疗研究尚未发展到重点整合、置换有缺陷或有害基因，治疗基因在基因组中随机整合，有可能激活原癌基因或失活抑癌基因，从而导致细胞恶性转化。转基因治疗的载体，在转染靶细胞后插入核 DNA 是随机的，有可能导致肿瘤的形成。如果以生殖细胞作为靶细胞，目的基因插入到生殖细胞，影响的不仅是一个个体，还会影响到这个个体的世世代代。

随着科学技术的发展和基因治疗的不断推进，目前人类所遇到的难以解决和治疗的各类疾病问题，有可能通过基因治疗的技术和手段逐步得到解决。

小结

遗传病的诊断是临床医生经常面临的课题，也是开展遗传咨询和防治工作的基础。本章详细介绍了遗传病诊断中的临症诊断、症状前诊断、产前诊断和植入前诊断的具体措施，并在遗传病的预防中较为详细地阐述了通过遗传咨询、产前诊断和遗传筛查可降低遗传病的发病风险。在遗传病的治疗上既阐述了传统的手术治疗、饮食治疗和药物治疗的治标性治疗，同时也让读者明白遗传病的治疗已经逐步跨入到应用基因治疗的根治性治疗领域。

目标检测

一、名词解释

1. 产前诊断　　2. 遗传咨询
3. 基因诊断

二、填空题

1. 遗传病的诊断可以分为 ________、________、________ 和 ________。
2. 表型正常但带有致病遗传物质的个体称为 ________，他可以将这一有害的遗传信息传递给下一代。
3. 细胞学检查包括 ________ 和 ________。
4. ________ 是临床诊断单基因病的方法。
5. 药物治疗遗传病的原则可以概括为 ________。
6. 基因治疗是运用 ________ 修复遗传病患者细胞中有缺陷的基因，使细胞恢复正常功能，遗传病得到治疗。
7. 直接观察胎儿的表型改变可直接通过 ________、________ 及 ________ 来完成。

三、单选题

1. 性染色质检查可以对下列疾病进行辅助诊断的是（　　）
   A. Turner 综合征　B. 唐氏综合征
   C. 18 三体综合征　D. 苯丙酮尿症
   E. 地中海贫血
2. 家族史是指（　　）
   A. 患者父系所有家庭成员患同一种病的情况
   B. 患者母系所有家庭成员患同一种病的情况
   C. 患者母系和父系所有家庭成员患同一种病的情况
   D. 患者母系和父系所有家庭成员患病的情况
   E. 以上都不是
3. 临床上诊断 PKU 患儿的首选方法是（　　）
   A. 染色体检查　B. 生化检查
   C. 系谱分析　D. 性染色质检查
   E. 基因诊断
4. 对孕妇及胎儿损伤最小的产前诊断方法是(　　)
   A. 羊膜穿刺术　B. 胎儿镜检查
   C. 绒毛取样　D. X 线检查
   E. B 型超声扫描
5. 下列疾病应进行染色体检查的是（　　）
   A. 唐氏综合征
   B. 苯丙酮尿症
   C. α- 地中海贫血
   D. 假肥大型肌营养不良症
   E. 白化病
6. 羊膜穿刺的最佳时期是（　　）
   A. 孕 8～16 周　B. 孕 15～17 周
   C. 孕 7～9 周　D. 孕 20 周以后
   E. 以上都不是
7. 基因诊断中常用的受体细胞是（　　）
   A. 骨髓干细胞　B. 成纤维细胞
   C. T 淋巴细胞　D. 以上都是
   E. 以上都不是
8. 目前诊断畸胎常用的方法是（　　）
   A. 羊膜囊穿刺
   B. 母血中分离胎儿细胞
   C. 胎儿镜检查
   D. 脐带穿刺术
   E. B 超
9. 携带者检出的最佳方法是（　　）
   A. 基因诊断　B. 生化检查
   C. 体征检查　D. 影像检查
   E. 家系调查
10. AD 杂合子个体症状出现前作明确诊断的方法是（　　）
    A. 系谱分析　B. 家系调查
    C. 实验室检查　D. DNA 分析
    E. 基因诊断

四、简答题

1. 遗传病治疗的主要手段有哪些？
2. 产前诊断的主要方法有哪些？
3. 简述遗传咨询的主要步骤。

（赵　斌）

实　　验

实验一　X 染色质标本制备

【实验目的】

1. 学会 X 染色质标本制作的方法。
2. 能绘制 X 染色质。
3. 学会通过观察 X 染色质数量，鉴定个体性别。

【实验用品】

人的口腔黏膜细胞；95% 乙醇、乙醚、乳酸醋酸地红；普通显微镜、载玻片、盖玻片、镊子、牙签、滤纸等。

【实验原理】

1949 年 Barr 在雌猫的神经元细胞中发现了 X 染色质，之后人们发现在正常女性的口腔黏膜细胞、阴道上皮细胞等也能观察到 X 染色质。X 染色质常位于细胞核膜内缘，呈三角形、卵圆形，为致密的浓染小体，约 1μm。根据 X 染色质的数量可以推测出人类核性别。

【实验内容及步骤】

1. 取材　受检者漱口后，用牙签在口腔内两侧颊部刮取口腔黏膜细胞，将其涂抹在载玻片上。

2. 固定　在干燥的环境中，待玻片上标本干燥后，加入固定液（95% 乙醇：乙醚 = 1 ： 1 或直接用乙醇），固定 1 小时。

3. 染色制片　加入 1～2 滴乳酸醋酸地红于室温下染色 20～30 分钟，保持湿润。加盖玻片，用滤纸轻压后即可。

4. 观察　依次使用低倍镜和高倍镜进行观察。

【注意事项】

1. 漱口时尽量除去食物残渣和细菌。
2. 尽量使用第 2 次或第 3 次刮取的口腔黏膜刮取物。
3. 制片后若不进行显微镜观察，待标本干燥后立即放入 95% 乙醇中，30 分钟后置冰箱中保存。

【实验报告】

绘制 X 染色质图，写出性别鉴定结果。

（肖　宁）

实验二　人类非显带染色体核型分析

【实验目的】

1. 能进行人类非显带染色体核型分析。
2. 能正确描述核型。

【实验用品】

正常人类男性和女性染色体的中期显微照片一张（实验图 2-1）、剪刀、镊子、胶水。

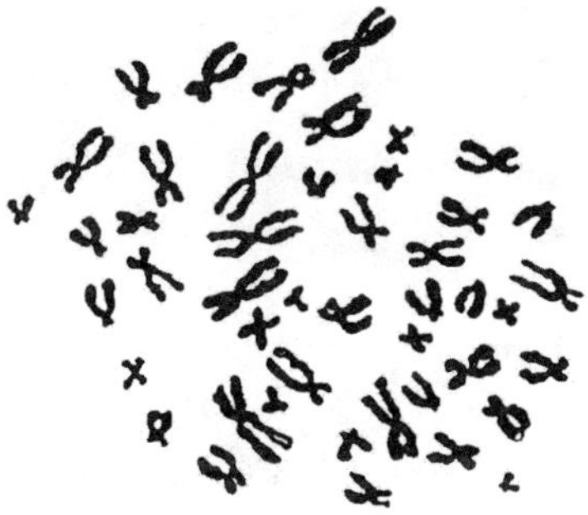

实验图 2-1　人体染色体图

【实验原理】

核型是将体细胞所有染色体进行均匀染色后，按照大小、形态、结构，配对分组排列而成的图形。核型分析能够发现染色体数目和结构上的异常，便于进行核型描述。

【实验内容及步骤】

1. **计数**　将正常人类染色体照片进行区域划分、计数，初步划分组别和性别。

2. **修剪**　将染色体逐个修剪下来。

3. **配对分组**　将修剪下来的染色体两两配对，从大到小，根据分组特点进行分组排列。

4. **粘贴**　将分析后的染色体，对号入座粘贴在实验报告上。

【注意事项】

1. 染色体修剪完整。
2. 分组时注意依据染色体的分组特点，特别是着丝粒的位置。
3. 粘贴时，着丝粒粘在实验报告的分组线条上，染色体长臂朝下，短臂朝上。

【实验报告】

完成正常男性核型分析报告（实验图 2-2）

（肖　宁）

实验三　人类外周血淋巴细胞培养及染色体标本制备

【实验目的】

能进行人类细胞培养和染色体标本制备。

【实验用品】

1. 注射器（7 号针头）、培养瓶、刻度离心管、吸管、量筒、载玻片、酒精灯、研钵、吸水纸、镊子等。

2. 超净工作台、恒温培养箱、天平、离心机、显微镜等。

3. 试剂

（1）营养液：RPMI-1640 培养基按要求 10.4g/1000ml 配制成溶液，并加入 $NaHCO_3$ 2.0g/1000ml 以缓冲 pH 至 7.2～7.4。完全溶解后经玻璃滤膜除菌。

（2）肝素钠（肝素）：称取 200mg 肝素钠溶于 100ml 双蒸水中，浓度为 0.2%，103kPa 20 分钟灭菌，冰箱保存。

（3）秋水仙素：10mg 秋水仙素溶于 100ml 生理盐水，配制成 10μg/ml 的浓度，103kPa 20 分钟灭菌，分装，置－20℃冰箱保存。

（4）低渗液：0.35%KCl，0.559g KCl 溶于 100ml 双蒸水中。

（5）固定液（Carnoy 固定液）：甲醇：冰醋酸（3 ∶ 1），临时配制。

（6）吉姆萨染液：1 份原液和 9 份磷酸缓冲液，临时配制。

吉姆萨原液：取 0.5g 吉姆萨粉末干研磨，加入 33ml 60℃预热的纯甘油研磨，放入 60℃恒温水浴锅保温 90 分钟，冷却后加入 33ml 甲醇，充分搅拌，用滤纸过滤，存放于棕

实验报告

班级 ______________

姓名 ______________

学号 ______________

一、实验标题:

二、实验内容:

___	___	___	___	___
1	2	3	4	5
	A		B	

___	___	___	___	___	___	___	___
6	7	8	9	10	11	12	X
				C			

___	___	___	___	___	___
13	14	15	16	17	18
	D			E	

___	___	___	___	___
19	20	21	22	Y
F			G	

核型分析结果:

实验图 2-2 人类染色体核型分析报告

色瓶中。原液需提前半年配制。

（7）磷酸缓冲液：溶液 A 为磷酸二氢钾 9.078g 溶于 1000ml 水中，溶液 B 为磷酸二氢钠 11.876g 溶于 1000ml 水中。溶液 A 50.8ml 与溶液 B 49.2ml 配制为 100ml 缓冲液。

（8）5% $NaHCO_3$：灭菌滤器抽滤备用。

【实验原理】

人外周血小淋巴细胞，通常都处在 G_1 期（或 G_0 期），一般情况下不进行分裂。例如，在培养液中加入植物血凝素（PHA），这种小淋巴细胞受到刺激可转化为淋巴母细胞，进入有丝分裂。短期培养后，经秋水仙素处理，低渗和固定，即可得到大量的有丝分裂细胞。

【实验内容及步骤】

（一）细胞培养

1. 培养基的配制　在超净工作台中，100ml 培养基含以下成分：

RPMI-1640	84ml
小牛血清	15ml
PHA	3 支
肝素钠	1ml
卡那霉素	终浓度为 100U/ml

以 5% $NaHCO_3$（无菌）调 pH 至 7.2～7.4。用刻度吸管将培养液分装入培养瓶（10ml/ 瓶）中，4℃备用。

2. 采血　注射器吸取 0.2ml 肝素湿润针筒，乙醇消毒皮肤，肘静脉采血 2ml，立刻将注射针直接穿过培养瓶的橡胶塞，向 10ml 培养基中注入 30～40 滴全血，轻摇匀后置 37℃恒温箱培养。

3. 培养　时间为 68～72 小时。培养期间，定期轻摇匀，使细胞充分接触培养基。

4. 秋水仙素处理　终止培养前 2～3 小时，在培养液中加入秋水仙素（用 1ml 注射器 5 号针尖滴加 2 滴，使终浓度为 0.07μg/ml）。

以上步骤均需无菌操作。

（二）染色体制备

1. 离心收集细胞　将培养物全部转入洁净离心管中，以 1000r/min 离心 8～10 分钟，弃上清液，留底层沉淀物。

2. 低渗处理　向刻度离心管中加入预温 37℃的低渗液 8ml, 用滴管混匀，置 37℃恒温水浴中低渗 25～30 分钟，使细胞膨胀，染色体分散。

3. 预固定　低渗后加入 1ml 固定液，轻轻混匀后 1000r/min 离心 8～10 分钟。

4. 一固定　弃上清液，加入 5ml 固定液，轻轻混匀，静置 15～25 分钟。1000r/min 离心，弃上清液。

5. 二固定　（同一固定）。

6. 三固定。

7. 制悬液　弃上清液后，视细胞数量多少加入适量固定液制成细胞悬液。

8. 制片　吸取细胞悬液，滴在一张干燥洁净的载玻片上，立即吹散，空气干燥。

9. 染色　吉姆萨染色 5～10 分钟，冲洗玻片，空气干燥。

10. 镜检　低倍镜下全面检查后寻找分散良好、染色适中的分裂象，换高倍镜、油镜下观察染色体形态并计数。

【注意事项】

1. 培养温度应严格控制在 37±0.5℃，培养液最适合 pH 为 7.2～7.4。

2. 秋水仙素处理时间过长，分裂细胞多，染色体短小；反之，则少而细长，都不宜观察形态及计数。故秋水仙素的浓度及时间要准确掌握。

3. 低渗液使细胞膜破裂、淋巴细胞膨胀，低渗处理浓度及时间要适当，且低渗后混匀细胞一定要轻，否则引起膜破裂、染色体散失。

4. 离心前配平，离心速度过高，细胞团不易打散；反之，细胞易丢失。

5. 固定液应在使用前临时配制。

6. 载玻片一定要洁净，否则染色体分散不好。

【实验报告】

观察分裂象较好的细胞，并进行染色体计数。

（肖　宁）

实验四　遗传病案例分析

【实验目的】

1. 学会遗传病分析的一般过程。

2. 能进行系谱的绘制。

3. 学会单基因遗传病的遗传方式及单基因遗传病系谱分析的方法，并能对遗传病的再发风险做基本的估计。

【实验用品】

单基因遗传病系谱图。

【实验原理】

单基因遗传病是指由一对等位基因所控制的遗传病。根据致病基因的显隐性质及所在染色体的种类，可将单基因遗传病的遗传方式分为 5 种主要类型：常染色体显性遗传、常染色体隐性遗传、X 连锁显性遗传、X 连锁隐性遗传及 Y 连锁遗传。系谱分析法是分析单基因遗传病遗传方式的主要方法。通过系谱分析可确定遗传病可能的遗传方式，推算家系中各成员的基因组成，估计遗传病的再发风险，从而降低遗传病的群体发病率，优化人类的遗传素质。

【实验内容及步骤】

案例 1　通过前期家族史调查，得知某一女性遗传病患者家系成员的患病情况为：

（1）患者有两位姐姐、一位哥哥。姐姐均患病，哥哥正常。

（2）患者的父亲、奶奶患病，母亲、爷爷正常。

（3）患者有两位姑妈，其中一位为患者，两位叔叔均正常。

（4）患病姑妈与正常姑父婚后育有两儿两女，其中一儿一女为患者，其余两位正常。

请你根据所描绘的信息绘制出系谱图，并分析此病属于哪一种单基因遗传病，说出此遗传病的系谱特点。若此患者与一正常男性婚配，其生出患儿的风险为多少？

案例 2　观察以下遗传病系谱图（实验图 4-1），并分析讨论，回答下列问题：

（1）分析该系谱所反映遗传病的遗传方式。

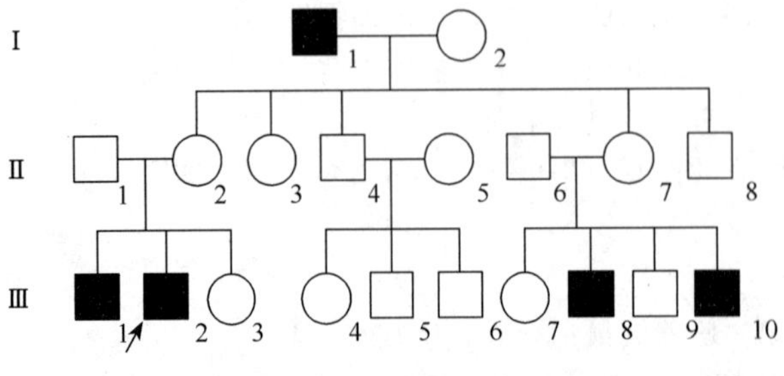

实验图 4-1　遗传系谱（一）

（2）先证者与正常女性结婚，其子女的发病风险为多大？

（3）临床上有哪些常见的遗传病属于此类遗传方式？

案例 3　观察以下遗传病系谱图（实验图 4-2），并分析讨论，回答下列问题：

（1）分析该系谱所反映遗传病的遗传方式。

（2）先证者与正常男性结婚，其子女的发病风险为多大？

（3）临床上有哪些常见的遗传病属于此类遗传方式？

【实验报告】

绘制案例 1 中的遗传病系谱于实验报告纸上，并按要求分析案例 1、2、3 中的问题，将答案写于实验报告纸上。

（谢林峰）

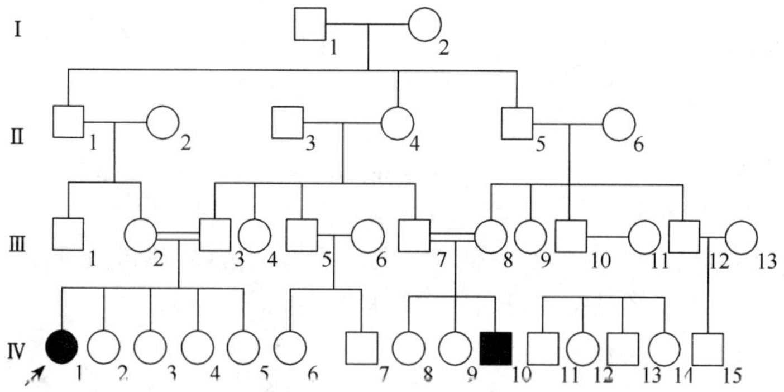

实验图 4-2　遗传系谱（二）

实验五　人类皮肤纹理分析

【实验目的】

1. 掌握皮肤纹理的分析方法和正常人的皮肤纹理特点。
2. 熟悉皮肤纹理异常与遗传病的关系。

【实验用品】

白纸、印台、印油、放大镜、直尺、量角器、擦布等。

【实验原理】

皮肤纹理简称皮纹，是指人体皮肤某些特定部位出现的纹理图形。皮纹是在胚胎发育的过程中在手指（脚趾）和手（脚）掌处形成的终生不变且具有个体特异性的纹理，皮纹分析可对某些遗传病进行辅助性诊断。

【实验步骤】

一、皮纹的印取

（一）指纹的印取

1. 洗净手上的污垢，并晾干。
2. 把要取印的手指均匀地涂上印油。
3. 将白纸放在桌子边缘处，将取印指伸直，其余四指弯曲，由外向内滚动印取，逐个进行。
4. 在取印的同时将每个指头进行编号。左右手分别从拇指开始，依次为 1、2、3、4、5。

（二）掌纹的印取

1. 洗净掌上的污垢，并晾干。

2. 在全掌面上均匀涂抹印油。

3. 将掌腕线放在白纸上，手指自然分开，从后向前依掌、指顺序逐步放下，并以适当的压力将全掌的每个部分均匀地印在纸的中央。

4. 提起时，首先将指头翘起，而后是掌和腕。

5. 清洗印油，并擦干。

二、观察与分析

（一）指纹

1. 指纹的类型 指纹是指手指末节掌面的皮肤纹理，依指端外侧三叉点的有无和数目分为弓形纹、箕形纹和斗形纹。三叉点是指不同指纹的纹线的汇聚点（实验图 5-1）。

实验图 5-1 三叉点

（1）弓形纹（arch，A）：纹线由一侧起始向上弯曲到对侧，中间隆起如弓形，两侧均无三叉点。可分为简单弓形纹（简弓）和帐蓬式弓形纹（帐弓）（实验图 5-2）。

（2）箕形纹（loop，L）：纹线自一侧起始斜向上弯曲后再回归起始侧，有一个三叉点，箕口朝向尺侧称为尺箕，箕口朝向桡侧称为桡箕（实验图 5-3）。

简单弓形纹 帐蓬式弓形纹

实验图 5-2 弓形纹

尺箕 桡箕

实验图 5-3 箕形纹

（3）斗形纹（whorl，W）：纹线多呈同心圆状或螺旋状，或由两个箕头相互绞合组成。纹线呈同心圆形的称为环形斗，纹线呈螺旋状的称为螺形斗。纹线由两个箕形纹的箕头相互绞合组成的称为双箕斗（实验图 5-4）。

环形斗 螺形斗 双箕斗

实验图 5-4 斗形纹

2. 嵴纹计数 是指从纹理的中心到三叉点用线相连，计算线段穿过纹线的数目（连线两点不计）。

（1）嵴纹数（ridge count，RC）：从箕形纹或斗形纹的纹心向一侧或两侧三叉点连线，线段经过的嵴纹条数称为嵴纹数。弓形纹无三叉点，嵴纹数为 0；箕形纹有一个三叉点，有 1 个嵴纹数（实验图 5-5）；斗形纹两侧各有一个三叉点，有 2 个嵴纹数，但计数时只计嵴纹数大的（实验图 5-6）；双箕斗有 2 个纹心，从每一个纹心向对侧三叉点连线，可得 2 个嵴纹数，两纹心连线可得第 3 个嵴纹数，将三个嵴纹数加起来除以 2，即得出双箕斗的嵴纹数（实验图 5-7）。

（2）总嵴纹数（total ridge count，TRC）：将两只手 10 个手指的嵴纹数加起来即为总嵴纹数。我国汉族男性的 TRC 平均为 148.80，汉族女性的 TRC 平均为 138.46。

实验图 5-5　箕形纹嵴纹计数

实验图 5-6　斗形纹嵴纹计数

实验图 5-7　双箕斗嵴纹计数

（二）掌纹

手掌的皮肤纹理称为掌纹。

1. 掌褶纹　手掌中一般有三条大的褶纹，即远侧横褶纹、近侧横褶纹和大鱼际褶纹（实验图 5-8）。依据三条褶纹走向可把手掌分为普通型（正常型）、通贯掌、悉尼掌、变异Ⅰ型和变异Ⅱ型五种类型。

2. atd 角的测量　手掌分为大鱼际区、小鱼际区和指间区。在第二指至第五指基部手掌上各有一个三叉点，分别命名为 a、b、c、d 指三叉点。近腕横纹的掌面上有一个三叉点，用 t 表示，称 t 三叉点。分别连接 at、dt，两线间的夹角，即为 atd 角（实验图 5-9）。轴三叉点（t）位于手掌基部的中央，大小鱼际之间，多数人的轴三叉点距腕线 1.4cm，但某些染色体病病人中可见 t 位置上移而形成 t′ 甚至 t″。轴三叉点位置高度可根据 atd 角大小计算，即 a、d 指三叉点和 t 点连线所成的夹角。atd 角越小，t 点离腕关节褶纹越近；反之则 t 点位置越远（近掌心）。我国正常人 atd 角平均值约为 41°，而唐氏综合征病人 atd 角平均值约为 70°。

【注意事项】

1. 取印前务必保持手的洁净和干爽。
2. 印油量要适宜。
3. 取印时不要过于加压，不可移动。

【实验作业】

请将你的指纹类型、嵴纹数、总嵴纹数、atd 角等填入分析表中，并对自己的指纹类型、atd 角及嵴纹数作出分析。

（赵　斌）

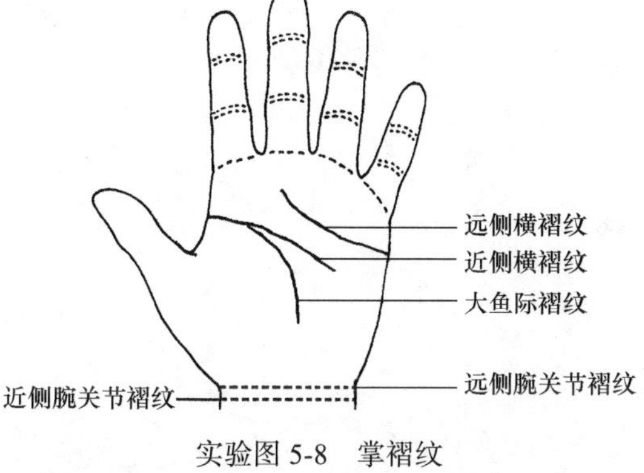

实验图 5-8　掌褶纹

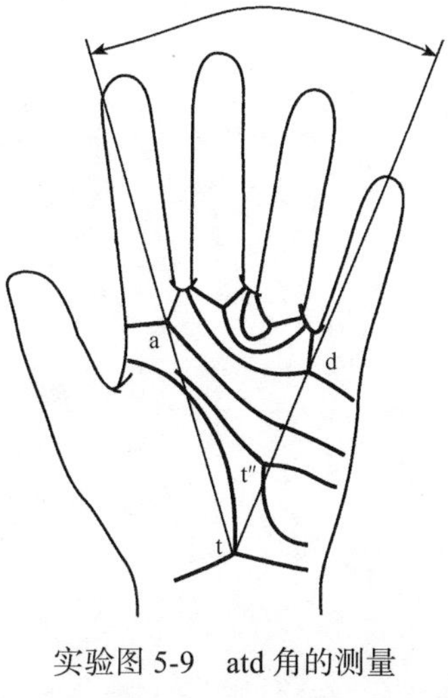

实验图 5-9　atd 角的测量

参考文献

陈爱葵. 2014. 遗传与优生. 北京：清华大学出版社
陈竺. 2015. 医学遗传学. 第 3 版. 北京：人民卫生出版社
丁卫，叶海红. 2014. 医学遗传学. 北京：高等教育出版社
付四清. 2014. 医学遗传学. 第 2 版. 武汉：华中科技大学出版社
傅松滨. 2013. 医学遗传学. 第 3 版. 北京：人民卫生出版社
胡华麟. 2014. 医学遗传学. 苏州：苏州大学出版社
黄雪霜，阎希青，姜海鸥. 2010. 医学遗传学. 北京：北京大学医学出版社
罗纯. 2012. 医学遗传与优生. 北京：化学工业出版社
马用信，税青林. 2013. 医学遗传学. 北京：科学出版社
潘凯元. 2012. 遗传与优生学基础. 北京：科学出版社
彭凤兰. 2015. 医学遗传与优生学. 北京：科学出版社
税青林. 2012. 医学遗传学（案例版）. 第 2 版. 北京：科学出版社
谭湘陵. 2014. 医学遗传学. 南京：南京大学出版社
王敬红，代凤兰. 2014. 医学遗传学. 北京：化学工业出版社
王学民. 2012. 医学遗传学. 第 3 版. 北京：科学出版社
张涛，吴来春，周长文. 2015. 医学遗传学. 第 3 版. 北京：北京大学医学出版社
赵斌，王克桢. 2012. 医学遗传学基础. 第 3 版. 北京：科学出版社
钟守琳，蔡斌. 2010. 医学遗传学. 北京：高等教育出版社
周鸣鸣，何江虹. 2014. 医学遗传学实验和学习指导. 南京：南京大学出版社
左伋. 2014. 医学遗传学. 第 6 版. 北京：人民卫生出版社

医学遗传学教学大纲

一、课程性质和任务

医学遗传学是一门遗传学理论与医学实践相结合的边缘学科，为医学基础课程。主要内容包括遗传的细胞学基础、遗传的分子基础、遗传的基本规律、单基因遗传病、多基因遗传病、染色体病、线粒体遗传病、生化遗传学、肿瘤遗传学、免疫遗传学、药物遗传学及遗传病的诊断与防治等。其主要任务是使学生掌握遗传学的基础理论知识和基本技能，为后续课程的学习打下良好的基础，并能运用所学基本知识开展遗传咨询及遗传病调查与分析。因此，对医学各专业的学生具有极其重要的意义和作用。

二、课程教学目标

通过本课程的学习，使学生能够运用遗传学的基本理论分析人类性状和遗传病的遗传现象与遗传规律，掌握人类遗传性疾病的发生机制、遗传规律，初步具有遗传病的诊断、治疗和预防的能力。

（一）知识教学目标

1. 掌握遗传病的概念。
2. 掌握遗传的细胞学基础和分子基础。
3. 掌握遗传的基本规律。
4. 掌握常见遗传病的发病机制，理解其传递方式，了解其临床表现和特点。
5. 掌握遗传咨询方法。
6. 了解遗传病的诊断、治疗和预防。

（二）能力培养目标

1. 能对单基因遗传病的遗传方式进行分析。
2. 具有对常见遗传病的诊断能力。
3. 能初步开展遗传病调查，绘制遗传病系谱图，并进行家系分析。
4. 具有初步开展遗传咨询的能力。

（三）思想教育目标

1. 培养学生良好的学习习惯与方法。
2. 培养严谨、科学、认真、实事求是的工作态度，具有良好的职业素养。
3. 树立辩证唯物主义的生命观和世界观。

三、教学内容和要求

本课程教学内容设计为三个模块：基础模块、技能模块、选学模块。基础模块包含必修内容和选学内容，其中标注有★的内容为选学内容（即选学模块内容），选学模块根据学校及学生的具体情况选择使用。技能模块属于必修内容。

基 础 模 块

教学内容	教学要求		
	了解	理解	掌握
第1章　绪论			
第1节　医学遗传学简介			
一、医学遗传学的概念及其研究范围			√
二、医学遗传学研究现状与未来发展	√		
三、医学遗传学在医学教育中的地位	√		
第2节　遗传性疾病概述			
一、遗传性疾病的特征			√
二、遗传性疾病的类型		√	
三、遗传性疾病与环境的关系	√		
四、遗传性疾病的危害		√	
第2章　遗传的细胞学基础			
第1节　染色质与染色体			
一、染色质的化学组成			√
二、染色质的分子结构		√	
三、染色质的类型		√	
四、染色体的包装	√		
第2节　性染色质			
一、X 染色质			√
二、Y 染色质			√
第3节　人类染色体			
一、人类染色体的形态结构			√
二、人类正常核型			√
第4节　减数分裂与配子发生			
一、减数分裂的概念			√
二、减数分裂的过程		√	
三、减数分裂的意义			√
四、配子发生		√	
第3章　遗传的分子基础			
第1节　核酸的组成与结构			
一、核酸的组成			√
二、DNA 的结构			√
三、DNA 的功能			√
四、RNA 的结构与功能		√	
第2节　基因的概念			
一、基因的概念			√
二、基因的分类和功能		√	
第3节　人类基因组和人类基因★			
一、人类基因组		√	
二、人类基因		√	
三、人类基因的调控原件	√		
四、基因的复制			√
五、基因表达			√
六、基因表达的调控	√		
第4节　人类基因的突变			
一、基因突变的概念		√	
二、基因突变的诱因	√		
三、基因突变的类型	√		
第5节　DNA 损伤与修复★			
一、光修复	√		
二、切除修复	√		
三、复制后修复	√		
第4章　遗传的基本规律			
第1节　分离规律			
一、遗传学常用术语及符号			√
二、性状分离现象			√
三、测交验证		√	
四、分离规律的实质			√
五、分离规律的细胞学基础及应用条件			√
第2节　自由组合规律			
一、性状的自由组合现象			√
二、自由组合规律的实质		√	
三、自由组合规律的细胞学基础及应用条件			√

续表

教学内容	教学要求		
	了解	理解	掌握
第 3 节　连锁及互换规律			
一、连锁及互换现象		√	
二、连锁及互换规律的应用条件		√	
三、连锁及互换规律的细胞学基础			√
第 5 章　单基因遗传病			
第 1 节　系谱与系谱分析			
一、系谱的概念			√
二、系谱分析法的概念			√
三、先证者			√
四、系谱分析的注意事项		√	
五、系谱的常用符号			√
第 2 节　常染色体显性遗传病			
一、完全显性遗传			√
二、不完全显性遗传			√
三、不规则显性遗传		√	
四、共显性遗传			√
五、延迟显性遗传		√	
六、从性遗传		√	
第 3 节　常染色体隐性遗传病			
一、常染色体隐性遗传病及其系谱特点			√
二、近亲婚配及其危害		√	
第 4 节　性连锁遗传病			
一、X 连锁显性遗传病			√
二、X 连锁隐性遗传病			√
三、Y 连锁遗传			√
第 5 节　单基因遗传病的再发风险估计★			
一、亲代基因型确定时后代发病风险估计	√		
二、亲代基因型可做概率估计时后代发病风险的估计	√		
三、Bayes 法计算风险	√		
第 6 章　多基因遗传病			
第 1 节　多基因遗传			
一、质量性状与数量性状	√		
二、数量性状的遗传特点	√		
第 2 节　多基因遗传病			
一、易患性与阈值	√		
二、遗传度	√		
三、多基因遗传病风险的估计	√		
第 3 节　常见多基因病★			
一、冠状动脉粥样硬化性心脏病	√		
二、糖尿病	√		
三、精神分裂症	√		
四、原发性高血压	√		
五、阿尔茨海默病	√		
第 7 章　染色体病			
第 1 节　染色体畸变			
一、染色体畸变的诱因	√		
二、染色体数目异常		√	
三、染色体结构畸变			√
四、染色体畸变的后果			√
第 2 节　常见的染色体病			
一、常染色体病			√
二、性染色体病	√		
第 8 章　线粒体遗传病			
第 1 节　mtDNA 的结构与遗传特征	√		
一、mtDNA 的结构	√		
二、mtDNA 的遗传学特征		√	
第 2 节　mtDNA 突变与人类疾病			
一、线粒体基因突变类型	√		
二、线粒体遗传病	√		
三、其他与线粒体基因有关的病变	√		
第 9 章　生化遗传学			
第 1 节　分子病			

续表

教学内容	教学要求		
	了解	理解	掌握
一、血红蛋白病			√
二、血浆蛋白病	√		
三、结构蛋白缺陷病	√		
四、受体蛋白病	√		
第 2 节　酶蛋白病			
一、酶蛋白病的发病机制	√		
二、常见疾病		√	
第 10 章　肿瘤遗传学			
第 1 节　肿瘤发生的遗传现象			
一、肿瘤发生的种族差异	√		
二、肿瘤的家族聚集现象	√		
三、单基因病与肿瘤	√		
四、多基因病与肿瘤	√		
五、肿瘤的遗传易患性	√		
第 2 节　染色体异常与肿瘤			
一、肿瘤的染色体异常	√		
二、标记性染色体的发现及其意义	√		
第 3 节　肿瘤发生的遗传机制			
一、单克隆起源假说	√		
二、癌基因理论	√		
三、肿瘤抑制基因理论	√		
四、肿瘤发生染色体不平衡假说	√		
五、肿瘤的多步骤遗传损伤学说	√		
第 4 节　遗传性恶性肿瘤★			
一、常染色体显性遗传的恶性肿瘤综合征	√		
二、常染色体隐性遗传的恶性肿瘤综合征	√		
第 5 节　遗传与环境★			
一、化学因素	√		
二、生物因素	√		
三、物理因素	√		
第 11 章　免疫遗传学			
第 1 节　红细胞抗原遗传			
一、ABO 血型系统			√
二、Rh 血型系统		√	
第 2 节　白细胞抗原遗传★			
一、HLA 复合体的结构及其基因产物和功能		√	
二、HLA 配型与器官移植	√		
三、HLA 与疾病关联	√		
第 3 节　抗体遗传★			
一、抗体分子的基本结构	√		
二、抗体基因结构与基因重排	√		
三、抗体多样性的产生机制	√		
第 4 节　免疫缺陷病★			
一、抗体免疫缺陷病	√		
二、联合免疫缺陷病	√		
三、吞噬细胞功能缺陷病	√		
四、补体缺陷病	√		
第 5 节　自身免疫病★			
一、系统性红斑狼疮	√		
二、类风湿关节炎	√		
三、重症肌无力	√		
第 12 章　药物遗传学			
第 1 节　药物反应的遗传基础			
一、遗传因素对药物药动学的影响	√		
二、遗传因素对药物药效学的影响	√		
第 2 节　环境因子反应的遗传基础★			
一、乳糖不耐受性	√		
二、乙醇中毒	√		
三、吸烟与肺癌	√		
四、α1- 抗胰蛋白酶缺乏症	√		
第 3 节　药物基因组学★			
一、药物基因组学的概念	√		

续表

教学内容	教学要求		
	了解	理解	掌握
二、药物基因组学的研究内容和方法	√		
三、药物基因组学的研究意义	√		
第 13 章　遗传病的诊断与防治			
第 1 节　遗传病的诊断			
一、临症诊断与症状前诊断		√	
二、产前诊断与植入前诊断	√		
第 2 节　遗传病的预防			
一、遗传咨询	√		
二、产前诊断	√		
三、遗传筛查			√
第 3 节　遗传病的治疗			
一、手术治疗		√	
二、药物治疗		√	
三、饮食疗法		√	
四、基因治疗			√

技 能 模 块

序号单元题目（对应基础模块单元序号）	教学内容	教学要求		
		学会	掌握	熟练掌握
第 2 章　遗传的细胞学基础	1. X 染色质标本制备			√
	2. 人类非显带染色体核型分析			√
	3. 人类外周血淋巴细胞培养及染色体标本制备	√		
第 5 章　单基因遗传病	遗传病案例分析			√
第 13 章　遗传病的诊断与防治	人类皮肤纹理分析	√		

选 学 模 块

序号单元题目（对应基础模块单元序号）	教学内容	教学要求		
		了解	理解	掌握
第 3 章　遗传的分子基础	第 3 节　人类基因组和人类基因		√	
	第 5 节　DNA 损伤与修复	√		
第 5 章　单基因遗传病	第 5 节　单基因遗传病的再发风险估计	√		
第 6 章　多基因遗传病	第 3 节　常见的多基因遗传病	√		
第 10 章　肿瘤遗传学	第 4 节　遗传性恶性肿瘤	√		
	第 5 节　遗传与环境	√		
第 11 章　免疫遗传学	第 2 节　白细胞抗原遗传	√		
	第 3 节　抗体遗传	√		
	第 4 节　免疫缺陷病	√		
	第 5 节　自身免疫病	√		
第 12 章　药物遗传学	第 2 节　环境因子反应的遗传基础	√		
	第 3 节　药物基因组学	√		

四、学时分配建议（36学时）

序号	教学内容	学时数		
		理论	实践	合计
1	绪论	1		1
2	遗传的细胞学基础	4	6	10
3	遗传的分子基础	3		3
4	遗传的基本规律	3		3
5	单基因遗传病	4	2	6
6	多基因遗传病	1		1
7	染色体病	2		2
8	线粒体遗传病	1		1
9	生化遗传学	1		1
10	肿瘤遗传学	1		1
11	免疫遗传学	1		1
12	药物遗传学	1		1
13	遗传病的诊断与防治	2	2	4
	机动	1		1
	总计	26	10	36

五、说　　明

1. 本课程由基础模块、技能模块及选学模块构成。

2. 选修模块（标注有★的内容）是学生根据自身状况选择性学习或由任课教师依据学生情况选择性教学的内容。

3. 机动学时可用于学生学习选修模块的内容，也可用于教师结合实际情况调整教学安排或选其他内容讲授。

4. 教学过程中充分运用教具、模型和现代教育技术手段，重视理论联系实际。

5. 学生的成绩考核应包括提问、作业、实验及考试等综合考核，并应进行实验技能考核。

6. 教学过程中应淡化理论教学，注重实践技能培养，教会学生学习的方法。

参考答案

第2章

1. E 2. C 3. D 4. D 5. E 6. B 7. D 8. C 9. B 10. A

第3章

1. C 2. D 3. D 4. A 5. E 6. A 7. C 8. B 9. A 10. C

第4章

1. B 2. D 3. C 4. B 5. A 6. C 7. D 8. D 9. B 10. D

第5章

1. C 2. C 3. B 4. E 5. A 6. C 7. B 8. A 9. A 10. E

第6章

1. C 2. D 3. E 4. E 5. B

第7章

1. E 2. C 3. B 4. E 5. B 6. A 7. D 8. C

第8章

1. D 2. C 3. B 4. E 5. E 6. A 7. A 8. B

第9章

1. D 2. B 3. D 4. A 5. E 6. D 7. D 8. A

第10章

1. E 2. C 3. A 4. E 5. D 6. A 7. C

第11章

1. B 2. C 3. C 4. E 5. C 6. B 7. B

第13章

1. A 2. C 3. B 4. E 5. A 6. B 7. E 8. E 9. A 10. A